개역개정 성경문제집

구약(상)

개역개정

성경문제집

성경 66권
퀴즈백과

The Old Testament

구약 · 상 | 창세기~역대하 |

편집부 엮음

한국문서선교회

| 머리말 |

성경은 하나님께서 “이 예언의 말씀을 읽는 자들과 듣는 자들과 그 가운데 기록한 것을 지키는 자들이 복이 있도록” 그의 백성들에게 주신 고귀한 선물입니다. 성경을 읽고, 배우고, 연구하는 일은 복된 일이 아닐 수 없습니다.

개역개정 성경을 사용하여 성경에 나오는 교훈과 인물과 사건과 요절, 모든 지식 하나하나를 체계적이며, 쉽게, 한국 교회교육의 현장에 맞게, 그리고 개인의 성경 지식 향상에 적용할 수 있도록 하기 위하여 「개역개정 성경문제집」을 펴내게 되었습니다. 이 책을 펴냄에 있어 몇 가지 원칙을 세워서 출제했습니다.

성경 66권 전체 속에서 다양하면서도 간결한 문제 출제에 초점을 맞추되,

1. 애매한 신학적인 사항은 제외했고
2. 성경 전체를 책별로, 순서별로, 장별로 나누어 본문에 익숙하도록 했으며
3. 출제 형식은 객관식, 주관식, ○, ×, 줄 잇기 등으로 다양하게
4. 참고 구절을 하단에 표시하여 성경 본문을 찾아보면서 풀도록 했고
5. 성경 퍼즐을 삽입하여 그 다양성에 충실을 기했습니다.

이 책은 교회학교 성경문제, 성경퀴즈 문제집으로 그리고 교회학교 교사와 평신도, 교역자들에게는 성경 문답서로서 유용하게 사용될 수 있으며, 특히 신학대학교나 대학원의 성경시험을 준비하는 개인도 문제식 접근을 통하여 성경 지식을 빨리 습득할 수 있도록 제작되었습니다.

아무쪼록 이 『개역개정 성경문제집』을 통하여 하나님 말씀과 더욱 친근해지고, 진리의 말씀을 배우는 일에 도움이 되기를 바랍니다. 이 책을 엮어 펴내기까지 여러모로 도움을 주신 모든 분께 감사드립니다.

한국문서선교회 대표

황 성 연

목차

CONTENTS

창세기

1 저　　자 : 모세

2 기록연대 : B.C. 1446~1406년

3 기록장소 : 시내 광야

4 대　　상 : 이스라엘 백성

5 배　　경 : 무에서 역사가 시작되어 이스라엘 민족을 이룸

6 대　　지 : 태초의 역사(원역사) / 언약백성(이스라엘)의 형성사

7 주　　제 : 인류의 구속 역사를 위한 서막

8 기록목적 : 하나님의 창조 사역과 하나님께서 택한 백성들을 일반 백성들로부터 분리하시는 점진적인 구속 사역을 기록.

9 특이사항 : 우주의 기원과 가정의 형성 및 타락, 홍수, 바벨탑 사건 등 선사시대 사건과 야곱 가족의 애굽 생활까지의 타락한 인간에 대한 구속사의 기원과 발단을 기록.

10 주요인물 : 아담, 노아, 아브라함, 이삭, 야곱, 요셉

01. 구약성경에서 "모세오경"이라고 불리는 책 다섯 권은 무엇인가?
( )

02. 성경은 모세오경을 여러 가지로 부른다. 다음 중 틀리게 말한 것은 어느 것인가?
① 율법서 ② 모세의 책 ③ 십계명 ④ 주의 율법

03. 다음 중에서 창세기와 관계없는 것은 무엇인가?
① 모세오경 ② 죄악의 기원 ③ 세상 창조 ④ 유월절

04. 창세기는 모두 몇 장으로 되어 있나? ( )

05. "태초에 하나님이 천지를 창조하시니라"(1:1)에서처럼, "태초"라는 말로 시작하는 복음서는?
① 요한복음 ② 마태복음 ③ 누가복음 ④ 마가복음

06. 창세기는 여러 가지 '시작'에 대해서 기록하고 있다. 다음에서 관계없는 것은?
① 인간 역사의 시작 ② 구속 계시의 시작
③ 이스라엘 민족의 시작 ④ 애굽 민족의 시작

07. 구약성경의 제일 첫 장 첫 절은 무엇인가?
( )

08. 이 세상 만물은 누가 만들었나? ( )

09. 이 우주 만물은 어떻게 해서 생겨났나?
① 무기물에서 유기물로 ② 진화로
③ 저절로 ④ 하나님의 창조로

---

01. 창세기, 출애굽기, 레위기, 민수기, 신명기 02. ③ 03. ④ 04. 50장 05. ①(요 1:1)
06. ④ 07. 태초에 하나님이 천지를 창조하시니라 08. 하나님(1:1) 09. ④

10. 다음 중 이 세상이 창조되기 전의 모습과 다른 것은?
① 공허　② 혼돈　③ 흑암의 깊음　④ 질서

11. 천지 창조 시 궁창(하늘)을 만드신 날은? (　　　　　　)

12. 천지 창조 때에 밤과 낮이 구분되고, 해와 달과 별들을 만드신 날은 어느 날인가?
① 첫째 날　② 둘째 날　③ 셋째 날　④ 넷째 날

13. 천지 창조 시 육지와 바다가 분리된 날은?
① 첫째 날　② 둘째 날　③ 셋째 날　④ 넷째 날

14. 천지 창조 시 새들을 만드신 날은 몇 번째 날인가? (　　　　　　)

15. 다음 중에서 넷째 날에 창조된 것이 아닌 것은?
① 한 해　② 4계절　③ 별　④ 빛

16. 다음 중에서 같은 날에 창조된 것끼리 연결된 것은?
① 하늘–새　② 육지–짐승　③ 빛–태양　④ 새–물고기

17. 사람과 동물이 창조된 날은?
① 셋째 날　② 넷째 날　③ 여섯째 날　④ 일곱째 날

18. 인간은 누구의 형상대로 창조되었나? (　　　　　　)

19. 다음 □ 안에 들어갈 적당한 말은?
"하나님이 이르시되 우리의 형상을 따라 우리의 모양대로 우리가 □□을 만들고 그들로 바다의 물고기와 하늘의 새와 가축과 온 땅과 땅에 기는 모든 것을 다스리게 하자"(1:26)

---

10. ④(1:2)　11. 둘째날(1:7-8)　12. ④(1:14-19)　13. ③(1:9, 13)　14. 다섯째 날(1:20, 23)
15. ④(1:14-19)　16. ④(1:20-23)　17. ③(1:24-31)　18. 하나님의 형상(1:27)　19. 사람(1:26)

20. 하나님께서는 사람을 창조하시고 "생육하고 번성하여 땅에 충만하라"(1:28)고 말씀하셨는데, 이 말씀을 어떤 사건 후에 다시 한번 반복하셨다. 어느 사건인가?
① 노아의 홍수 사건 후　② 바벨탑 사건 후
③ 인간의 타락 사건 직후　④ 최초의 살인 사건 후

21. 천지 만물을 다스릴 수 있는 피조물은? (　　　　　)

22. 에덴동산에서 사람들의 식생활은 어떠했다고 볼 수 있나?
① 육식　② 잡식　③ 초식　④ 알 수 없다

23. 하나님의 창조 활동 가운데 맨 마지막에 이루어진 일은?
① 해의 창조　② 인간 창조　③ 빛의 창조　④ 포유류 창조

24. 인류가 최초로 거주했던 장소는 어디였나? (　　　　　)

25. 다음 중에서 같은 날에 창조된 것이 아닌 것은?
① 바다　② 물고기　③ 육지　④ 채소

26. 창조의 제7일과 제일 관계 깊은 것은?
① 안식　② 완성　③ 기쁨　③ 인간

27. 에덴동산 가운데 있는 두 나무의 이름은 무엇인가?(　　　) (　　　)

28. 하나님이 짐승을 창조하신 방식은?
① 흙을 빚어서　② 초식동물에서 육식동물 순으로
③ 각기 종류대로　④ 대표적인 짐승 몇 마리만

29. 다음 중 인간 창조와 관계없는 것을 고른다면?
① 하나님의 형상　② 모든 생물을 다스리게 하심
③ 흙　④ 종류대로 창조하심

---

20. ①(9:1)　21. 사람(1:28)　22. ③(1:29)　23. ②(1:26)　24. 에덴동산(2:8)　25. ②(1:9-13)
26. ①(2:2)　27. 생명나무와 선악을 알게 하는 나무(2:9)　28. ③(1:24-25)　29. ④(1:27-28, 2:7)

30. 천지 창조 시 하나님께서 사용하신 최초의 마취제는?
① 약초 ② 깊은 잠 ③ 말씀 ④ 마술

31. 하나님께서 아담을 만드실 때 사용한 재료는 흙이었다. 여자를 만드실 때 사용한 재료는 무엇인가?
① 늑골 ② 환도뼈 ③ 갈빗대 ④ 흙

32. 하와라는 이름의 뜻은?
① 여자 ② 갈빗대 ③ 흙 ④ 생명을 주는 자

33. 다음은 어느 곳을 설명하는가? (   )

보기

동방에 위치, 4개의 강이 흐름,
생명나무와 선악과 나무, 최초 인간의 거처

34. 다음 중에서 에덴동산을 흐르는 강이 아닌 것은?
① 금이 있는 하윌라를 둘러 흐르는 비손강
② 구스 온 땅을 둘러 흐르는 기혼강
③ 앗수르 동쪽으로 흐르는 힛데겔강
④ 유브라데를 흐르는 요단강

35. 하나님께서 에덴동산에서 아담에게 금하신 것은?
① 생명나무의 열매를 먹지 못하게 하심
② 동산 중앙에 접근하지 못하게 하심
③ 뱀과 대화하지 못하게 하심
④ 선악을 알게 하는 나무의 열매를 먹지 말라고 하심

36. 창세기 2:7에서 말하는 인간의 구성 요소는 두 가지이다.
무엇과 무엇인가? (과   )

---

30. ②(2:21) 31. ③(2:21) 32. ④(3:20) 33. 에덴동산(2:8-15) 34. ④(2:11-14)
35. ④(2:17) 36. 흙과 생기

37. 여호와 하나님께서 흙으로 사람을 만드시고 생기를 어디에다 불어넣으셨나?
① 입 ② 코 ③ 귀 ④ 심장

38. 하나님께서 사람에게 주신 첫 계명은 무엇을 따 먹지 말라는 것이었나?
( )

39. 창세기에 의하면 가축과 들짐승과 새의 이름은 어떻게 유래되었나?
① 하나님이 지으심 ② 아담이 지음
③ 자연히 생김 ④ 진화에 의해 생겨남

40. 다음 말은 누가 언제 한 말인가?
"이는 내 뼈 중의 뼈요 살 중의 살이라"(2:23)
① 아브라함이 백 세에 이삭을 낳고
② 이삭이 리브가를 맞을 때
③ 아담이 첫아들 가인을 낳고
④ 아담이 하와를 보고

41. 다음 ( )에 들어갈 적당한 말은 무엇인가?
"이러므로 남자가 ( )를 떠나 그의 아내와 ( )하여 둘이 ( )을 이룰지로다"(2:24)
① 아버지 – 동거 – 한 몸 ② 본토 – 연합 – 가정
③ 부모 – 연합 – 가정 ④ 부모 – 합 – 한 몸

42. 최초 인간이 범죄함으로 타락한 기사는 창세기 몇 장에 나오는가?
( )

43. 하나님께서 금하신 나무의 열매를 따 먹으면 어떻게 된다고 하셨나?
① 반드시 죽으리라 ② 죽을까 하노라
③ 죽을 수도 있다 ④ 큰 벌을 받으리라

---

37. ②(2:7) 38. 선악을 알게 하는 나무의 열매(2:17) 39. ②(2:19) 40. ④(2:23)
41. ④ 42. 3장 43. ①(2:17)

44. 들짐승 중에서 제일 간교한 것은 무엇이었나? (　　　　)

45. 다음 성경의 구절 중에 틀린 것은?
① 태초에 하나님이 천지를 창조하시니라
② 일곱째 날에 안식하시니라
③ 선악을 알게 하는 나무의 열매는 먹지 말라 너희가 죽을까 하노라
④ 아담이 각 생물을 부르는 것이 곧 그 이름이 되었더라

46. 창세기 2장에 나오는 다음 구절은 신약의 복음서에서 누가 인용하고 있는가? "남자가 부모를 떠나 그의 아내와 합하여 둘이 한 몸을 이룰지로다"(2:24)
① 예수님　② 바울　③ 베드로　④ 요한

47. 하와가 선악을 알게 하는 나무를 보았을 때 느낀 감정이 아닌 것은?
① 보암직함　② 먹음직함　③ 탐스러움　④ 혐오감

48. 인간이 최초로 옷을 입게 된 것은?
① 창조 직후부터　② 최초의 범죄 후부터
③ 홍수 후부터　④ 바벨탑 사건부터

49. 아담은 선악과를 먹은 후 어떻게 되었나?
① 눈이 밝아짐　② 하나님과 같아짐
③ 선악을 분별함　④ 즉사함

50. 선악과를 따 먹은 후 아담과 하와는 자기들이 벗은 것을 알고 나뭇잎을 엮어 치마를 만들었는데, 최초의 옷이라 볼 수 있는 이것은 어느 나뭇잎인가?
① 감람나무잎　② 사과나무잎
③ 상수리나무잎　④ 무화과나무잎

---

44. 뱀(3:1)　45. ③(2:17)　46. ①(마 19:5)　47. ④(3:6)　48. ②(3:7, 21)　49. ①(3:7)　50. ④(3:7)

51. 다음에서 아담과 하와가 범죄한 직후 취한 행동이 아닌 것은?
① 두려워함 ② 숨음 ③ 책임 전가 ④ 서로 감싸줌

52. 다음은 누구에게 내린 하나님의 저주인가? (　　　　　)
"네가 모든 가축과 들의 모든 짐승보다 더욱 저주를 받아 배로 다니고 살아 있는 동안 흙을 먹을지니라"(3:14)

53. 구약에서 메시아(예수 그리스도)에 대한 약속이 처음으로 기록된 곳은?
① 창 3:15 ② 창 49:10 ③ 출 3:14 ④ 창 15:6

54. 구원의 약속이 성경에 처음으로 기록된 곳은?
① 요 3:16 ② 창 3:15 ③ 창 7:1 ④ 신 6:5

55. 다음 □ 안에 들어갈 적당한 말은?
"내가 너로 여자와 원수가 되게 하고 네 후손도 □□의 □□과 원수가 되게 하리니 여자의 후손은 네 □□를 상하게 할 것이요 너는 그의 발꿈치를 상하게 할 것이니라"(3:15)

56. 창세기 3장에서 범죄한 후 여자에게 내려진 형벌이 아닌 것은?
① 임신의 고통 ② 해산의 수고
③ 남편의 다스림을 받음 ④ 고된 노동

57. 다음은 범죄 후 아담에게 내려진 형벌의 일부이다. □ 안에 각각 들어갈 말은?
"땅이 네게 □□□□과 □□□를 낼 것이라 네가 먹을 것은 밭의 채소인즉 네가 … 얼굴에 땀을 흘려야 먹을 것을 먹으리니"(3:18-19)

58. 다음은 누구에게 하신 하나님의 말씀인가?
"너는 흙이니 흙으로 돌아갈 것이니라"(3:19)
① 뱀 ② 아담 ③ 하와 ④ 가인

---

51. ④(3:10-13) 52. 뱀 53. ① 54. ② 55. 여자, 후손, 머리 56. ④(3:16)
57. 가시덤불, 엉겅퀴 58. ②

59. 인간의 노동은 언제부터 시작되었나?
① 인간이 범죄한 후 ② 가인을 살인한 후
③ 인간 창조 후 ④ 에덴에서 쫓겨난 후

60. 하나님께서 인간을 에덴동산에서 쫓아내시기 전에 무엇을 선물로 주셨나?
① 금은 보화 ② 가죽옷
③ 소와 양 ④ 아무것도 주시지 않음

61. 하나님께서 범죄한 인간을 에덴동산에서 쫓아내신 직접적인 이유는?
① 선악과를 다시 따먹지 못하도록
② 인간이 나가고 싶어 해서
③ 본래의 약속을 지키시려고
④ 생명나무 열매를 먹고 영생하지 못하도록

62. 하나님이 인간을 쫓아내시고 에덴동산을 지키시기 위해 세운 것은?
① 스핑크스 ② 그룹들과 사자
③ 맹수들 ④ 그룹들과 두루 도는 불 칼

63. 인류 최초로 어머니에게서 태어난 사람은 누구인가?(　　　　　　)

64. 아담의 아들인 아벨의 직업은 무엇인가?
① 농사짓는 자 ② 수금과 퉁소를 연주하는 자
③ 상업하는 자 ④ 양치는 자

65. 성경에 나오는 인류 최초의 살인자는 누구인가?
① 아담 ② 두발가인 ③ 가인 ④ 아벨

66. 가인의 직업은 무엇인가?
① 고기 잡는 자 ② 양치는 자 ③ 장사하는 자 ④ 농사짓는 자

---

59. ③(1:28) 60. ②(3:21) 61. ④(3:22) 62. ④(3:24) 63. 가인(4:1) 64. ④(4:2)
65. ③(4:8) 66. ④(4:2)

67. 왜 하나님께서 아벨과 그의 제물은 받으셨다고 하였나?
① 하나님은 곡식보다 양을 좋아하므로
② 하나님은 가인보다 아벨을 좋아하시므로
③ 아벨은 믿음으로 제사를 드렸으므로
④ 아벨은 죄를 품지 않았으므로

68. 가인이 동생을 살해한 후 하나님께서 가인에게 네 아우 아벨이 어디 있느냐고 물으실 때 그의 대답은 무엇이었나?
"내가 알지 못하나이다 ( )"(4:9)

69. 다음 글 중에서 "네 아우"는 누구인가? ( )
"네 아우의 핏소리가 땅에서부터 내게 호소하느니라"(4:10)

70. 의인으로서 악인에게 최초로 희생된 사람은 누구인가?
① 아담 ② 셋 ③ 아벨 ④ 가인

71. "( )으로 아벨은 가인보다 더 나은 제사를 하나님께 드림으로 의로운 자라 하시는 증거를 얻었으니"(히 11:4)에서 ( ) 안에 들어갈 말은?
① 양 ② 순종 ③ 아벨 ④ 믿음

72. 다음 하나님의 말씀 중에서 "너"는 누구인가? ( )
"네가 밭을 갈아도 땅이 다시는 그 효력을 네게 주지 아니할 것이요 너는 땅에서 피하며 유리하는 자가 되리라"(4:12)

73. 가인이 범한 두 가지 죄는?
① 살인과 거짓말 ② 살인과 도둑질
③ 살인과 간음 ④ 도둑질과 강도

74. 가인을 죽이는 자가 받을 벌은 어떤 것인가?
① 죽음 ② 칠 배의 벌
③ 칠십칠 배의 벌 ④ 땅에서 피하여 유리함

---

67. ③(히 11:4) 68. 내가 내 아우를 지키는 자니이까 69. 아벨 70. ③(4:8) 71. ④
72. 가인 73. ①(4:8-9) 74. ②(4:15)

75. 성경의 기록 중 인간이 최초로 쌓은 성의 이름은?
① 에녹 ② 바벨 ③ 갈대아 우르 ④ 가나안

76. 성경에 나오는 일부다처제의 시조인 라멕의 두 아내의 이름은?
① 아다–다말 ② 실바–빌하 ③ 아다–씰라 ④ 레아–씰라

77. 가축을 치는 자의 조상은 누구인가?
① 노아 ② 야발 ③ 라멕 ④ 두발가인

78. 인류 역사상 악기를 처음 만든 사람은?
① 가인 ② 라멕 ③ 아다 ④ 유발

79. "구리와 쇠로 여러 가지 기구를 만드는 자"는 누구인가?
① 유발 ② 두발가인 ③ 야발 ④ 씰라

80. 다음 ( ) 안에 알맞은 사람의 이름은 무엇인가?
"가인을 위하여는 벌이 칠 배일진대 ( )을 위하여는 벌이 칠십칠 배이리로다"(4:24)
① 라멕 ② 노아 ③ 에녹 ④ 아벨

81. 다음 구절에서 다른 씨는 누구인가?
"하나님이 내게 가인이 죽인 아벨 대신에 다른 씨를 주셨다"(4:25)
① 아벨 ② 셈 ③ 셋 ④ 예수

82. 다음 중 셋의 후손이 아닌 사람은?
① 에녹 ② 노아 ③ 아브라함 ④ 유발

83. 사람들이 비로소 여호와의 이름을 부르기 시작할 때에 태어난 셋의 아들은?
① 라멕 ② 에노스 ③ 노아 ④ 에녹

84. 다음 중 나머지 세 개와 다른 관계에 있는 것은?
① 라멕–노아 ② 셈–함 ③ 가인–아벨 ④ 에서–야곱

---

75. ①(4:17) 76. ③(4:19) 77. ②(4:20) 78. ④(4:21) 79. ②(4:22) 80. ① 81. ③
82. ④(4:21) 83. ②(4:26) 84. ①(5:30)

85. 창세기의 기록 중 최고로 장수한 사람의 이름은?
① 두발가인 ② 무후야엘 ③ 에녹 ④ 므두셀라

86. 성경에서 제일 오래 산 사람의 나이는?
① 930세 ② 996세 ③ 960세 ④ 969세

87. 에녹은 몇 년 동안 하나님과 동행하며 자녀를 낳았는가?
① 삼백 년 ② 삼백육십오 년 ③ 삼백육십 년 ④ 삼백육 년

88. 창세기에서 죽음을 보지 않고 하나님이 데려간 사람은?(　　　　)

89. 창세기에서 사람들이 처음으로 여호와의 이름을 불렀던 때는 누구의 때부터인가?
① 셋 ② 아브라함 ③ 에노스 ④ 노아

90. 노아의 아버지는 누구인가?
① 라멕 ② 에녹 ③ 셈 ④ 므두셀라

91. "노아"라는 이름의 뜻은 무엇인가?
① 생명 ② 구원 ③ 안위 ④ 기쁨

92. 다음에서 노아의 아들이 아닌 사람은?
① 함 ② 야벳 ③ 셈 ④ 아다

93. 하나님께서 노아 시대에 땅 위에 사람 지으셨음을 한탄하신 이유가 아닌 것은?
① 사람의 죄악이 세상에 가득 찼기 때문에
② 사람의 모든 계획이 항상 악했기 때문에
③ 사람을 좀 더 완전하게 만드시지 못했기 때문에
④ 사람들의 음란한 행위 때문에

---

85. ④(5:27) 86. ④(5:27) 87. ①(5:22) 88. 에녹(5:24) 89. ③(4:26) 90. ①(5:30)
91. ③(5:29) 92. ④(5:32) 93. ③(6:1-6)

94. 노아 시대에 하나님께서 땅 위에 있는 것을 쓸어버리려고 계획하셨을 때 포함되지 않은 생물은?
① 사람과 모든 가축 ② 기는 것
③ 공중의 새 ④ 모든 물고기

95. 에녹은 아담으로부터 몇 대 후손인가?
① 5대 ② 7대 ③ 10대 ④ 12대

96. 노아 시대에 살았던 용사를 무엇이라고 했나? (　　　　)

97. 노아는 아담으로부터 몇 대 후손인가?
① 7대 ② 12대 ③10대 ④ 20대

98. "(　　)는 의인이요 당대에 완전한 자라 그는 하나님과 동행하였으며"(6:9)에서 (　　) 안에 들어갈 말은?
① 아브라함 ② 욥 ③ 노아 ④ 에녹

99. 인간의 수명이 단축된 때는 언제부터인가?
① 출애굽 후 ② 노아의 홍수 후
③ 아브라함 후 ④ 아담과 하와의 타락 후

100. 노아의 홍수 직전에 하나님께서 인간의 날은 몇 년이 되리라 하셨는가?
① 100년 ② 80년 ③ 120년 ④ 150년

101. 인간 초기 문명의 기초는?
① 선 ② 악 ③ 선도 악도 아님 ④ 잘 모름

102. 다음은 노아의 방주에 대한 설명이다. 연관성이 없는 것은 무엇인가?
① 상수리나무 ② 역청 ③ 고페르나무 ④ 300규빗

---

94. ④(6:7) 95. ②(5:3-18) 96. 네피림(6:4) 97. ③(5:3-29) 98. ③ 99. ②(6:3)
100. ③(6:3) 101. ②(6:5) 102. ①(6:14-15)

103. 노아 방주의 출입문은?
① 상하로　② 옆으로 상, 중, 하, 삼층으로
③ 천정으로　④ 앞으로 이층으로

104. 노아 방주의 규격은(길이, 너비, 높이)?
① 300, 50, 30규빗　② 350, 40, 30규빗
③ 300, 60, 40규빗　④ 300, 30, 20규빗

105. 노아 외에 방주에 들어간 사람의 수는?
① 8명　② 7명　③ 9명　④ 10명

106. 인류 최대의 홍수 때 유일하게 구원받은 사람들은 누구인가?
(　　　　　　　　　　　　　　　　　　　　)

107. 인류의 첫 번째 시조는 아담이다. 그러면 인류의 두 번째 시조는?
① 셋　② 아브라함　③ 노아　④ 모세

108. 노아의 방주에 모든 생물이 각각 암수 둘씩 들어갈 수 있었다. 그러나 모든 정결한 짐승은 암수 몇 쌍씩 들어갔는가?
① 일곱 쌍씩　② 다섯 쌍씩　③ 세 쌍씩　④ 두 쌍씩

109. 다음 중 노아의 방주에 들어간 것이 아닌 것은?
① 정결한 짐승　② 부정한 짐승
③ 물고기　④ 땅 위의 기는 것

110. 홍수 때에 노아는 몇 살이었나?
① 600세　② 120세　③ 500세　④ 300세

111. 홍수 때에 얼마 동안 비가 내렸나?
① 120일　② 40일　③ 60일　④ 100일

---

103. ②(6:16)　104. ①(6:15)　105. ②(6:18)　106. 노아와 그의 아내, 세 아들과 세 며느리(6:18)　107. ③(6:17-18)　108. ①(7:2)　109. ③(7:8)　110. ①(7:11)　111. ②(7:12)

112. 홍수가 땅에 넘쳤던 기간은?
① 120일간　② 150일간　③ 40일간　④ 30일간

113. 홍수 후 노아의 방주가 머무른 산은?
① 호렙산　② 헬몬산　③ 시내산　④ 아라랏산

114. 비가 그친 후 노아가 물이 줄어들었는지 여부를 알고자 제일 먼저 내놓은 새는?
① 비둘기　② 독수리　③ 까마귀　④ 까치

115. 노아가 땅 위의 물이 줄어든 것을 알기 위해 비둘기를 보낸 횟수는?
① 1번　② 2번　③ 3번　④ 4번

116. 노아가 방주에서 내보낸 비둘기가 입에 물고 온 나뭇잎은?
① 무화과나무 잎사귀　② 뽕나무 잎사귀
③ 감람나무 새 잎사귀　④ 들백합화 잎사귀

117. 노아가 방주에서 나와서 제일 먼저 한 일은 무엇인가?
(　　　　　　　　　　　　　　　　　　　)

118. 하나님께서 인간에게 육식을 먹어도 좋다고 최초로 허락하신 때는?
① 창조 직후부터　② 모세 시대부터
③ 홍수 직후부터　④ 홍수 이전부터

119. 하나님께서 인간에게 고기를 먹되 그 생명 되는 무엇과 함께 먹지 말라고 하셨나? (　　　　　　　　　　　　　　　　　　　)

120. 다음 중 홍수 후에 일어난 일이 아닌 것은?
① 동물이 사람을 무서워함　② 육식이 허용됨
③ 인간의 수명이 감소됨　④ 추위와 더위가 시작됨

112.②(7:24)　113.④(8:4)　114.③(8:7)　115.③(8:9-12)　116.③(8:11)　117.하나님께 번제를 드림(8:20)　118.③(9:3)　119.피(9:4)　120.④(9:2-3)

121. 홍수가 끝난 후 노아는 농사를 짓기 시작했다. 다음 중 농업과 가장 가까운 사람은 누구인가?

① 아벨　② 두발가인　③ 야발　④ 가인

122. 하나님께서 인류에게 다시는 홍수로 멸망시키지 않을 것이라는 약속의 표징으로 주신 것은?(　　　　　)

123. 다음 구절은 하나님이 누구에게 하신 언약인가?

"내가 나와 너희와 및 육체를 가진 모든 생물 사이의 내 언약을 기억하리니 다시는 물이 모든 육체를 멸하는 홍수가 되지 아니할지라"(9:15)

① 아브라함　② 노아　③ 다윗　④ 모세

124. 노아가 포도주에 취해 잠들었을 때 그 하체를 보고 두 형제에게 알린 아들은?

① 셈　② 함　③ 야벳　④ 셋

125. 가나안의 아버지는?

① 셈　② 야벳　③ 함　④ 노아

126. 노아가 함의 무례함을 알고 저주하는 말 중에 다음 (　) 안에 들어갈 인물은?

"(　)은 저주를 받아 그의 형제의 종들의 종이 되기를 원하노라"(9:25)

① 가나안　② 야벳　③ 셈　④ 가인

127. 함의 아들 중 세상에 첫 용사로 여호와 앞에서 용감한 사냥꾼이 된 사람은?

① 두발가인　② 니므롯　③ 구스　④ 마곡

128. 창세기에서 "벨렉"의 시대에 있었던 일은?

① 큰 지진　② 큰 전쟁　③ 세상이 나뉨　④ 큰 재앙

---

121. ④(4:2)　122. 무지개(9:13)　123. ②　124. ②(9:22)　125. ③(10:6)　126. ①
127. ②(10:8)　128. ③(10:25)

129. 처음에 온 땅의 언어가 하나요 말이 하나였다. 그러면 언어가 혼잡하게 된 것은 언제부터였나?
① 창조 직후 ② 아담의 범죄 직후
③ 노아 홍수 직후 ④ 바벨탑 사건 시

130. "온 땅의 언어가 하나요 말이 하나였더라"(11:1) 이 구절은 어느 사건을 시작하는 말인가?
① 인간의 타락 ② 노아의 홍수
③ 바벨탑 사건 ④ 소돔과 고모라의 멸망

131. 인류 최초의 문명인 바벨탑을 쌓은 곳의 위치는 어디인가?
① 시날 평야 ② 모압 평지 ③ 시내 광야 ④ 수르 광야

132. "자, 벽돌을 만들어 견고히 굽자 … 자, 성읍과 탑을 건설하여 그 탑 꼭대기를 하늘에 닿게 하여 우리 이름을 내고 온 지면에 흩어짐을 면하자"(11:3-4) 이는 어떤 사건을 묘사하고 있는가?
( )

133. 다음 중 바벨탑 사건에서 바벨탑을 쌓게 된 동기가 아닌 것은?
① 하늘까지 오르자 ② 우리 이름을 내자
③ 흩어짐을 면하자 ④ 하나님을 섬기자

134. "바벨"이라는 의미는?
① 승리 ② 혼잡 ③ 나라 ④ 배반

135. 다음 중 인간이 바벨탑을 쌓아서 얻은 비극적 결과가 아닌 것은?
① 흩어짐 ② 미완성
③ 언어가 혼잡해짐 ④ 꼭대기가 하늘에 닿음

136. 노아의 아들 중 메시아(예수) 계통은?
① 셈 ② 함 ③ 야벳 ④ 가나안

---

129. ④(11:7) 130. ③(11:1) 131. ①(11:2) 132. 바벨탑 사건 133. ④(11:4) 134. ②(11:9)
135. ④(11:8-9) 136. ①(11:10-26)

137. 이스라엘 최초의 족장인 아브라함은 창세기 몇 장부터 등장하는가?
① 10장 ② 12장 ③ 14장 ④ 15장

138. 아브라함의 아버지는 누구인가?( )

139. 아브라함의 출생지(고향)는 어디인가?
① 갈대아 우르 ② 가나안 ③ 하란 ④ 애굽

140. 데라의 아들은 아브라함, 나홀 그리고 또 누구인가?
① 에벨 ② 롯 ③ 밀가 ④ 하란

141. 다음 □ 안에 공통으로 들어갈 말은 무엇인가?
"내가 너로 큰 민족을 이루고 네게 □을 주어 네 이름을 창대하게 하리니 너는 □이 될지라"(12:2)

142. 아브라함이 갈대아 우르를 떠날 때의 본명은 무엇인가?( )

143. 아브라함이 갈대아 우르에서 떠날 때 동행한 사람들은?
① 하란, 데라, 사래 ② 데라, 사래, 롯
③ 사래, 롯, 나홀 ④ 하란, 데라, 롯

144. 다음 보기는 누구를 가리키는가? ( )

보기
하란의 아들, 아브라함의 조카, 소돔과 고모라와 연관, 아브라함과 함께 떠남

145. 데라의 아들인 나홀의 아내는?
① 사래 ② 아다 ③ 밀가 ④ 이스가

146. 아브라함의 아버지 데라가 죽은 곳은?
① 여리고 ② 갈대아 우르 ③ 하란 ④ 가나안

---

137. ② 138. 데라(11:27) 139. ①(11:28) 140. ④(11:27) 141. 복 142. 아브람(12:1) 143. ②(11:31) 144. 롯(12:5, 13:12) 145. ③(11:29) 146. ③(11:32)

147. 하나님께서 아브라함에게 처음 나타나셨을 때 고향, 친척, 아버지의 집을 떠나 가라고 하신 땅은?
① 모리아 땅 ② 하나님이 보여줄 땅 ③ 하란 ④ 애굽

148. 아브라함이 고향을 떠나 가나안으로 올 때 머물렀던 지역은?
① 벧엘 ② 하란 ③ 애굽 ④ 우르

149. 다음은 이스라엘 초대 족장에게 주신 하나님의 복이다. □ 안에 들어갈 적당한 말은?
"내가 너로 큰 □□을 이루고 네게 복을 주어 네 이름을 창대하게 하리니 너는 □이 될지라"(12:2)

150. 다음 중 하나님께서 아브라함에게 나타나신 후 아브라함이 가나안 땅에 들어가서 행한 일이 아닌 것은?
① 제단을 쌓음 ② 벧엘 동쪽 산에 장막을 침
③ 점점 북쪽으로 옮겨감 ④ 여호와의 이름을 부름

151. 아브라함이 여호와를 위하여 제단을 쌓고 여호와의 이름을 부른 곳과 관계 깊은 나무는?
① 아카시아나무 ② 상수리나무 ③ 올리브나무 ④ 포도나무

152. 아브라함이 하란을 떠날 때 그의 나이가 몇 살이었나?
① 100세 ② 99세 ③ 75세 ④ 90세

153. 다음은 하나님께서 누구에게 하신 말씀인가? (   )
"너를 축복하는 자에게는 내가 복을 내리고 너를 저주하는 자에게는 내가 저주하리니 땅의 모든 족속이 너로 말미암아 복을 얻을 것이라"(12:3)

154. 아브라함이 가나안을 떠나 애굽으로 내려간 이유는?
① 기근 때문에 ② 홍수가 나서
③ 하나님이 명령하셔서 ④ 여행하려고

---

147. ②(12:1) 148. ②(11: 31) 149. 민족, 복 150. ③(12:8-9) 151. ②(13:18) 152. ③(12:4) 153. 아브라함 154. ①(12:10)

155. 아브라함이 애굽으로 내려갈 때 자기 부인 사래를 누구라고 속였나?
① 누이 동생 ② 하녀 ③ 친구의 아내 ④ 이모

156. 아브라함이 애굽과 그랄에서 공통적으로 한 일은 무엇인가?
① 제단을 쌓음 ② 우물을 팜
③ 아내를 누이라고 속임 ④ 계약을 맺음

157. 아브라함과 롯이 서로 헤어지게 된 동기는?
① 아내들이 다투어서 ② 아브라함이 그를 시기함으로
③ 그들의 소유가 많아져서 ④ 롯의 방랑벽 때문에

158. 아브라함은 롯과 헤어질 때 먼저 롯에게 선택권을 주었다. 이때 롯이 선택하여 정착한 땅은?
① 마므레 ② 소돔 ③ 애굽 ④ 벧엘

159. 다음은 누가 누구에게 한 말인가? (　　　　　　　　)
"네 앞에 온 땅이 있지 아니하냐 나를 떠나가라 네가 좌하면 나는 우하고 네가 우하면 나는 좌하리라"(13:9)

160. "마므레"의 위치는?
① 소돔 부근 ② 예루살렘 부근 ③ 세겜 부근 ④ 헤브론 부근

161. 엘람 왕 그돌라오멜과 그의 동맹 왕들이 소돔과 고모라 왕을 치기 위해 모인 곳은?
① 벧엘 ② 고센 ③ 염해 ④ 숙곳

162. 아브라함이 조카 롯을 구하러 갈 때 함께 간 훈련된 자의 수는?
① 300명 ② 418명 ③ 500명 ④ 318명

163. 아브라함이 승전하고 돌아왔을 때, 아브라함을 축복한 살렘의 왕은?
(　　　　　　　　　　　　)

---

155. ①(12:13) 156. ③(12:13, 20:1-2) 157. ③(13:6) 158. ②(13:12) 159. 아브라함이 조카 롯에게 160. ④(13:18) 161. ③(14:3) 162. ④(14:14) 163. 멜기세덱(14:18-19)

164. "천지의 주재이시요 지극히 높으신 하나님이여 아브람에게 복을 주옵소서"(14:19) 이 말은 누가 누구를 위해 축복한 말인가?
① 멜기세덱이 아브라함에게 ② 롯이 아브라함에게
③ 소돔 왕이 아브라함에게 ④ 천사가 아브라함에게

165. 다음 중 멜기세덱과 관련이 없는 것은?
① 살렘 왕 ② 지극히 높으신 하나님의 제사장
③ 아브라함을 축복함 ④ 소돔 왕

166. 아브라함이 멜기세덱에게 준 전리품의 양은?
① 절반 ② 전부 ③ 삼분의 일 ④ 십분의 일

167. 성경에서 제일 처음에 하나님의 제사장으로 언급된 사람은?
① 아브라함 ② 아론 ③ 멜기세덱 ④ 노아

168. 성경에서 십일조를 제일 먼저 드린 사람은?
① 모세 ② 야곱 ③ 아브라함 ④ 노아

169. 아브라함이 자식이 없으므로 자기의 상속자로 삼으려고 했던 사람의 이름은?
① 엘리에셀 ② 아비멜렉 ③ 롯 ④ 엘라살

170. "아브람이 여호와를 믿으니 여호와께서 이를 그의 (　　)(으)로 여기시고"(15:6)의 (　) 안에 들어갈 말은?
① 순종 ② 의 ③ 구원 ④ 믿음

171. 믿음으로 의롭다 함을 받는 진리가 제일 처음 적용된 때는?
① 아브라함부터 ② 모세 때부터 ③ 예수 이후부터 ④ 바울부터

172. 하나님은 아브라함의 무엇을 보시고 그를 의롭다고 하셨나?
(　　　　　　　　　　　　　　　　　　　　)

---

164. ① 165. ④(14:18-19) 166. ④(14:20) 167. ③(14:18) 168. ③(14:20)
169. ①(15:2) 170. ② 171. ①(15:6) 172. 믿음(15:6)

173. 아브라함이 하나님께 의롭다 함을 받은 때는?
① 할례받은 후 ② 할례받기 전
③ 할례받은 때 ④ 이삭을 바칠 때

174. 다음의 구절은 이스라엘이 어느 나라에서 종살이할 것을 예언한 것인가?
"네 자손이 이방에서 객이 되어 그들을 섬기겠고 그들은 사백 년 동안 네 자손을 괴롭히리니"(15:13)
① 가나안 ② 바벨론 ③ 애굽 ④ 앗수르

175. 창세기에 나오는 다음 족장 중에 일부일처로 지낸 사람은?
① 아브라함 ② 이삭 ③ 야곱 ④ 에서

176. 사래가 자식을 낳지 못해 아브람에게 준 여종의 이름은?
① 라헬 ② 밀가 ③ 하갈 ④ 리브가

177. 아브라함이 아내의 여종인 하갈에게서 얻은 아들은?
① 이스마엘 ② 이삭 ③ 야곱과 에서 ④ 엘리에셀

178. "그가 사람 중에 들나귀 같이 되리니"(16:12) 여기서 그는 누구인가?
①에서 ② 이삭 ③ 이스마엘 ④ 야곱

179. 하갈은 자기에게 나타나신 여호와의 이름을 무엇이라고 불렀나?
① 준비하시는 하나님 ② 승리의 하나님
③ 치료하시는 하나님 ④ 나를 살피시는 하나님

180. 하갈이 여호와를 만난 샘을 무엇이라고 불렀나?
① 브니엘 ② 브엘세바 ③ 브엘라해로이 ④ 벧엘

181. 하갈이 이스마엘을 낳았을 때 아브라함의 나이는?
① 90세 ② 75세 ③ 86세 ④ 99세

---

173. ②(15:6, 17:24) 174. ③ 175. ②(24:6-7) 176. ③ (16:1) 177. ①(16:15)
178. ③(16:11-12) 179. ④(16:13) 180. ③(16:14) 181. ③(16:16)

182. 이스마엘이란 이름의 뜻은?
① 들나귀 ② 고통
③ 하나님이 고통을 들으심 ④ 하나님이 준비하심

183. 아브라함의 아들 이스마엘이 주로 거주했던 지역은 어디인가?
① 바란 광야 ② 브엘세바 ③ 미디안 광야 ④ 시날 평지

184. 하나님이 아브람의 이름을 아브라함으로 바꾸셨을 때 그의 나이는?
① 99세 ② 86세 ③ 100세 ④ 90세

185. 아브라함이라는 이름의 뜻은?
① 복 ② 창성 ③ 여러 민족의 아버지 ④ 믿음의 조상

186. 하나님께서 사래의 이름을 사라로 바꿔 주셨는데 그 이름의 뜻은?
① 복 ② 여주인 ③ 웃음 ④ 여러 민족의 어머니

187. 하나님께서 아브라함을 통해 자신과 이스라엘 남자 사이에 맺은 언약의 표징은?
① 무지개 ② 할례 ③ 희생제물 ④ 구름

188. 구약에서 처음으로 할례를 행한 사람은?
① 모세 ② 야곱 ③ 노아 ④ 아브라함

189. 다음 중 서로 관련이 없는 것은?
① 팔일 ② 포피를 벰 ③ 데라 ④ 할례

190. 아브람이 아브라함으로 이름이 바뀔 때 함께 일어난 사건은?
① 할례 ② 십일조 ③ 유월절 ④ 안식일

191. 다음에서 할례의 대상이 아닌 사람은?
① 유대인 남자 ② 이방인에게서 돈으로 산 자 ③ 노예들 ④ 여자들

---

182. ③(16:11) 183. ①(21:21) 184. ①(17:1, 5) 185. ③(17:5) 186. ④(17:16)
187. ②(17:11) 188. ④(17:24) 189. ③(17:11-12) 190. ①(17:10) 191. ④(17:12-13)

192. 이삭을 낳을 때 아브라함의 아내 사라의 나이는?
① 100세 ② 90세 ③ 95세 ④ 86세

193. 아브라함과 이스마엘이 할례를 받을 때 각각의 나이는?
① 90세, 10세 ② 99세, 10세 ③ 95세, 13세 ④ 99세, 13세

194. 부지중에 하나님과 천사를 대접한 사람은?
① 아브라함 ② 이삭 ③ 야곱 ④ 에서

195. 사라는 그가 아들을 낳을 것이라는 하나님의 말씀을 듣고 어떤 모습을 보였는가?
① 진지하게 받아들였다 ② 속으로 웃었다
③ 무조건 믿었다 ④ 반응이 없었다

196. "여호와께 능하지 못한 일이 있겠느냐"라는 말은 창세기 몇 장에 나오는가?
① 15장 ② 16장 ③ 18장 ④ 21장

197. 이스라엘의 족장 중 하나님이 다른 나라에 대한 자신의 계획을 의논할 정도로 가까웠던 사람은?
① 아브라함 ② 이삭 ③ 야곱 ④ 요셉

198. 소돔과 고모라를 구하기 위해 하나님께 간절히 간구(중보기도)한 사람은 누구인가? (   )

199. 아브라함이 소돔을 구원하기 위해 하나님께 호소한 횟수는?
① 여섯 번 ② 다섯 번 ③ 네 번 ④ 세 번

200. 소돔과 고모라 성은 의인 몇 명이 없어서 멸망하였나?
① 300명 ② 50명 ③ 20명 ④ 10명

---

192. ②(17:17) 193. ④(17:24-25) 194. ①(18:1-2, 히 13:2) 195. ②(18:12)
196. ③(18:14) 197. ①(18:17) 198. 아브라함(18:22-32) 199. ①(18:22-32)
200. ④(18:32)

201. 다음 중에서 소돔과 관계없는 것은?
① 롯이 선택한 땅 ② 소금기둥 ③ 두 천사 ④ 야곱

202. 소돔 사람들이 천사를 해치려 할 때 천사들이 한 일은?
① 그들의 눈을 어둡게 함 ② 숨어버림
③ 그들을 책망함 ④ 그들을 쫓아버림

203. 롯이 자기 딸들과 결혼할 사위들에게 곧 이 성이 멸망할 것이니 떠나자고 권할 때 그들의 반응은?
① 농담으로 여겼다 ② 아무런 반응이 없었다
③ 롯을 따랐다 ④ 딸들을 놔두고 떠나라고 하였다

204. 소돔 성에서 천사의 이끌림을 받아 성 밖으로 나간 사람의 수는?
① 3명 ② 2명 ③ 5명 ④ 4명

205. 롯이 소돔에서 도망하여 들어간 성의 이름은?
① 바알 ② 소알 ③ 에돔 ④ 세라

206. 하나님은 타락한 소돔과 고모라를 어떻게 멸하셨나?
① 홍수 ② 우박으로 ③ 지진으로 ④ 유황과 불로

207. 소돔성에서 도망치다 뒤를 돌아보아 소금기둥이 된 사람은?
① 롯 ② 롯의 사위 ③ 롯의 아내 ④ 롯의 딸

208. 하나님이 소돔성에서 롯을 구원한 동기는 무엇인가?
① 롯은 소돔성의 유일한 의인이었으므로
② 롯이 두 천사를 대접했으므로
③ 하란의 아들이었기 때문에
④ 아브라함을 생각하셨기 때문에

209. 소돔과 고모라가 멸망할 때 구원받은 사람은 모두 몇 명인가?
① 5명 ② 4명 ③ 3명 ④ 2명

---

201. ④ 202. ①(19:11) 203. ①(19:14) 204. ④(19:15-16) 205. ②(19:22)
206. ④(19:24) 207. ③(19:26) 208. ④(19:29) 209. ③(19:30)

210. 롯의 두 딸이 낳은 아들의 아버지는 누구인가?
① 소돔 사람 ② 이삭 ③ 알 수 없다 ④ 롯

211. 롯이 그의 두 딸을 통해서 이룬 두 민족은?
① 모압, 암몬 ② 모압, 가나안 ③ 에돔, 암몬 ④ 모압, 에돔

212. 아브라함이 두 번째로 자기 아내를 누이라고 속였던 그랄 왕의 이름은?
① 아비멜렉 ② 아히멜렉 ③ 바로 ④ 엘리에셀

213. 하나님께서 맨 먼저 사람에게 그를 가리켜 선지자라고 한 사람은?
① 노아 ② 멜기세덱 ③ 아브라함 ④ 엘리야

214. 아브라함이 아비멜렉에게 말한 사라와 아브라함의 관계는?
① 아버지의 수양딸 ② 아브라함의 첫 누이
③ 아브라함의 이복 누이 ④ 아브라함 종의 누이

215. 하나님이 사라를 데려간 아비멜렉 왕에게 내린 징벌은?
① 집의 모든 태를 닫으심 ② 기근을 주심
③ 나병을 내리심 ④ 날벼락을 일으키심

216. 하나님께서 아브라함에게 약속하신 대로 참된 상속자로 주신 아들은?
( )

217. 아브라함은 몇 세 때에 이삭을 낳았는가? (세)

218. 이삭의 어머니 이름은?
① 하갈 ② 리브가 ③ 한나 ④ 사라

219. 아브라함의 아들 이삭의 이름의 뜻은?
① 승리 ② 웃음 ③ 복의 근원 ④ 사랑

---

210. ④(19:36) 211. ①(19:37-38) 212. ①(20:2) 213. ③(20:7) 214. ③(20:12)
215. ①(20:18) 216. 이삭(21:3) 217. 100세(21:5) 218. ④(21:3) 219. ②(21:6)

220. 하나님의 명령에 따라 이삭이 난 지 팔 일 만에 아브라함이 행한 일은 무엇인가? (   )

221. 이삭과 이스마엘이 한 집에서 지낸 기간은?
① 이삭이 젖 뗄 때까지 ② 이삭이 장성할 때까지
③ 이삭이 결혼할 때까지 ④ 이삭이 죽을 때까지

222. 하나님께서 아브라함에게 허락하신 약속의 아들은?
① 이스마엘 ② 엘리에셀 ③ 이삭 ④ 이스라엘

223. 하갈의 며느리, 즉 이스마엘의 아내는 어디 출신인가?
① 암몬 ② 모압 ③ 애굽 ④ 에돔

224. 아브라함과 아비멜렉이 평화의 언약을 맺은 우물의 이름은?
① 브니엘 ② 여호와 이레 ③ 벧엘 ④ 브엘세바

225. 아브라함이 에셀 나무를 심고 영원하신 여호와의 이름을 부른 곳은?
① 브엘세바 ② 벧엘 ③ 모리아산 ④ 막벨라

226. 다음 인물들의 공통점은 무엇인가?

보기
엘리에셀, 이스마엘, 이삭

① 상속자로 정했던 인물 ② 아브라함의 자식
③ 독자 ④ 약속의 후손

227. 아브라함이 하나님의 지시대로 독자 이삭을 제물로 바치는 장면은 창세기 몇 장에 나오는가?
① 15장 ② 20장 ③ 22장 ④ 24장

---

220. 할례(21:4) 221. ①(21:8, 14) 222. ③(21:12) 223. ③(21:21) 224. ④(21:31-32)
225. ①(21:33) 226. ① 227. ③

228. 하나님께서 아브라함에게 100세에 낳은 귀한 아들을 제물로 바치라고 명령하신 이유는?(　　　　　　　　　　　　)

229. 하나님께서 아브라함에게 이삭을 제물로 바치라고 일러주신 산은 어디인가?
① 에발산　② 그리심산　③ 모리아산　④ 시내산

230. 이삭이 "불과 나무는 있거니와 번제할 어린 양은 어디 있나이까"(22:7)라고 물었을 때 아브라함의 대답은?
① 하나님이 친히 준비하시리라　② 네가 바로 제물이니라
③ 산 위에 숫양이 있느니라　④ 뒤에 올 것이니라

231. 아브라함이 이삭을 바치라는 명령을 받은 후 취한 행동은?
① 하나님의 명령을 거부함　② 즉시 순종함
③ 며칠을 두고 생각함　④ 당황함

232. 아브라함이 이삭을 드릴 때 주의 음성을 듣고 대신 드린 양은?
① 목이 수풀에 걸린 양　② 나무에 걸어놓은 양
③ 나뭇가지에 걸린 양　④ 뿔이 수풀에 걸린 양

233. "여호와 이레"라고 불린 곳은 어느 산에 있나?
① 시내산　② 아라탓산　③ 모리아산　④ 헬몬산

234. "여호와 이레"란 말과 가장 관계가 깊은 사람은?
① 야곱　② 사라　③ 아브라함　④ 이스마엘

235. "여호와 이레"의 뜻은 무엇인가? (　　　　　　　　　　)

236. 아브라함이 모리아산에서 무엇을 하나님께 제물로 드리려고 했나?
① 어린 양　② 첫곡식　③ 숫양　④ 이삭

---

228. 아브라함을 시험하시려고(22:1)　229. ③(22:2)　230. ①(22:8)　231. ②(22:3)　232. ④(22:13)　233. ③(22:2, 14)　234. ③(22:14)　235. 여호와의 산에서 준비되리라, 여호와께서 준비하시다(22:14)　236. ④(22:9-10)

237. 아브라함의 가족 무덤이 된 굴의 이름은 무엇인가? (　　)

238. 사라가 127세에 죽어 묻힌 곳은?
① 여리고　② 막벨라 굴　③ 소알　④ 예루살렘

239. 아브라함이 헷 족속에게서 막벨라 굴을 산 이유는?
① 매장지로 사용하려고　② 그곳에 정착하려고
③ 우물을 파려고　④ 가축을 기르기 위하여

240. 아브라함이 헷 족속에게서 막벨라 굴을 얻은 방법은?
① 선물로 거저 얻음　② 빼앗음
③ 값을 주고 삼　④ 내기해서 얻음

241. 아브라함의 가족 매장지인 막벨라 굴이 있는 곳은?
① 그랄　② 브엘세바　③ 헤브론　④ 길르앗

242. 아브라함이 아들 이삭의 아내를 얻기 위하여 종을 보낸 곳은?
① 미디안　② 애굽　③ 가나안　④메소보다미아

243. 아브라함이 이삭의 아내를 얻어주려고 보낸 종의 이름은?
① 엘리에셀　② 아비멜렉　③ 이스마엘　④ 에브론

244. 아브라함이 이삭의 아내를 구하기 위해 자기의 종을 먼 곳으로 보낸 이유는? (　　)

245. 다음 중에서 나머지 세 사람과 연관성이 없는 사람은?
① 라헬　② 레아　③ 빌하　④ 리브가

246. 아브라함의 종 엘리에셀은 어떻게 이삭의 신부감을 골랐나?
① 아름다운 얼굴을 보고　② 친절에 이끌려서
③ 기도함으로　④ 우연히

---

237. 막벨라 굴(23:19)　238. ②(23:19)　239. ①(23:4)　240. ③(23:16-18)　241. ③(23:19)　242. ④(24:10)　243. ①(15:2)　244. 자기 고향 자기 족속의 여자를 이삭의 아내로 삼기 위해(24:4)　245. ④　246. ③(24:12-14)

247. 아브라함의 종이 리브가를 처음 만난 곳은?
① 브엘세바 ② 나홀의 성 밖 우물가
③ 헤브론 우물가 ④ 수가성 우물가

248. 한 나그네가 물을 달라고 청했을 때, 마실 물뿐만 아니라 그의 낙타에게도 물을 주어 시집가게 된 여인의 이름은? (　　　　　)

249. 리브가의 오빠이며, 이삭의 처남인 사람은?
① 라반 ②에서 ③ 나홀 ④ 하란

250. 이삭의 장인이자 리브가의 아버지는 누구인가?
① 라반 ② 브두엘 ③ 나홀 ④ 밀가

251. 리브가가 이삭을 처음 만났을 때 이삭은 무엇을 하고 있었나?
① 집에서 일하고 있었음
② 양을 치고 있었음
③ 들에 나가 묵상하고 있었음
④ 장막을 치고 있었음

252. 다음을 순서대로 정리하라. (　　　　　　　　　　)
① 모리아산의 제사 ② 이삭의 결혼
③ 사라의 죽음 ④ 아브라함의 재혼

253. 아브라함은 사라가 죽은 뒤 후처를 맞이하였는데 그의 이름은?
① 하갈 ② 그두라 ③ 밀가 ④ 빌하

254. 성경에 자주 나오는 미디안 족속의 조상인 미디안의 어머니는?
①에서 ② 에돔 ③ 그두라 ④ 브두엘

255. 다음 중 아브라함이 후처를 통해 낳은 아들이 아닌 사람은?
① 시므란 ② 욕산 ③ 미디안 ④ 에브론

---

247. ②(24:10) 248. 리브가(24:15-20) 249. ①(24:29) 250. ②(24:24) 251. ③(24:63)
252. ①③②④ 253. ②(25:1) 254. ③(25:2) 255. ④(25:2)

256. 믿음의 조상 아브라함의 향년은?
① 175세 ② 120세 ③ 130세 ④ 143세

257. 아브라함이 장사된 곳은 어디인가?
① 막벨라 굴 ② 메소보다미아 ③ 브엘라해로이 ④ 브니엘

258. 이삭이 리브가와 결혼할 때 그의 나이는?
① 30세 ② 35세 ③ 40세 ④ 60세

259. 다음은 누구와 누가 태중에 있을 때 하신 하나님의 말씀인가?
( )
"두 국민이 네 태중에 있구나 두 민족이 네 복중에서부터 나누이리라 이 족속이 저 족속보다 강하겠고 큰 자가 어린 자를 섬기리라"(25:23)

260. 다음은 누구를 가리키는가? ( )

보 기

전신이 털옷 같음, 에돔(붉음), 사냥꾼

261. 이삭이 쌍둥이 아들을 낳았을 때 그의 나이는?
① 35세 ② 40세 ③ 50세 ④ 60세

262. 에서의 쌍둥이 동생으로서 형의 발꿈치를 잡고 태어난 사람은?
( )

263. 이삭의 장남인 에서의 직업은?
① 목자 ② 농부 ③ 어부 ④ 사냥꾼

264. 다음 중 야곱의 성격과 맞지 않는 것은?
① 조용함 ② 간교하고 교활함
③ 낙천적이고 활달함 ④ 매우 집요함

---

256. ①(25:7-8) 257. ①(25:9) 258. ③(25:20) 259. 에서와 야곱 260. 에서(25:25)
261. ④(25:26) 262. 야곱(25:26) 263. ④(25:27) 264. ③

265. 팥죽 한 그릇에 장자권을 판 사람은?
① 야곱 ② 이삭 ③에서 ④ 요셉

266. 야곱의 형이 팥죽 한 그릇에 장자권을 판 이유를 성경은 무엇이라고 밝히고 있나? ( )

267. 다음 중에서 우물과 관계없는 사람은?
① 리브가 ② 수가성 여인 ③ 사라 ④ 이삭

268. 별명이 에돔(붉다)인 사람의 이름은?( )

269. 아브라함처럼 해를 당할까 봐 자기 아내를 누이동생이라고 속인 사람은?
① 에서 ② 야곱 ③ 이삭 ④ 요셉

270. "에섹", "싯나", "르호봇"이란 무엇의 이름인가?
① 사람 이름 ② 들 이름 ③ 땅 이름 ④ 우물 이름

271. 다음은 어느 우물의 기원을 말하는가?
"이삭이 거기서 옮겨 다른 우물을 팠더니 그들이 다투지 아니하였으므로"(26:22)
① 에섹 ② 르호봇 ③ 싯나 ④ 브엘세바

272. 에서가 무슨 일 때문에 부모의 마음에 근심이 되었나?
① 사냥 때문에 ② 경솔함 때문에
③ 형제간의 반목 때문에 ④ 이방인과의 결혼 때문에

273. 창세기에 나오는 족장 중에 차자로서 장자의 복을 받은 사람은?
① 이삭 ② 아브라함 ③ 야곱 ④ 에서

---

265. ③(25:33-34) 266. 장자의 명분을 가볍게 여겼기 때문에(25:34) 267. ③
268. 에서(25:25) 269. ③(26:7) 270. ④(26:20-22) 271. ② 272. ④(26:34-35)
273. ③(25:31-34)

274. 이삭의 축복을 받기 위해 야곱과 리브가가 꾸민 일이 아닌 것은?
① 별미를 만들었다
② 에서의 옷을 입었다
③ 염소새끼의 가죽으로 손과 목에 대었다
④ 목을 쉬게 하였다

275. 리브가가 이삭에게 갖다 주라고 야곱에게 만들어 준 별미는 무슨 고기로 만든 것인가?
① 산양 ② 사슴 ③ 염소 새끼 ④ 꿩

276. 야곱이 축복받을 때, 이삭은 음성(목소리)과 손이 어떠하다고 했나?
① 야곱의 음성, 야곱의 손 ② 속이는 음성, 에서의 손
③ 에서의 음성, 에서의 손 ④ 야곱의 음성, 에서의 손

277. 다음은 누구를 향한 축복의 말인가?
"만민이 너를 섬기고 열국이 네게 굴복하리니 네가 형제들의 주가 되고 네 어머니의 아들들이 네게 굴복하며 너를 저주하는 자는 저주를 받고 너를 축복하는 자는 복을 받기를 원하노라"(27:29)
① 야곱 ② 아브라함 ③ 이삭 ④ 에브라임

278. "야곱"이라는 이름의 뜻은?
① 용감한 자 ② 정직한 자 ③ 청결한 자 ④ 속이는 자

279. 다음은 누구를 위한 축복인가?
"너는 칼을 믿고 생활하겠고 네 아우를 섬길 것이며 네가 매임을 벗을 때에는 그 멍에를 네 목에서 떨쳐버리리라"(27:40)
① 에서 ② 야곱 ③ 유다 ④ 아브라함

280. 이삭은 결국 누구를 축복하였나? (   )

---

274. ④(27:9-17) 275. ③(27:9) 276. ④(27:22) 277. ① 278. ④(27:36) 279. ①
280. 야곱(27:41)

281. 리브가는 에서가 자신을 속인 야곱을 죽이려고 할 때 야곱을 어디로 보냈는가?
① 미디안 광야 ② 하란의 오라버니 집
③ 애굽의 오라버니 집 ④ 벧엘의 친척 집

282. 리브가는 이삭에게서 야곱을 하란으로 보내도 된다는 허락을 어떻게 받아냈는가?
① 에서가 야곱을 죽이려고 한다고 말함으로
② 신앙훈련 명목으로
③ 외가에 문안하러 가야 한다는 핑계로
④ 야곱의 결혼 목적으로

283. 야곱이 형 에서의 분노를 피해 도망한 곳은 어디인가?
① 밧단아람 ② 바란 광야 ③ 시날 평야 ④ 애굽

284. 야곱의 외삼촌이면서 동시에 장인이 된 사람은 누구인가?
① 아브라함 ② 브두엘 ③ 라반 ④ 이드로

285. 다음 중에서 벧엘과 가장 관계 깊은 사람은?
① 아브라함 ② 이삭 ③ 야곱 ④ 요셉

286. 야곱이 사닥다리에서 하나님의 사자가 오르락내리락하는 환상을 본 곳은?
① 세겜 ② 헤브론 ③ 여리고 ④ 벧엘

287. 창세기에서 하나님의 사자가 오르락내리락하는 환상의 장면이 나오는 곳은?
① 벧엘 ② 베들레헴 ③ 세겜 ④ 헤브론

288. 벧엘이라는 이름의 뜻은 무엇인가?
① 떡집 ② 하나님의 얼굴 ③ 하나님의 집 ④ 사닥다리

---

281. ②(27:43) 282. ④(27:46) 283. ①(28:2) 284. ③(28:2) 285. ③(28:10-19)
286. ④(28:12, 19) 287. ①(28:17, 19) 288. ③(28:17, 19)

289. 다음 중에서 야곱의 서원과 관계없는 것은 무엇인가?
① 여호와께서 나의 하나님이 될 것이요
② 내가 기둥으로 세운 돌이 하나님의 집이 될 것이며
③ 내게 주신 것의 십분의 일을 하나님께 드리겠나이다
④ 벧엘로 나라의 수도를 삼겠나이다

290. 벧엘의 본래 이름은 무엇인가?
① 루스 ② 헤브론 ③ 밧단아람 ④ 엔학고레

291. 아브라함 이후 두 번째로 십일조에 대해서 언급한 사람은?
① 모세 ② 다윗 ③ 요셉 ④ 야곱

292. 야곱의 외삼촌인 라반의 두 딸 이름은 무엇인가?( )

293. 라반의 딸 중 시력이 약한 딸은?
① 레아 ② 라헬 ③ 실바 ④ 빌하

294. 야곱이 사랑했던 라반의 딸 이름은?
① 레아 ② 라헬 ③ 빌하 ④ 실바

295. 라반이 큰딸 레아를 야곱에게 주면서 함께 보낸 여종은?
① 실바 ② 밀가 ③ 하갈 ④ 빌하

296. 야곱이 라반의 둘째 딸 라헬을 얻기 위하여 일한 총 년수는?
① 7년 ② 10년 ③ 14년 ④ 20년

297. 라헬의 남편의 형(시숙)은?
① 라반 ② 이삭 ③ 롯 ④ 에서

298. 라반이 라헬과 함께 야곱에게 준 시녀의 이름은?
① 빌하 ② 실바 ③다말 ④ 하갈

289.④(28:20-22) 290.①(28:19) 291.④(28:22) 292.레아와 라헬(29:16)
293.①(29:17) 294.②(29:18) 295.①(29:24) 296.③(29:18, 27) 297.④
298.①(29:29)

299. 야곱이 외삼촌 라반을 위해 7년 일한 대가로 얻은 아내는 누구인가?
① 레아 ② 라헬 ③ 리브가 ④ 실바

300. 야곱의 첫번째 부인 레아의 시어머니는?
① 밀가 ② 라헬 ③ 사라 ④ 리브가

301. 야곱의 열두 아들 중 첫아들의 이름은?
① 시므온 ② 레위 ③ 르우벤 ④ 요셉

302. 다음 중 레아가 낳은 아들이 아닌 사람은?
① 시므온 ② 레위 ③ 유다 ④ 단

303. 야곱의 부인 레아는 모두 몇 명의 자녀를 낳았나?
① 4명 ② 6명 ③ 7명 ④ 12명

304. 합환채와 관계 있는 야곱의 아들은 누구인가?
① 르우벤 ② 잇사갈 ③ 요셉 ④ 베냐민

305. 야곱의 자녀는 모두 몇 명이나 되는가?
① 12명 ② 10명 ③ 13명 ④ 11명

306. 야곱은 몇 명의 아내로부터 자녀들을 낳았는가?
① 2명 ② 3명 ③ 4명 ④ 5명

307. 야곱이 밧단아람에서 떠난 것은 무엇 때문인가?
① 자의에 의해서 ② 라반이 떠나라고 해서
③ 형 에서를 피하기 위해 ④ 하나님의 지시에 의해서

308. 야곱의 딸 이름은? (   )

309. 라헬의 친아들은 누구누구인가?
① 요셉, 유다 ② 시므온, 요셉
③ 르우벤, 베냐민 ④ 요셉, 베냐민

---

299. ①(29:18, 23) 300. ④ 301. ③(29:32) 302. ④(29:32-35) 303. ③(30:19-21) 304. ①(30:14) 305. ③(30:21) 306. ③(29:23-24, 28-29) 307. ④(31:3) 308. 디나 (30:21) 309. ④(30:22-24, 35:16-18)

310. 라반과 계약을 맺었을 때 다음 양 중 야곱의 몫이 아닌 것은?
① 아롱진 것 ② 점 있는 것 ③ 검은 것 ④ 털 적은 것

311. 야곱이 아롱진 것, 점 있는 것 등 자기 몫으로 된 양과 염소를 낳기 위하여 사용한 나무가 아닌 것은?
① 버드나무 ② 살구나무 ③ 신풍나무 ④ 감람나무

312. 야곱이 밧단아람을 떠날 때 라헬이 그의 아버지 집에서 훔친 것은?
( )

313. 야곱이 외삼촌 집에서 모두 몇 년을 일했나?
① 14년 ② 18년 ③ 20년 ④ 21년

314. 라반이 야곱의 품삯을 몇 번이나 바꾸었나?
① 2번 ② 10번 ③ 7번 ④ 5번

315. 야곱이 외삼촌 라반과 계약을 맺은 곳을 무엇이라 불렀나?
① 밧단아람 ② 브엘세바 ③ 브니엘 ④ 갈르엣

316. 다음 중에서 라반과 야곱이 언약을 맺은 장소의 명칭이 아닌 것은?
① 여갈사하두다 ② 미스바 ③ 갈르엣 ④ 길르앗

317. 야곱이 하나님의 사자들을 만난 후 하나님의 군대라는 의미의 이름을 붙인 지명은 무엇인가? ( )

318. "내가 내 지팡이만 가지고 요단을 건넜더니 지금은 두 떼나 이루었나이다"(32:10)는 누구의 말인가?
① 요셉 ② 아브라함 ③ 이삭 ④ 야곱

319. 야곱이 형 에서를 만나기 위해 취한 행동이 아닌 것은?
① 예물을 보냄 ② 자기의 재산을 두 떼로 나눔
③ 장정들을 훈련시킴 ④ 간절히 기도함

---

310. ④(30:32) 311. ④(30:37) 312. 드라빔(31:19) 313. ③(31:38) 314. ②(31:41) 315. ④(31:46-47) 316. ④(31:47-49) 317. 마하나임(32:1-2) 318. ④ 319. ③(32:13-32)

320. 야곱이 천사와 밤새도록 씨름한 곳은 어디인가?
① 얍복 나루 ② 요단강가 ③ 에돔 들판 ④ 미디안 광야

321. 야곱이 이스라엘이란 이름을 얻게 된 곳은?( )

322. "브니엘(하나님의 얼굴)"이라는 이름과 가장 관계 깊은 사람은?
① 야곱 ②에서 ③ 요셉 ④ 아브라함

323. "내가 하나님과 대면하여 보았으나 내 생명이 보존되었다"(32:30)는 의미로 붙여진 이름은?
① 마하나임 ② 갈르엣 ③ 브니엘 ④ 베들레헴

324. 이스라엘 백성이 허벅지 관절에 있는 둔부의 힘줄을 먹지 아니한 배경이 된 사건의 주인공은? ( )

325. 다음 중에서 얍복 나루와 관계없는 것은 어느 것인가?
① 씨름 ② 야곱 ③ 이스라엘 ④ 갈비뼈

326. 야곱이 천사와 씨름하다 다친 부분은? ( )

327. 이스라엘 백성이 자기 민족 이름이 유래했다고 여긴 사람의 이름은?
① 아브라함 ② 야곱 ③ 요셉 ④ 모세

328. 야곱이 얻은 새 이름인 이스라엘의 뜻은?
① 사람과 겨루어 이김 ② 선택된 백성
③ 하나님과 겨루어 이김 ④ 하나님과 겨루어 짐

329. 다음은 누가 누구에게 하는 말인가? ( )
"내가 형님의 얼굴을 뵈온즉 하나님의 얼굴을 본 것 같사오며 형님도 나를 기뻐하심이니이다"(33:10)

---

320. ①(32:22-32) 321. 얍복 나루(32:22, 28) 322. ①(32:30) 323. ③(32:30)
324. 야곱(32:32) 325. ④(32:31) 326. 허벅지 관절에 있는 힘줄(32:31) 327. ②(32:28)
328. ③(32:28) 329. 야곱이 에서에게

330. 야곱이 가나안 땅 세겜에 도착해서 제단을 쌓고 그 이름을 무엇이라고 하였나?
① 엘엘로헤이스라엘 ② 브엘라해로이
③ 브엘세바 ④ 브니엘

331. 야곱의 딸 디나를 보고 한눈에 반한 사람은 누구인가?
① 세겜 ② 하몰 ③ 라멕 ④ 아비멜렉

332. 야곱의 딸 디나가 강간당한 곳은 어디인가?
① 세겜 ② 벧엘 ③ 숙곳 ④ 세일

333. 다음 중에서 디나와 관계된 사람은 누구인가?
① 야곱 ② 삼손 ③ 사무엘 ④ 여호수아

334. 야곱 일행이 세겜에서 당한 일은 무엇인가?
① 대접을 융숭히 받음 ② 딸 디나가 강간을 당함
③ 야곱이 첩을 얻음 ④ 미움을 받음

335. 야곱의 아들들이 세겜에서 그곳 주민을 학살한 이유는?
① 그들이 야곱 일행을 죽이려고 했기 때문에
② 세겜을 통과시키지 않으려고 했기 때문에
③ 야곱 일행과 할례로 다투었기 때문에
④ 누이동생이 세겜에게 더럽힘을 당했기 때문에

336. 세겜의 남자들을 학살한 야곱의 아들들의 이름은?
① 시므온, 유다 ② 르우벤, 잇사갈
③ 시므온, 레위 ④ 레위, 유다

337. 야곱의 아들들이 동생 디나의 복수를 위해 세겜 사람들을 학살할 때 어떤 방법을 사용했는가? (   )

---

330. ①(33:20) 331. ①(34:1-3) 332. ①(33:18, 34:1-2) 333. ① 334. ②(34:2) 335. ④(34:7) 336. ③(34:25) 337. 할례를 받게 한 후 고통 중일 때 기습 공격함(34:25)

338. 야곱 일행이 세겜 사람들을 학살하고도 무사히 빠져나갈 수 있었던 이유는?
① 밤중에 몰래 빠져나갔기 때문에
② 하나님이 그 사면 고을들로 크게 두려워하게 하셨으므로
③ 그들이 무장을 단단히 했기 때문에
④ 그 근방 사람이 다 도망했기 때문에

339. 세겜 사건 후 벧엘로 올라가기 전에 야곱이 자기와 함께한 모든 사람에게 지시한 내용이 아닌 것은?
① 할례를 받으라 ② 이방 신상을 버리라
③ 자신을 정결하게 하라 ④ 의복을 바꾸어 입으라

340. 디나 사건 후 야곱이 하나님의 지시로 가족과 함께 올라간 곳은?
① 벧엘 ② 세일 ③ 숙곳 ④ 애굽

341. 야곱이 하나님께 서원한 대로 제단을 쌓은 곳은 어디인가?
(　　　　　　　　　　　　)

342. 야곱의 아내 라헬은 누구를 낳다가 숨을 거두었나?
① 요셉 ② 잇사갈 ③ 유다 ④ 베냐민

343. 요셉의 친동생은 누구인가? (　　　　　　　　　　　　)

344. 요셉의 어머니 라헬이 묻힌 곳은 어디인가?
① 베들레헴 ② 막벨라굴 ③ 벧엘 ④ 여리고

345. 이스라엘 각 지파의 조상이 된 야곱의 아들들은 모두 몇 명인가?
(　　　　　　명)

346. 아브라함의 아들 이삭이 죽을 때 그의 나이는?
① 140세 ② 170세 ③ 180세 ④ 186세

---

338. ②(35:5) 339. ①(35:2) 340. ①(35:3) 341. 벧엘(35:6-7) 342. ④(35:18) 343. 베냐민(35:18) 344. ①(35:19) 345. 12명(35:22) 346. ③(35:28-29)

347. 이스라엘의 족장 중 그 기사가 가장 짧게 나오는 사람은?
① 아브라함 ② 이삭 ③ 야곱 ④ 요셉

348. 다음 중에서 에서의 아내가 아닌 사람은?
① 바스맛 ② 오홀리바마 ③ 아다 ④ 느바욧

349. 이삭의 큰아들인 에서의 후손은?
① 모압 ② 에돔 ③ 미디안 ④ 암몬

350. 에서가 거주한 지역은?
① 미디안 ② 시내산 ③ 세일산 ④ 모리아산

351. 르우벤은 아버지의 첩과 동침하여 이스라엘의 부끄러움이 되었다. 그 첩의 이름은?
① 실바 ② 다말 ③ 라헬 ④ 빌하

352. 야곱이 가장 사랑한 아들은 누구였나? (　　　　　　)

353. 창세기에서 요셉의 이야기는 몇 장에서부터 시작되고 있는가?
① 35장 ② 36장 ③ 37장 ④ 38장

354. 열두 아들 중 야곱이 제일 사랑한 아들 요셉을 낳은 아내는 누구인가?
(　　　　　　)

355. 요셉이 형들에게 미움을 받은 까닭이 아닌 것은?
① 아버지 야곱의 편애 ② 그 형들의 과실을 아버지께 고함
③ 두 가지 꿈 이야기 ④ 하나님이 요셉을 사랑하신 것

356. 요셉이 형들에게 미움받은 이유가 된 꿈의 수는?
① 10 ② 2 ③ 3 ④ 4

357. 요셉이 꾼 꿈의 소재가 된 것은 무엇인가?(　　　　　　)

---

347. ② 348. ④(36:2-3) 349. ②(36:1) 350. ③(36:8) 351. ④(35:22) 352. 요셉(37:3)
353. ③ 354. 라헬 355. ④(37:2-11) 356. ②(37:5-11) 357. 곡식단, 해, 달, 별(37:5-9)

358. 요셉이 야곱의 지시로 양치는 형들의 안부를 알기 위해 간 곳은?
① 세겜 ② 숙곳 ③ 길갈 ④ 밧단아람

359. 요셉의 형들이 요셉을 죽이고자 할 때 말린 사람은?
① 유다 ② 시므온 ③ 레위 ④ 르우벤

360. 요셉을 죽이는 것보다 이스마엘 상인들에게 팔자고 제안한 사람은?
① 유다 ② 르우벤 ③ 레위 ④ 잇사갈

361. 요셉을 이스마엘 상인들에게 팔고 받은 값은?
① 은 30개 ② 은 20개 ③ 은 25개 ④ 금 20개

362. 요셉은 애굽에서 누구의 집에 팔렸는가? ( )

363. 다음 중에서 유다의 세 아들이 아닌 사람은?
① 엘 ② 오난 ③ 수아 ④ 셀라

364. 유다의 며느리로서 예수님의 족보에 오른 여인은?
① 라합 ② 룻 ③ 밀가 ④ 다말

365. 자신이 시아버지도 되고 남편도 되고 할아버지도 되고 아버지도 되는 사람은?
① 유다 ② 롯 ③ 야곱 ④ 보아스

366. 야곱의 열두 아들 중 예수님의 조상이 된 사람은 누구인가?
① 레위 ② 르우벤 ③ 요셉 ④ 유다

367. 다말이 자기의 시아버지 유다를 통해 얻은 쌍둥이 아들은?
① 세라, 오난 ② 베레스, 세라 ③ 베레스, 엘 ④ 갓, 수아

368. 바로의 친위대장의 종이 되었던 히브리 소년의 이름은? ( )

358.①(37:13) 359.④(37:21) 360.①(37:26-27) 361.②(37:28) 362.바로의 친위대장 보디발(37:36) 363.③(38:3-5) 364.④(38:6) 365.①(38:12-19) 366.④(49:10) 367.②(38:29-30) 368.요셉(39:1)

369. 창세기 인물 중 여성의 유혹을 가장 완전하게 이긴 사람은?
① 아브라함 ② 노아 ③ 요셉 ④ 에녹

370. 다음의 말은 누가 한 말인가?
"금한 것은 당신뿐이니 당신은 그의 아내임이라 그런즉 내가 어찌 이 큰 악을 행하여 하나님께 죄를 지으리이까"(39:9)
① 보디발 ② 야곱 ③ 요셉 ④ 유다

371. 요셉이 감옥에 갇힌 이유는?
( )

372. 요셉과 함께 감옥에 갇힌 자 중 복직된 사람의 직책은?
① 친위대장 ② 떡 굽는 관원장
③ 술 맡은 관원장 ④ 왕궁의 주방장

373. 요셉과 함께 감옥에 갇힌 자 중 요셉의 해몽대로 죽임을 당한 관리는?
① 술 맡은 관원장 ② 왕궁의 주방장
③ 떡 굽는 관원장 ④ 왕을 지키는 호위병

374. 왕의 꿈을 해몽하고 훌륭한 정책을 폄으로써 애굽의 제2인자가 된 사람은 누구인가? ( )

375. 요셉이 애굽 왕 앞에 설 때 그의 나이는? (세)

376. 바로가 첫번째 꾼 꿈의 소재는 무엇인가?
① 염소 ② 양 ③ 암소 ④ 이삭

377. 바로가 꾼 두 가지 꿈에 나타난 암소와 이삭의 수는 각각 몇이었나?
① 3 ② 5 ③ 7 ④ 10

---

369. ③(39:7-18) 370. ③(39:9) 371. 보디발의 아내를 겁탈하려 했다는 죄목으로(39:19-20) 372. ③(40:21) 373. ③(40:22) 374. 요셉 375. 30세(41:46) 376. ③(41:17-19) 377. ③(41:14-24)

378. 요셉은 바로가 꾼 꿈을 해몽하였는데, 그 내용은?
① 5년 풍년, 5년 흉년 ② 7년 풍년, 5년 흉년
③ 5년 풍년, 7년 흉년 ④ 7년 풍년, 7년 흉년

379. 꿈 해몽을 통해서 요셉이 애굽에서 얻은 직책은?( )

380. 요셉이 애굽에서 통치한 기간은?
① 30년 ② 50년 ③ 70년 ④ 80년

381. 요셉의 애굽 이름은 무엇인가?
① 사브낫바네아 ② 사드락 ③ 벨드사 ④ 아벳느고

382. 애굽의 바로는 요셉을 누구와 결혼시켰는가?
① 십보라 ② 다말 ③ 아스낫 ④ 이세벨

383. 요셉의 장인은 누구인가?
① 보디발 ② 바로 ③ 보디베라 ④ 라반

384. 요셉이 애굽에서 얻은 두 아들은? ( )

385. 요셉이 애굽의 총리가 되었을 때 야곱의 아들들이 애굽을 방문한 이유는? ( )

386. 애굽에 곡식을 얻으러 온 요셉의 형제 중 함께 오지 않은 아들은?
① 유다 ② 레위 ③ 갓 ④ 베냐민

387. 요셉이 처음 자신의 형들을 보았을 때 그들을 무엇으로 매도하려고 했는가?
① 장사꾼 ② 사기꾼 ③ 도둑 ④ 정탐꾼

388. 총리가 된 요셉이 형제들 목전에서 인질로 결박한 아들은?
① 르우벤 ② 베냐민 ③ 시므온 ④ 유다

---

378. ④(41:25-36) 379. 총리(41:41) 380. ④(41:46, 50:26) 381. ①(41:45) 382. ③(41:45) 383. ③(41:45) 384. 므낫세와 에브라임(41:51-52) 385. 온 땅에 기근이 들어 양식을 구하려고(42:2) 386. ④(42:4) 387. ④(42:9) 388. ③(42:24)

389. "너희 막내 아우가 오지 아니하면 너희가 여기서 나가지 못하리라"(42:15)에서 막내 아우는 누구인가?
① 유다 ② 시므온 ③ 요셉 ④ 베냐민

390. 요셉이 형들을 시험하기 위해 베냐민의 자루 속에 몰래 집어넣은 물건은?
① 금화 ② 드라빔 ③ 은잔 ④ 은수저

391. 요셉이 베냐민을 붙잡아 두려고 할 때 그 대신 종이 되겠다고 자청한 형은?
① 유다 ② 시므온 ③ 르우벤 ④ 레위

392. 다음에서 '나'는 누구인가? (   )
"그런즉 나를 이리로 보낸 이는 당신들이 아니요 하나님이시라 하나님이 나를 바로에게 아버지로 삼으시고 그 온 집의 주로 삼으시며 애굽 온 땅의 통치자로 삼으셨나이다"(45:8)

393. 야곱과 함께 애굽에 내려간 사람은 몇 명인가?
① 150명 ② 70명 ③ 45명 ④ 103명

394. 죽은 줄 알았던 요셉과 애굽에서 다시 만났을 때 야곱의 나이는?
① 100세 ② 120세 ③ 130세 ④ 143세

395. 야곱과 그의 자손들이 살게 된 애굽의 지역은? (   )

396. 다음은 누구의 말인가? (   )
"내 나그네의 세월이 백삼십년이니이다 내 나이가 얼마 못 되니 우리 조상의 나그네 길의 연조에 미치지 못하나 험악한 생활을 보내었나이다"(47:9)

---

389. ④ 390. ③(44:2) 391. ①(44:16) 392. 요셉 393. ②(46:27) 394. ③(47:9)
395. 고센(46:34) 396. 야곱

397. 이스라엘 족장들의 직업은?
① 농업 ② 어업 ③ 목축업 ④ 상업

398. 야곱의 향년은?
① 132세 ② 120세 ③ 147세 ④ 152세

399. 다음 중에서 마므레 앞 막벨라 굴에 장사되지 아니한 사람은?
① 아브라함 ② 사라 ③ 야곱 ④ 요셉

400. 야곱이 요셉의 두 아들에게 축복할 때 장자의 축복을 받은 아들은?
① 므낫세 ② 베냐민 ③ 에브라임 ④ 시므온

401. 창세기에서 차자로서 장자의 축복을 받은 두 사람의 이름은?
( )

402. 다음 구절에서 '너'는 야곱의 열두 아들 중 누구를 가리키는가?
"네가 아버지의 침상에 올라 더럽혔음이로다 그가 내 침상에 올랐었도다"(49:3-4)
① 시므온 ② 르우벤 ③ 스불론 ④ 유다

403. 야곱의 열두 아들 중 다음 □ 안에 들어갈 사람 이름은?
"규가 □□를 떠나지 아니하며 통치자의 지팡이가 그 발 사이에서 떠나지 아니하기를 실로가 오시기까지 이르리니 그에게 모든 백성이 복종하리로다"(49:10)

404. 야곱이 죽기 전 축복할 때 열두 아들 중 메시아 출생의 복을 받은 아들은?
① 유다 ② 요셉 ③ 베냐민 ④ 므낫세

405. 야곱이 "길섶의 뱀이요 샛길의 독사로다"라고 예언한 아들은?
① 유다 ② 요셉 ③ 단 ④ 갓

---

397. ③(46:34) 398. ③(47:28) 399. ④(50:13) 400. ③(48:14) 401. 야곱, 에브라임(25:33, 48:14) 402. ② 403. 유다 404. ①(49:10) 405. ③(49:17)

406. 이스라엘 12 지파의 조상은 누구의 아들들을 통해서인가?(　　　)

407. 야곱은 어디에 장사되었나?
① 베들레헴　　② 애굽　　③ 막벨라 굴　　④ 세겜

408. 이스라엘 백성이 애굽에서 나갈 때 자기의 해골을 메고 올라가기를 부탁한 사람은?
① 야곱　　② 요셉　　③ 에브라임　　④ 베냐민

409. 애굽 사람은 몇 일 동안 야곱의 죽음을 애도하였나?
① 70일　　② 50일　　③ 40일　　④ 7일

410. 요셉이 야곱을 매장하기 위하여 가나안 땅 아닷 타작마당에 가서 7일 동안 애곡한 것에서 붙여진 땅의 이름은?
① 아벨미스라임　　② 아벨이스라엘
③ 아벨미스바　　④ 브엘라해로이

411. 다음 □ 안에 들어갈 말은?
"당신들은 나를 해하려 하였으나 하나님은 그것을 □으로 바꾸사 오늘과 같이 많은 백성의 생명을 구원하게 하시려 하셨나니"(50:20)

412. 요셉은 몇 세에 죽었는가?
① 110세　　② 120세　　③ 134세　　④ 130세

413. 다음 창세기에 나오는 이스라엘 족장의 계보 중 (　) 안에 들어갈 이름은?
아브라함 — (　　　) — 야곱 — (　　　)

414. 창세기에 기록된 주요 기사는?
① 고대 역사　　② 이스라엘의 창조 역사
③ 원역사와 족장역사　　④ 고대 신화

---

406. 야곱　407. ③(50:13)　408. ②(50:25)　409. ①(50:3)　410. ①(50:11)　411. 선
412. ①(50:26)　413. 이삭, 요셉　414. ③

※ 다음 문제를 읽고 옳으면 ○표, 틀리면 ×표 하시오. (415-467)

415. 하나님은 이 세상 모든 만물을 말씀으로 창조하셨다. ( )

416. 새가 창조된 날은 땅의 짐승과 같은 날이다. ( )

417. 하나님께서 선악을 알게 하는 나무의 열매를 먹는 날에는 너희가 죽을까 하노라 말씀하셨다. ( )

418. 하나님께서 아벨 대신 아담에게 주신 아들은 셈이다. ( )

419. 노아는 무려 500세 된 후에 자신의 아들을 낳았다. ( )

420. 아브라함의 아버지 데라는 하란에서 죽었다. ( )

421. 사라는 본래 아브라함의 이복 누이 동생이었다. ( )

422. 사래의 본래 이름은 사라였다. ( )

423. 아브라함의 아들은 모두 8명이다. ( )

424. 아브라함이 하나님과 언약을 맺을 때 새를 비롯하여 소와 염소, 양의 중간을 쪼겠다. ( )

425. 이스마엘의 이름은 여호와께서 감찰하신다는 의미이다. ( )

426. 아브라함은 100세 때 할례를 받았다. ( )

427. 아브라함이 하나님께 의롭게 여겨진 것은 할례 때문이다.( )

428. 이스마엘은 약속의 자녀가 아니었으므로 할례를 받지 못했다. ( )

---

415. ○(1:3) 416. ×(1:20-23) 417. ×(2:17) 418. ×(4:25) 419. ○(5:32) 420. ○(11:32) 421. ○(20:12) 422. ×(17:15) 423. ○(16:15. 21:3, 25:2) 424. ×(15:10) 425. ×(16:11) 426. ×(17:24) 427. ×(15:6) 428. ×(17:23)

429. 소돔 사람들이 두 천사를 넘겨달라고 할 때 롯이 대신 주려고 했던 것은 그의 두 딸이었다. (　)

430. 롯의 두 딸의 이름은 모압과 암몬이다. (　)

431. 아브라함이 브엘세바에서 그랄 왕 아비멜렉과 언약을 맺을 때 왕과 함께 온 사람은 군대장관 비골이었다. (　)

432. 아브라함이 이삭을 제물로 바치기 위해 간 모리아산까지는 하룻길이었다. (　)

433. 아브라함이 이삭 대신에 제물로 드린 짐승은 수풀에 뿔이 걸려 있던 숫염소였다. (　)

434. 리브가의 조부는 아브라함의 동생 나홀이다. (　)

435. 사라는 일백이십칠 세를 살았고 그의 장지는 마므레 근처의 막벨라 굴이다. (　)

436. 막벨라는 아브라함이 가축을 키우기 위해 헷 족속에게 은 400세겔을 주고 산 땅이다. (　)

437. 이삭의 아내 리브가는 가나안 여인이 아니라 메소보다미아 여인이었다. (　)

438. 리브가는 야곱이 무려 14년 간 일해서 얻은 아내이다. (　)

439. 아브라함이 후처인 그두라를 통해 낳은 아들은 모두 7명이다. (　)

440. 이스마엘은 아브라함의 장례식에 참석하였다. (　)

441. 에섹은 이삭이 판 우물 이름 중의 하나이다. (　)

442. 이삭은 야곱을 사랑하고 리브가는 에서를 사랑하였다. (　)

---

429. ○(19:8)　430. ×(19:37-38)　431. ○(21:22)　432. ×(22:4)　433. ×(22:13)
434. ○(24:47)　435. ○(23:2, 19)　436. ×(23:4)　437. ○(24:10)　438. ×(29:30)
439. ×(25:2)　440. ○(25:9)　441. ○(26:20)　442. ×(25:28)

443. 야곱이 에서에게 판 죽은 붉은 죽이지 팥죽은 아니었다. (　)

444. 리브가가 에서를 피해 야곱을 보낸 곳은 밧단아람이다. (　)

445. 에서는 40세에 이스마엘의 딸 마할랏과 결혼하였다. (　)

446. 야곱의 장인이자 외삼촌인 라반은 딸만 있었지 아들은 없었다.(　)

447. 야곱의 아내 라헬은 양치기 출신이었다. (　)

448. 야곱은 본래 레아를 아내로 맞이하고자 했다. (　)

449. 야곱의 열두 아들 중 갓과 아셀은 라헬의 시녀 실바가 낳은 아들들이다. (　)

450. 야곱은 아주 정직한 방법으로 자신의 재산을 늘려나갔다. (　)

451. "여호와 이레"라는 말은 야곱이 얍복 나루에서 천사와 씨름한 것에서 유래했다. (　)

452. 세겜 사람들을 학살하는 데 앞장섰던 야곱의 아들들은 시므온과 레위이다. (　)

453. 이삭의 장례식 때 에서는 오지 않았다. (　)

454. 이삭과 야곱의 아내 라헬은 모두 막벨라 굴에 장사되었다. (　)

455. 요셉은 세겜에서 양을 치는 형들을 찾아갔다가 애굽으로 팔려가는 수난을 당했다. (　)

456. 애굽에서 요셉의 주인 된 사람은 바로의 재무장관이었다. (　)

---

443. ×(25:34) 444. ○(28:2) 445. ○(28:9) 446. ×(31:1) 447. ○(29:6) 448. ×(29:25)
449. ×(30:10-13) 450. ×(30:37-42) 451. ×(22:14) 452. ○(34:25) 453. ×(35:29)
454. ×(35:19) 455. ○(37:14) 456. ×(37:36)

457. 요셉의 해몽에 따라 복직된 떡 굽는 관원장은 요셉에게 늘 감사하는 마음을 가졌다. ( )

458. 에서의 아내는 아다와 오홀리바마와 바스맛 세 명뿐이다. ( )

459. 애굽 사람들은 목축을 싫어하였다. ( )

460. 야곱은 바로가 이방 왕이었기 때문에 축복하지 않았다. ( )

461. 요셉이 애굽 땅 전체를 사들였으나 제사장들의 토지는 사들이지 않았다. ( )

462. 야곱이 요셉의 차자인 에브라임에게 장자의 축복을 한 것은 요셉이 원했기 때문이다. ( )

463. 이스라엘의 가족 중 기근 때 애굽에 이른 자의 수는 모두 70명이었다. ( )

464. 야곱이 하란에서 가나안으로 돌아오자 형 에서는 그를 반갑게 맞아주었다. ( )

465. 벧엘이란 지명의 이름을 처음으로 부른 사람은 야곱이다. ( )

466. 요셉의 시신은 애굽 땅에 묻혔다. ( )

467. 아브라함과 이삭과 야곱의 중심 거주지는 브엘세바였다. ( )

---

457. ×(40:23) 458. ×(28:9) 459. ○(46:34) 460. ×(47:10) 461. ○(47:22)
462. ×(48:17-19) 463. ○(46:27) 464. ○(33:4) 465. ○(28:19) 466. ×(50:25)
467. ○(21:31, 26:23, 37:1)

출애굽기

1 저　　자 : 모세

2 기록연대 : B.C. 1446~1406년

3 기록장소 : 시내 광야

4 대　　상 : 이스라엘 백성

5 배　　경 : 애굽, 미디안 땅, 시내 반도, 애굽에서 한때 영화를 누리다가 이제 노예가 된 이스라엘 백성들을 하나님께서 놀라운 기적으로 구출하심.

6 대　　지 : 출애굽에 나타난 하나님의 은총(사건 서술)/하나님의 임재(율법의 수여)

7 주　　제 : 이스라엘의 구속과 해방

8 기록목적 : 이스라엘 백성의 출애굽 및 선민으로서의 성장 과정을 기록.

9 특이사항 : 본서는 신약과 밀접한 관련을 맺고 있는 책으로서 그리스도의 모형적 사건이 빈번히 나타남. 구약 중 가장 많은 기적을 다루고 있으며 십계명이 나타남.

10 요　　절 : 3장 7-10절

11 주요인물 : 모세, 아론, 바로, 이드로, 여호수아, 브살렐

01. 구약에서 두 번째 나오는 책은? (　　　　　　　　　　)

02. 출애굽기의 저자는 전통적으로 누구라고 전해지는가? (　　　　)

03. 이스라엘 백성이 모세를 통하여 애굽의 노예생활에서 해방되는 과정을 기록한 구약성서는?
① 창세기　② 출애굽기　③ 레위기　④ 신명기

04. 이스라엘 백성이 애굽에 거주하는 데 결정적 역할을 한 사람은?
① 아브라함　② 이삭　③ 야곱　④ 요셉

05. 야곱이 애굽으로 이주할 때 그의 집 사람은 모두 몇 명이었나?
① 20명　③ 30명　③ 70명　④ 63명

06. 이스라엘 자손이 바로를 위하여 건축한 국고성은?
① 비돔과 고센　② 비하히롯과 숙곳
③ 비돔과 라암셋　④ 바알스본과 에담

07. 이스라엘 자손에게 성을 쌓게 하고 남자 아기를 낳으면 물에 던지라고 한 애굽의 왕은?
① 헤롯　② 바로　③ 느부갓네살　④ 고레스

08. 애굽인들이 이스라엘 백성에게 시킨 고역이 아닌 것은?
① 흙 이기기　② 벽돌 굽기
③ 농사의 여러 가지 일　④ 산아제한

09. 애굽 왕에게서 히브리 여인이 해산할 때 아들이면 죽이고 딸이면 살리라는 명령을 받은 히브리 산파는?
① 십브라, 부아　② 십보라, 요게벳
③ 부아, 레아　④ 밀가, 다말

---

01. 출애굽기　02. 모세　03. ②　04. ④(1:1-8)　05. ③(창 46:27)　06. ③(1:11)　07. ②(1:22)
08. ④(1:14)　09. ①(1:15)

10. 히브리 산파들이 하나님을 두려워하여 계속 남자 아기를 살리면서 애굽 왕에게 둘러댄 말의 내용은 무엇이었나?
( )

11. 다음 말과 연관성이 있는 사람은 누구인가?
"아들이거든 그를 죽이고 딸이거든 살려두라"(1:16)
① 다니엘 ② 모세 ③ 엘리야 ④ 예수

12. 모세는 이스라엘 지파 중 어디에 속하는가?
① 유다 ② 르우벤 ③ 요셉 ④ 레위

13. 모세는 태어나 집에 있던 기간은?
① 1년 ② 8개월 ③ 5개월 ④ 3개월

14. 모세는 출생 후 어디에 버려졌는가?
① 홍해 ② 나일강 ③ 요단강 ④ 유브라데강

15. 바로가 이스라엘 여인이 낳은 남자 아기를 버리라고 한 강은?
① 나일강 ② 힛데겔강 ③ 유브라데강 ④ 요단강

16. 강에 버려진 모세를 발견한 사람은 누구인가?
① 바로 ② 바로의 아내 ③ 미리암 ④ 바로의 딸

17. 바로의 딸은 누구를 모세의 유모로 삼았나?
① 모세의 누이 ② 모세의 어머니 ③ 애굽의 시녀 ④ 직접 키움

18. "모세"라는 이름의 뜻은?
① 물에서 건져냄 ② 강물에 던짐 ③ 평화 ④ 해방자

19. 히브리 사람임에도 불구하고 애굽의 왕궁에서 애굽 공주의 보호 아래 양육된 사람은?
① 요셉 ② 여호수아 ③ 모세 ④ 삼손

---

10. 히브리 여인은 애굽 여인과 같지 아니하고 건장하여 산파가 이르기 전에 해산하였더이다(1:19) 11. ② 12. ④(2:1) 13. ④(2:2) 14. ②(2:5) 15. ①(1:22) 16. ④(2:5) 17. ②(2:7-9) 18. ①(2:10) 19. ③(2:10)

20. 애굽에서 애굽 사람을 죽이고 광야로 도망한 히브리인은 누구인가?
( )

21. 모세가 애굽 사람을 죽인 동기는?
① 왕위 쟁탈 ② 재산 상속 때문에
③ 무의식 중에 ④ 동족인 히브리인을 치는 것을 보고

22. 다음은 누구에게 한 말인가?
"누가 너를 우리를 다스리는 자와 재판관으로 삼았느냐 네가 애굽 사람을 죽인 것처럼 나도 죽이려느냐"(2:14)
① 여호수아 ② 야곱 ③ 기드온 ④ 모세

23. 모세가 바로의 낯을 피하여 도망간 땅은 어디인가? ( )

24. 다음 중 모세에 대한 설명 중 맞는 것은?
① 에브라임 지파 ② 30년간 미디안 광야에서 목자 생활
③ 딸의 이름은 게르솜 ④ 아내는 미디안 여인

25. 다음은 모세에 관한 이야기이다. 신약 어디에 있는 구절인가?
"나이가 사십이 되매 그 형제 이스라엘 자손을 돌볼 생각이 나더니 한 사람이 원통한 일 당함을 보고 보호하여 압제 받는 자를 위하여 원수를 갚아 애굽 사람을 쳐 죽이니라"
① 사도행전 ② 히브리서 ③ 고린도전서 ④ 마태복음

26. 모세의 부인 이름은? ( )

27. 모세가 미디안 광야에서 낳은 장자의 이름은 무엇인가?
① 엘리에셀 ② 여호수아 ③ 게르솜 ④ 로암미

28. 다음 사항 중에서 나머지 3개와 관계없는 것은?
① 미디안 제사장 ② 모세의 장인 ③ 이드로 ④ 게르솜

---

20. 모세(2:11-15) 21. ④(2:11~12) 22. ④ 23.미디안 땅(2:15) 24. ④(2:21) 25. ①(행 7:23-24) 26. 십보라(2:21) 27. ③(2:22) 28. ④(2:22)

29. "타국에서 내가 나그네가 되었다"라는 뜻의 이름은?
① 엘리에셀 ② 게르솜 ③ 로루하마 ④ 로암미

30. 모세가 하나님께 부름받은 산은?
① 호렙산 ② 느보산 ③ 호르산 ④ 그리심산

31. 모세가 하나님의 산에서 본 광경은?
① 무지개 ② 검은 구름
③ 환한 불기둥 ④ 타지만 사라지지 않는 떨기나무 불

32. 다음은 하나님께서 누구에게 하신 말씀인가?
"이리로 가까이 오지 말라 네가 선 곳은 거룩한 땅이니 네 발에서 신을 벗으라"(3:5)
① 아브라함 ② 야곱 ③ 요셉 ④ 모세

33. 모세의 소명장은 출애굽기 몇 장인가? (장)

34. 다음은 출애굽기 어디에 있는 구절인가?(장 절)
"하나님이 모세에게 이르시되 나는 스스로 있는 자이니라 또 이르시되 너는 이스라엘 자손에게 이같이 이르기를 스스로 있는 자가 나를 너희에게 보내셨다 하라"

35. 다음 □ 안에 들어갈 이스라엘 족장의 이름은?
"너희 조상의 하나님 여호와 곧 □□□□의 하나님, □□의 하나님, □□의 하나님께서"(3:15)

36. 다음 중 이스라엘 백성에게 주신 젖과 꿀이 흐르는 땅에 살고 있지 않은 족속은?
① 헷 족속 ② 아모리 족속 ③ 에돔 족속 ④ 히위 족속

37. 호렙산에서 하나님이 모세에게 처음으로 알리신 자신의 이름은?
① 스스로 있는 자 ② 심판자 ③ 창조자 ④ 섭리자

---

29. ②(2:22) 30. ①(3:1) 31. ④(3:2) 32. ④ 33. 3장 34. 3장14절 35. 아브라함, 이삭, 야곱 36. ③(3:8) 37. ①(3:14, 6:3)

38. 모세가 하나님의 일꾼으로 소명받을 때 취한 반응은?
① 즉시 수락함 ② 대답을 연기함
③ 사양함 ④ 사양하다가 수락함

39. 모세가 이스라엘 백성에게 가기를 계속 주저할 때 하나님께서 보여주신 표적 두 가지는? ( )

40. 여호와께서 출애굽을 계획하실 때 모세의 대언자로 준비한 사람은 누구인가?
① 유다 ② 훌 ③ 고라 ④ 아론

41. 호렙산에서 모세에게 일어났던 사건과 관련이 없는 것은?
① 감람나무 불꽃 ② 뱀 ③ 떨기나무 불꽃 ④ 나병

42. 모세의 형 이름은? ( )

43. 모세가 이스라엘 백성에게 나아갈 때 손에 잡고 간 것은?
① 물주머니 ② 하나님의 지팡이 ③ 장검 ④ 창

44. 다음 중 애굽으로 갈 때 모세와 동행하지 않은 사람은?
① 십보라 ② 아론 ③ 게르솜 ④ 이드로

45. 모세가 아내와 함께 집을 떠나 애굽으로 돌아올 때 하나님께서 모세를 죽이시려고 한 이유는?
① 우상숭배 ② 무할례 ③ 살인 ④ 하나님의 말씀 거역

46. 모세는 어떻게 함으로써 하나님으로부터 죽음을 면했는가?
( )

47. 모세의 아내가 모세를 가리켜 "피 남편"이라고 한 이유는?
① 애굽인을 죽였기 때문 ② 성격이 난폭하기 때문
③ 간음하였기 때문 ④ 할례 때문

---

38. ④(3:1~4:7) 39. 지팡이가 뱀이 되는 이적과 손에 나병이 들었다 다시 온전하게 되는 이적(4:3-7) 40. ④(4:14) 41. ①(3:2) 42. 아론(4:14) 43. ②(4:17, 20) 44. ④(4:20) 45. ②(4:24-26) 46. 십보라가 아들에게 할례를 행함으로(4:25-26) 47. ④(4:26)

48. 하나님의 약속대로 광야에서 모세를 맞으러 나온 사람은?
① 이드로 ② 여호수아 ③ 아론 ④ 미리암

49. 모세와 아론이 바로에게 나아가 처음에 요구한 것은?
① 이스라엘 백성을 무조건 해방시키라
② 광야로 사흘길 쯤 가서 하나님께 제사를 드리게 하라
③ 일을 쉬게 하라
④ 먹을 것을 충분히 주라

50. 출애굽기에서 하나님은 누구에게 자신의 이름을 여호와라고 처음 알렸는가?
① 아브라함 ② 이삭 ③ 야곱 ④ 모세

51. 모세의 아버지는 누구인가?
① 아므람 ② 라멕 ③ 고라 ④ 이스할

52. 모세의 어머니 이름은?
① 엘리세바 ② 요게벳 ③ 나손 ④ 한나

53. 모세가 바로 앞에 설 때의 나이는?
① 40세 ② 60세 ③ 83세 ④ 80세

54. 아론이 모세와 함께 바로 앞에 섰을 때 그의 나이는?
① 40세 ② 83세 ③ 90세 ④ 45세

55. 열 가지 재앙 중 제일 첫 번째 재앙은 무엇인가?
① 지팡이를 뱀으로 만듦 ② 개구리
③ 이 ④ 나일 강물이 피로 변함

56. 나일 강물이 피로 변한 재앙 후 두 번째 재앙은 무엇인가?
① 이 ② 메뚜기 ③ 파리 ④ 개구리

---

48. ③(4:27) 49. ②(5:3) 50. ④(6:3) 51. ①(6:20) 52. ②(6:20) 53. ④(7:7) 54. ②(7:7) 55. ④(7:20) 56. ④(8:2)

57. 애굽의 요술사들이 따라 할 수 없었던 재앙은 어느 재앙부터인가?
① 세 번째 이 재앙 ② 두 번째 개구리 재앙
③ 네 번째 파리 재앙 ④ 첫 번째 물이 피로 변한 재앙

58. 다음 중 애굽의 요술사들이 흉내 낼 수 있었던 재앙으로만 짝지어진 것은?
① 개구리, 메뚜기 ② 파리, 이
③ 피, 개구리 ④ 메뚜기, 악성 종기

59. 열 가지 재앙 중 땅의 티끌을 쳐서 이를 만든 기적은 몇 번째 재앙인가?
① 두 번째 ② 세 번째 ③ 네 번째 ④ 다섯 번째

60. 열 가지 재앙 중 다섯 번째 재앙은?
① 흑암 ② 파리 ③ 가축 돌림병 ④ 메뚜기

61. 열 가지 재앙 중 애굽 요술사도 따라 행한 것은 몇 번째까지인가?
① 네 번째 ② 세 번째 ③ 두 번째 ④ 첫번째

62. 이스라엘 사람에게는 내리지 않기 시작한 재앙은?
① 파리 ② 개구리 ③ 악성 종기 ④ 메뚜기

63. 하나님께서 파리 떼가 없게 하신 이스라엘 백성이 살았던 애굽의 땅은 어디인가?( )

64. 애굽에 내린 열 가지 재앙 중 요엘서에도 나오는 재앙은?
① 파리 ② 메뚜기 ③ 개구리 ④ 이

65. 열 가지 재앙 중 일곱 번째 재앙으로 애굽 사람과 짐승과 밭에 내려진 것은?
① 메뚜기 ② 우박 ③ 흑암 ④ 악성 종기

---

57. ①(8:18) 58. ③(7:22, 8:7) 59. ②(8:17) 60. ③(9:3) 61. ③(7:22, 8:7)
62. ①(8:21-22) 63. 고센(8:22) 64. ②(10:4, 욜 1:4) 65. ②(9:25)

66. 우박의 재앙으로 상한 곡식은 무엇인가?
① 보리, 밀 ② 나맥, 보리 ③ 밀, 나맥 ④ 보리, 삼

67. 메뚜기 재앙을 멈추실 때 하나님은 메뚜기를 어디로 몰아넣으셨나?
① 홍해 ② 유브라데강 ③ 나일강 ④ 요단강

68. 다음 구절에 나오는 너는 누구인가?
"내가 너를 세웠음은 나의 능력을 네게 보이고 내 이름이 온 천하에 전파되게 하려 하였음이니라"(9:16)
① 모세 ② 아론 ③ 바로 ④ 여호수아

69. 애굽 땅에 우박의 재앙이 있을 때 상하지 않은 두 식물은 무엇인가?
( ) ( )

70. 흑암의 재앙이 애굽 땅에 며칠 동안 있었는가?
( )

71. 열 가지 재앙 중 마지막 재앙은? ( )

72. 애굽에 내린 열 가지 재앙 중 마지막 재앙이 미친 범위는?
① 애굽인의 장자에게만
② 애굽 땅에 있는 모든 처음 난 것
③ 애굽인의 모든 장자와 가축의 처음 난 것
④ 유대인의 모든 가축까지

73. 예수의 성만찬과 관계가 많은 구약의 성경은?
① 아모스 ② 에스겔 ③ 출애굽기 ④ 신명기

74. 유월절 때 먹는 음식의 가짓수는?
① 한 가지 ② 두 가지 ③ 세 가지 ④ 네 가지

---

66. ④(9:31) 67. ①(10:19) 68. ③(9:13-16) 69. 밀, 쌀보리(9:32) 70. 삼일(10:22)
71. 장자와 처음 난 것의 죽음(12:29) 72. ③(12:29) 73. ③ 74. ③(12:1-28)

75. 유월절에 먹은 음식은 누룩 없는 떡(무교병), 양고기, 그리고 또 무엇인가?
① 산나물 ② 쇠고기 ③ 꿀 ④ 쓴 나물

76. "허리에 띠를 띠고 발에 신을 신고 손에 지팡이를 잡고 급히 먹으라"(12:11)는 말과 관계있는 절기는?
① 오순절 ② 부림절 ③ 유월절 ④ 장막절

77. 애굽에 내린 재앙 중 마지막 재앙인 장자의 죽음은 어떤 사람이 피할 수 있었나?
① 문설주와 인방에 어린 양의 피를 바른 집 사람
② 정직한 사람
③ 바로의 정책에 반대한 사람
④ 애굽인 중에서 선한 사람

78. 유월절에 관계있는 것으로서 다음 □ 안에 들어갈 말은?
"너희는 □□ 동안 무교병을 먹을지니 그 첫날에 □□을 너희 집에서 제하라"(12:15)

79. 다음 유월절 규례에 대한 것 중 틀린 것은?
① 유월절 어린 양은 흠 없고 일 년 된 수컷으로 하라
② 양의 피를 문설주와 인방에 바르라
③ 유교병과 쓴 나물을 함께 먹으라
④ 허리에 띠를 띠고 발에 신을 신고 손에 지팡이를 잡고 급히 먹으라

80. 이스라엘 백성이 출애굽을 기념하여 지키는 명절은?
① 부림절 ② 초막절 ③ 오순절 ④ 유월절

81. 유월절 때 어떤 풀에 어린 양의 피를 적시어 문 인방과 좌우 설주에 뿌렸는가? (   )

---

75. ④(12:8) 76. ③(12:11) 77. ①(12:23) 78. 이레, 누룩 79. ③(12:8) 80. ④(12:11, 14)
81. 우슬초(12:22)

82. 하나님께서 제정하신 유월절은 총 며칠 지켜야 하는가?
( )

83. 이스라엘이 애굽에서 나갈 때 어떠했는가?
① 빈손으로 나감 ② 자기들의 자유만 가지고 나감
③ 가축은 놔두고 나감 ④ 재물을 많이 취해 가지고 나감

84. 이스라엘 백성은 몇 년간 애굽에 거주하였나?
① 450년간 ② 440년간 ③ 430년간 ④ 420년간

85. 하나님께서 이방인이 유월절을 지키고자 할 때는 어떻게 한 후에야 지키라고 하셨는가? ( )

86. 유월절의 어린 양은 후에 누구의 그림자(예표)가 되었나?
( )

87. 이스라엘 백성이 출애굽 시 애굽에서 출발한 곳은?
① 숙곳 ② 라암셋 ③ 믹돌 ④ 고센

88. 이스라엘 백성이 애굽을 나올 때 그 수가 얼마나 되었나?
① 장정이 사십만 ② 장정이 오십만
③ 장정이 육십만 ④ 장정이 칠십만

89. 다음 □ 안에 들어갈 말은?
"이스라엘 자손 중에서 사람이나 짐승을 막론하고 □□□ □□ □ 모든 것은 다 거룩히 구별하여 내게 돌리라 이는 내 것이니라"(13:2)

90. 이스라엘 백성이 애굽에서 나온 달(유월절도 이 달에 지킴)은?
① 아빕월 ② 니산월 ③ 시반월 ④ 아달월

---

82. 이레 동안(12:15) 83. ④(12:35-36) 84. ③(12:40) 85. 할례를 받은 후에(12:48) 86. 예수 그리스도 87. ②(12:37) 88. ③(12:37) 89. 태에서 처음 난 90. ①(13:4)

91. 하나님께서 애굽에서 나온 이스라엘 백성을 가까운 블레셋 사람의 땅의 길로 인도하지 않으시고 홍해의 광야 길로 인도하신 까닭은?
① 블레셋 군대가 너무 강해서
② 이스라엘 백성을 시험하시려고
③ 백성이 전쟁을 하게 되면 마음을 돌이켜 애굽으로 돌아갈까 해서
④ 애굽 사람이 못 쫓아오도록

92. 이스라엘이 애굽을 출발할 때 누구의 유골을 가져갔는가?
① 야곱 ② 요셉 ③ 아브라함 ④ 이삭

93. 다음 □ 안에 들어갈 말은?
"여호와께서 그들 앞에서 가시며 낮에는 □□□□으로 그들의 길을 인도하시고 밤에는 □□□을 그들에게 비추사 낮이나 밤이나 진행하게 하시니"(13:21)

94. 이스라엘 백성이 출애굽하여 모세를 처음으로 원망한 곳은?
① 마라 ② 비하히롯 ③ 가데스 ④ 숙곳

95. 이스라엘 백성이 애굽을 떠나 가나안으로 가는 도중에 바다와 강을 걸어서 건넌 적이 있다. 그 바다와 강의 이름은? (   )

96. "여호와께서 오늘 너희를 위하여 행하시는 구원을 보라 너희가 오늘 본 애굽 사람을 영원히 다시 보지 아니하리라"(14:13)는 모세의 말은 이스라엘 백성이 어느 바다를 건널 때인가? (   )

97. 홍해는 어떤 방법으로 갈라졌는가?
① 법궤를 멘 제사장이 앞장섰을 때
② 열두 지파의 지도자가 먼저 발을 디뎠을 때
③ 모세가 바다 위로 손을 내밀었을 때
④ 백성들이 한마음으로 기도했을 때

---

91. ③(13:17) 92. ②(13:19) 93. 구름기둥, 불기둥 94. ②(14:9-12) 95. 홍해, 요단강 (14:21, 수 3:17) 96. 홍해 97. ③(14:21)

98. 출애굽 당시 하나님은 이스라엘 진 뒤에 구름기둥을 세워 이스라엘을 보호하셨는데, 언제 그렇게 했나?
① 밤에는 언제나 ② 불기둥이 앞에 있을 때
③ 행진을 시작할 때 ④ 애굽 군대가 이스라엘을 추격할 때

99. 다음 □ 안에 들어갈 말은?
"너희는 두려워하지 말고 가만히 서서 여호와께서 오늘 너희를 위하여 행하시는 □□을 보라(14:13)

100. 이스라엘 백성을 추격하여 홍해에 들어온 애굽 군대는 어떻게 되었나?
( )

101. 하나님께서 애굽 사람들을 물리치신 것을 보고 모세와 백성들이 하나님을 찬양하는 노래를 불렀는데 그 노래가 몇 장에 나오는가?
① 12장 ② 14장 ③ 15장 ④ 16장

102. 하나님께서 홍해에서 애굽 사람들을 물리치신 것을 찬양하며 손에 소고를 잡고 춤춘 여인의 이름은? ( )

103. 다음의 노래와 관계 있는 사건은?
"내가 여호와를 찬송하리니 그는 높고 영화로우심이요 말과 그 탄자를 바다에 던지셨음이로다 여호와는 나의 힘이요 노래시며 나의 구원이시리로다"(15:1–2)
① 출애굽 사건 ② 아말렉 전쟁
③ 여리고 점령 ④ 요단강 도하

104. 모세는 홍해에서 이스라엘을 인도하여 광야로 들어가서 사흘 길을 걸었다. 그 광야의 이름은 무엇인가?
① 신 광야 ② 수르 광야 ③ 모압 광야 ④ 미디안 광야

105. "마라"는 지명이다. 이 이름과 관련 있는 것은?
① 물이 없다 ② 물이 쓰다 ③ 물이 달다 ④ 물이 적다

---

98. ④(14:19-20) 99. 구원 100. 홍해에 모두 빠져 죽음(14:27-28) 101. ③
102. 미리암(15:20) 103. ① 104. ②(15:22) 105. ②(15:23)

106. 이스라엘 백성이 홍해를 건넌 후 마라에서 일어난 일은?
① 메추리기와 만나가 내림　② 반석을 치니 샘물이 되었다
③ 전염병이 돌았다　④ 쓴물이 단물이 되었다

107. 다음 (　) 안에 들어갈 말은?
"너희가 너희 하나님 나 여호와의 말을 들어 순종하고 내가 보기에 의를 행하며 내 계명에 귀를 기울이며 내 모든 규례를 지키면 내가 애굽 사람에게 내린 모든 질병 중 하나도 너희에게 내리지 아니하리니 나는 너희를 (　　)임이라"(15:26)
① 치료하는 여호와　② 승리하는 여호와
③ 구원하는 여호와　④ 평안의 여호와

108. 출애굽한 이스라엘 백성이 마라를 지난 후 물 샘 열둘과 종려나무 일흔 그루가 있는 곳에 이르렀는데 그곳 이름은?
① 르호봇　② 엘림　③ 숙곳　④ 르비딤

109. 쓴 물밖에 얻지 못하자 백성이 모세를 원망했던 곳은?
① 르비딤　② 엘림　③ 신 광야　④ 마라

110. 이스라엘이 먹을 것이 없어 원망할 때 그들에게 만나가 내리기 시작한 곳은?
① 마라　② 르비딤　③ 신 광야　④ 모압 광야

111. 하나님께서 광야에서 이스라엘 백성에게 주신 음식은 무엇인가?
(　　　　　)

112. 만나의 뜻은 무엇인가?
① 생명의 떡　② 이슬　③ 꿀송이　④ 이것이 무엇이냐

113. 이스라엘 백성 각 사람이 하루에 거두어들인 만나는 얼마였나?
① 한 오멜　② 반 오멜　③ 이틀분　④ 임의대로

---

106. ④(15:25)　107. ①　108. ②(15:27)　109. ④(15:23-24)　110. ③(16:1-36)
111. 만나와 메추라기(16:13, 31)　112. ④(16:15)　113. ①(16:16)

114. 광야 생활에서 이스라엘 백성의 태도는?
① 괴로워도 참음 ② 기뻐함 ③ 원망하고 불평 ④ 만족함

115. 광야에서 만나는 이스라엘 백성에게 일주일 중 며칠간 내렸는가?
① 5일간 ② 6일간 ③ 7일간 ④ 3일간

116. 제6일째 되는 날에는 얼마의 만나를 거둘 수 있었나?
① 한 오멜 ② 반 오멜 ③ 두 오멜 ④ 세 오멜

117. 다음은 무엇을 설명하는 말인가?( )
"깟씨 같이 희고 맛은 꿀 섞은 과자 같았더라"(16:31)

118. 다음 만나에 대한 설명 중 틀린 것은?
① 일곱째 날에는 내리지 않음
② 아침에 내림
③ 여섯째 날에는 이틀분을 거둘 수 있음
④ 오직 하루분만 거둘 수 있는 것은 아님

119. 이스라엘 백성은 광야에서 만나를 얼마 동안 먹을 수 있었나?
① 신 광야에서만 ② 40년간 ③ 1년간 ④ 10년간

120. 광야에서 내려주신 만나는 신약에서 생명의 떡인 누구를 예표하는가?( )

121. 이스라엘에서 안식일은 언제부터 지켜지게 되었나?
① 창조 후부터 ② 아브라함 시대부터
③ 다윗 왕 시대부터 ④ 모세 때부터

122. 이스라엘 백성이 마실 물이 없어서 불평할 때 모세가 반석을 쳐서 물이 나오게 한 곳은?
① 마라 ② 르비딤 ③ 엘림 ④ 신 광야

---

114. ③(16:2-3) 115. ②(16:26) 116. ③(16:22) 117. 만나 118. ④(16:18) 119. ②(16:35)
120. 예수 그리스도(요 6:35) 121. ④(16:30) 122. ②(17:1-7)

123. 가나안으로 향하던 이스라엘 백성이 르비딤에서 싸운 족속은?
① 블레셋 ② 애굽 ③ 모압 ④ 아말렉

124. 아론과 훌이 모세의 팔을 들어 올려 이스라엘이 승리한 전쟁은?
① 모압 전쟁 ② 가나안 전쟁 ③ 아말렉 전쟁 ④ 여리고 전쟁

125. 이스라엘이 아말렉과 전쟁 중에 모세의 손을 붙들어 올린 두 사람의 이름은? (   )

126. 르비딤에서 이스라엘이 아말렉에게 승리한 방법을 올바르게 설명한 것은?
① 성 주위를 일곱 바퀴 돌아서
② 은나팔과 항아리를 통해서
③ 아론과 훌이 양쪽에서 모세의 손을 붙들어 올려서
④ 하나님의 법궤를 앞세워서

127. "므리바"의 뜻은?
① 사이좋게 지내다 ② 다투다
③ 샘물이 솟다 ④ 하나님의 구원

128. "여호와 닛시"는 무엇의 이름인가?
① 땅 이름 ② 우물 이름 ③ 제단 이름 ④ 성 이름

129. 이스라엘의 역사 중 "여호와 닛시"라는 말과 관계 깊은 전쟁은?
① 아말렉 전쟁 ② 블레셋 전쟁
③ 바벨론 전쟁 ④ 애굽 전쟁

130. "여호와 닛시"의 뜻은 무엇인가?
① 여호와는 나의 기 ② 여호와는 나의 힘
③ 여호와는 나의 주 ④ 여호와는 평화

131. 출애굽기에서 "여호와 닛시"라는 말과 가장 관계가 깊은 사람은?
① 미리암 ② 모세 ③ 고라 ④ 바로

---

123. ④(17:8) 124. ③(17:8-16) 125. 아론과 훌(17:12) 126. ③(17:10-13) 127. ②(17:7)
128. ③(17:15) 129. ①(17:1-16) 130. ①(17:16) 131. ②(17:15)

132. 이스라엘에게 천부장, 백부장, 십부장 등의 보좌관 제도를 제안한 사람은?
① 아론 ② 여호수아 ③ 미리암 ④ 이드로

133. 모세의 아들은 모두 몇 명인가?
① 2명 ② 3명 ③ 4명 ④ 5명

134. 모세의 둘째 아들의 이름은?
① 게르 ② 엘리에셀 ③ 로암미 ④ 아비후

135. 모세의 둘째 아들의 이름은 뜻은?
① 하나님은 나의 도움 ② 하나님은 나의 평화
③ 하나님은 나의 승리 ④ 하나님은 나의 기

136. 천부장, 백부장, 오십부장, 십부장 등은 무엇을 위해 선출했나?
① 군대 ② 재판 ③ 관리 ④ 정탐

137. 모세는 이스라엘 백성 중에서 어떤 사람을 천부장, 백부장으로 선출했는가?
① 몸이 크고 건강한 자 ② 지식이 뛰어난 자
③ 경험이 많은 자 ④ 능력 있는 자

138. 모세의 장인 이드로가 보좌관 제도를 제안한 후 취한 행동은?
① 모세 곁에 계속 있음 ② 자기 고향으로 돌아감
③ 애굽으로 내려감 ④ 호렙산으로 올라감

139. 다음 ( ) 에 들어갈 말은?
( ) ( )
"세계가 다 내게 속하였나니 너희가 내 말을 잘 듣고 내 언약을 지키면 너희는 모든 민족 중에서 내 ( )가(이) 되겠고 너희가 내게 대하여 ( )가(이) 되며 거룩한 백성이 되리라"(19:5–6)

---

132. ④(18:13-23) 133. ①(18:2-4) 134. ②(18:4) 135. ①(18:4) 136. ②(18:25-26) 137. ④(18:25) 138. ②(18:27) 139. 소유, 제사장 나라

140. 이스라엘이 시내산에서 머물렀던 기간은?
① 3개월 ② 1년 ③ 3년 ④ 7년

141. 여호와께서 십계명을 주시기 전에 이스라엘 백성에게 준비시킨 일이 아닌 것은?
① 옷을 빨라 ② 성결케 하라 ③ 여인을 가까이 말라 ④ 금식

142. 모세가 십계명을 받은 산은 어느 산인가?
① 느보산 ② 모리아산 ③ 에발산 ④ 시내산

143. 구약에서 십계명이 기록되어 있는 곳은?
① 출 20장, 신 5장 ② 출 20장, 신 13장
③ 출 22장, 신 6장 ④ 출 21장, 신 5장

144. 출애굽기에서 십계명은 어디에 나오는가?
① 22:1-20 ② 20:1-17 ③ 19:1-17 ④ 22:6-20

145. 십계명은 크게 몇 부분으로 나눌 수 있는가?
① 두 부분 ② 세 부분 ③ 네 부분 ④ 다섯 부분

146. 출애굽기에 나오는 십계명의 제1계명은 무엇인가?
( )

147. 제2계명은 하늘에 있는 것이나 땅에 있는 것이나 물 속에 있는 것의 무엇을 만들지 말라는 계명인가?
① 원수 ② 맹세 ③ 탐욕 ④ 우상

148. 하나님을 미워하는 자의 죄는 아버지로부터 아들에게로 삼사 대까지 이르게 하지만 하나님을 사랑하는 자에 대한 하나님의 은혜는 몇 대까지 베푸신다고 하셨는가?
① 십 대 ② 백 대 ③ 천 대 ④ 당 대

---

140. ②(19:1, 민 10:11) 141. ④(19:14-15) 142. ④(19:2) 143. ① 144. ② 145. ①(32:15)
146. 너는 나 외에는 다른 신들을 네게 두지 말라(20:3) 147. ④(20:4) 148. ③(20:6)

149. 제3계명은 무엇을 망령되게 부르지 말라는 것인가?
( )

150. 제4계명은 무엇을 기억하여 거룩하게 지키라는 것인가?
① 유월절 ② 오순절 ③ 안식일 ④ 장막절

151. 십계명에서 인간에 대한 계명 중 첫번째 계명은 무엇인가?
( )

152. 하나님이 준 땅에서 장수하는 복을 받기 위하여 지켜야 할 계명은 누구를 공경하라는 것인가? ( )

153. 십계명의 안식일에 대한 계명에서 일곱째 날에 쉬어야 할 대상에 대해 잘못 말한 것은?
① 남종이나 여종 ② 객 ③ 가축 ④ 동물은 제외

154. 다음 중 십계명에 직접 속하지 않는 계명은?
① 살인하지 말라 ② 간음하지 말라
③ 도둑질하지 말라 ④ 성내지 말라

155. 십계명의 정신을 예수님은 마태복음에서 두 가지로 요약하셨다. 그것은 무엇 무엇인가?
( )

156. 하나님이 이스라엘 백성에게 주신 말씀 중 제단을 쌓는 돌은 어떤 돌인가?
① 정으로 잘 다듬은 돌 ② 정으로 잘 다듬지 않은 돌
③ 반듯하게 깨뜨린 돌 ④ 거룩한 산에서 가져온 돌

---

149. 네 하나님 여호와의 이름(20:7) 150. ③(20:8) 151. 네 부모를 공경하라(20:12) 152. 부모(20:12) 153. ④(20:10) 154. ④(20:13-17) 155. 하나님 사랑, 이웃사랑(마 22:37-40) 156. ②(20:25)

157. 하나님의 율법에 의하면 히브리 종을 산 사람은 몇 년 후에 그를 자유롭게 놓아주어야 하는가?
① 1년 후 ② 3년 후 ③ 6년 후 ④ 7년 후

158. 하나님의 율법에 의하면 종이 영원히 그 상전을 섬기겠다고 하면 그 표시로 어느 부분을 송곳으로 뚫었나? (   )

159. 이스라엘의 율법에 따르면 자기 아버지나 어머니를 치는 자는 어떤 형벌을 받는가?
① 쫓겨남 ② 종신형 ③ 사형 ④ 배상

160. 하나님의 율법에서 사람을 고의로 쳐죽인 자는 원칙적으로 어떻게 되었나?
① 반드시 죽인다 ② 재산을 몰수한다
③ 추방한다 ④ 노예가 된다

161. 모세의 법에서 자기 부모를 치는 자는 어떤 형벌을 받았는가?
① 집에서 쫓겨남 ② 노예가 됨
③ 돈으로 배상 ④ 반드시 죽인다

162. 모세의 법에 따르면 납치범에 대한 형벌은?
① 종신형 ② 칠 배의 배상 ③ 노예로 팔림 ④ 사형

163. 다음 중에서 반드시 사형에 처할 대상이 아닌 것은?
① 부모를 저주하는 자 ② 이웃을 고의로 죽인 자
③ 사람을 쳐죽인 자 ④ 도둑질한 자

164. 다음 구절에서 [ ] 안의 "한 곳"은 어디를 가리키는가? (   )
"만일 사람이 고의적으로 한 것이 아니라 나 하나님이 사람을 그의 손에 넘긴 것이면 내가 그를 위하여 [한 곳]을 정하리니 그 사람이 그리로 도망할 것이며"(21:13)

---

157. ③(21:2) 158. 귀(21:6) 159. ③(21:15) 160. ①(21:12) 161. ④(21:15) 162. ④(21:16) 163. ④(21:12-17) 164. 도피성(민 35:11)

165. 출애굽기에서 다음 ( ) 안에 들어갈 말은?
"( )은 ( )으로, 눈은 눈으로, 이는 이로, 손은 손으로, 발은 발로"(21:23-24)
① 생명, 생명 ② 상함, 상함
③ 입, 입 ④ 몸, 몸

166. 모세의 법에 따르면 어떤 사람이 종의 눈이나 이를 상하게 했을 때 그 종은 어떤 보상을 받는가?
① 1년간 쉰다 ② 3년간의 삯을 받는다
③ 종을 놓아준다 ④ 상전을 감옥에 보낸다

167. 모세의 법에서 사람이 소를 도적질해서 잡거나 팔면 몇 배의 보상을 해야 하나?
① 2배 ② 3배 ③ 4배 ④ 5배

168. 모세의 법에 따르면 무당과 짐승에게 행음하는 자와 다른 신에게 제사를 드리는 자는 어떻게 하라고 하였는가?
① 반드시 죽이고 멸하라 ② 그 땅에서 추방하라
③ 옥에 가두라 ④ 도피성으로 보내라

169. 하나님께서 학대하거나 해롭게 하지 말라고 한 대상이 아닌 사람은?
① 과부 ② 고아 ③ 나그네 ④ 홀아비

170. 모세의 법에 의하면 이스라엘 백성 사이의 금전 대차는?
① 이자를 받지 않음 ② 고리를 금함
③ 이자를 받음 ④ 정해진 이율대로 받음

171. 모세의 법에 의하면 소나 양의 새끼도 최소한 며칠 자기 어미와 함께 있어야 하는가?
① 3일 ② 5일 ③ 7일 ④ 10일

---

165. ① 166. ③(21:26) 167. ④(22:1) 168. ①(22:18-20) 169. ④(22:21-22)
170. ①(22:25) 171. ③(22:30)

172. 출애굽기 23장에 나오는 다음 구절에서 ( )에 들어갈 단어는?
"너는 ( )을 받지 말라 ( )은 밝은 자의 눈을 어둡게 하고 의로운 자의 말을 굽게 하느니라"(23:8)
① 비판 ② 선물 ③ 뇌물 ④ 돈

173. 모세의 법에 따르면 이스라엘의 농지는 몇 년에 한 번씩 쉬는가?
① 3년 ② 5년 ③ 6년 ④ 10년

174. 모세의 법에 따르면 이스라엘의 모든 남자는 매년 몇 번씩 여호와께 보이라고 했는가?
① 한 번 ② 두 번 ③ 세 번 ④ 네 번

175. 이스라엘이 매년 지켜야 할 3대 절기는 무엇인가?
( )

※ 다음을 서로 연결하라. (176–178)

176. 맥추절(오순절) ① 수확의 첫 열매를 드림

177. 수장절(장막절) ② 애굽에서 나온 날을 기념

178. 무교절(유월절) ③ 연말에 밭에서 거두어들인 것을 저장

179. 모세의 법에 따르면 여호와께 드릴 곡식의 조건은?
① 열매 중 가장 큰 것 ② 처음 거둔 열매의 가장 좋은 것
③ 마음 내키는 대로 ④ 잘 익은 것 중 좋은 것

180. 하나님께서 이스라엘 백성에게 가나안 땅에 들어가서 가장 경계해야 한다고 강조하신 것은?
① 전염병과 전쟁 ② 우상 숭배
③ 이방인과의 결혼 ④ 농사

---

172. ③ 173. ③(23:10-11) 174. ③(23:17) 175. 유월절(무교절), 맥추절(오순절), 수장절(초막절)(23:15-19) 176. ①(23:16) 177. ③(23:16) 178. ②(23:15) 179. ②(23:19) 180. ②(23:24-25)

181. 모세와 함께 시내산에 올라간 사람은 모두 몇 명인가?
① 50명 ② 2명 ③ 73명 ④ 74명

182. 다음 중 모세와 함께 시내산에 올라갈 때 동행하지 않은 사람은?
① 아비후 ② 나답 ③ 아론 ④ 게르솜

183. 모세가 십계명 돌판을 받으러 시내산에 올라갈 때 수행원으로 동행했던 사람은?
① 아론 ② 나답 ③ 여호수아 ④ 아비후

184. 모세가 율법의 돌판을 받기 위해 시내산에 올라가 머문 기간은?
① 40주야 ② 7일간 ③ 3일간 ④ 10일간

185. 이스라엘 자손이 여호와께 예물을 드릴 때 어떤 것만 받겠다고 하셨나?
① 아무거나 ② 억지로라도 드리는 것
③ 기쁜 마음으로 내는 것 ④ 가족과 협의하여 드리는 것

186. 하나님이 거할 성소 안에서 모세와 만나기로 약속하신 곳은?
① 등잔대 ② 번제단 ③ 속죄소 ④ 분향단

187. 하나님은 모세에게 증거궤와 번제단을 무엇으로 만들라고 하셨나?
① 순금 ② 조각목 ③ 놋쇠 ④ 순은

188. 증거궤(법궤)의 크기는?
① 길이 : 1규빗 반, 너비: 1규빗 반, 높이: 1규빗 반
② 길이 : 2규빗 반, 너비: 2규빗, 높이: 1규빗
③ 길이 : 2규빗 반, 너비: 1규빗 반, 높이: 1규빗 반
④ 길이 : 2규빗, 너비광: 1규빗, 높이: 1규빗

---

181. ③(24:1) 182. ④(24:1) 183. ③(24:13) 184. ①(24:18) 185. ③(25:2)
186. ③(25:22) 187. ②(25:10, 38:1) 188. ③(25:10)

189. 다음 성막 안의 기물들이 그 만든 재료와 잘못 짝지어진 것은?
① 법궤—조각목 ② 속죄소—순금
③ 등잔대—순금 ④ 그릅—조각목

190. 다음 중에서 순금으로 만든 것이 아닌 것은?
① 등잔대 ② 속죄소 ③ 불 집게 ④ 법궤

191. 하나님이 모세와 만나기로 약속하신 속죄소의 다른 이름은?
① 성소 ② 증거궤 ③ 시은좌 ④ 언약소

192. 이스라엘이 광야에서 하나님께 제사 드리는 장막의 양식은 누가 고안해 낸 것인가?
① 아론 ② 모세 ③ 브살렐 ④ 하나님

193. 신약성경 중에 출애굽기에 나타난 성소에 대해 언급한 곳은?
① 요한복음 ② 야고보서 ③ 로마서 ④ 히브리서

194. 법궤의 다른 이름은?
① 증거궤 ② 시은좌 ③ 속죄소 ④ 성궤

195. 다음 중에서 모세의 성막 중 지성소에 있었던 것은?
① 속죄소 ② 등잔대 ③ 물두멍 ④ 진설병 상

196. "너는 또 이스라엘 자손에게 명령하여 ( )으로 짠 순수한 기름을 등불을 위하여 네게로 가져오게 하고 끊이지 않게 등불을 켜되"(27:20)에서 ( ) 안에 들어갈 말은?
① 나도향 ② 감람 ③ 백향목 ④ 곡식

197. 이스라엘의 초대 제사장은 누구인가? (   )

198. 다음 중에서 아론의 아들이 아닌 사람은?
① 나답 ② 아비후 ③ 엘리에셀 ④ 엘르아살

---

189. ④(25:18) 190. ④(25:10) 191. ③(25:17) 192. ④(25:9) 193. ④(히 9장) 194. ①(25:22)
195. ①(26:34) 196. ② 197. 아론과 그의 아들들(28:1) 198. ③(28:1)

199. 다음 중에서 나머지 셋과 관련이 없는 것은 어느 것인가?
① 제사장 ② 아론의 아들들
③ 나답, 아비후 ④ 모세의 아들들

200. 다음은 어느 계층의 옷에 대한 규정인가?
"그들이 지을 옷은 이러하니 곧 흉패와 에봇과 겉옷과 반포 속옷과 관과 띠라"(28:4)
① 레위인 ② 찬양대 ③ 제사장 ④ 왕

201. 다음 중에서 제사장의 옷이 아닌 것은?
① 반포 속옷 ② 띠 ③ 목도리 ④ 흉패

202. "우림"과 "둠밈"과 관련 있는 사람은?
① 제사장 ② 모세 ③ 왕 ④ 나실인

203. 아론이 쓰는 관 위에 붙인 패에 새긴 글은?
① 여호와께 성결 ② 여호와께 충성
③ 여호와께 바침 ④ 여호와께 완전

204. 진설병은 누구만이 먹을 수 있는가?
① 모세 ② 유다 지파 ③ 제사장 ④ 여호수아

205. 모세가 하나님의 명령에 따라 아론과 그의 아들들에게 행한 제사장 위임식의 기간은?
① 3일간 ② 하루 ③ 7일간 ④ 40일간

206. 제사장 아론이 일 년에 한 번씩 속죄하는 거룩한 제단은?
① 향단 뿔 ② 번제단 ③ 등잔대 ④ 금단 뿔

207. 이스라엘 백성 중에 자기의 생명의 속전으로 인구조사 때에 반 세겔을 내야 하는 연령은?
① 20세 이상 ② 12세 이상 ③ 30세 이상 ④ 40세 이상

---

199. ④(28:1) 200. ③ 201. ③(28:4) 202. ①(28:30) 203. ①(28:36)
204. ③(29:32-33) 205. ③(29:35) 206. ①(30:10) 207. ①(30:14)

208. 성막 안에서 사용하는 향을 만들 때 들어가는 향품은 소합향, 나감향, 그리고 무슨 향인가? (   )

209. 모세 시대에 성소에서 쓸 물건을 만들기 위해 하나님께서 특별히 지명하여 불러 지혜와 총명과 재주를 부어주신 사람은 누구 누구인가?
① 여호수아, 훌 ② 아론, 브살렐
③ 브살렐, 오홀리압 ④ 나답, 아비후

210. 다음 구절에서 그 날은 어느 날인가?
"그 날을 더럽히는 자는 모두 죽일지며 그 날에 일하는 자는 모두 그 백성 중에서 그 생명이 끊어지리라"(31:14)
① 유월절 ② 수장절 ③ 안식일 ④ 속죄일

211. 금송아지를 만드는 데 앞장섰던 사람은?
① 아론 ② 미리암 ③ 이드로 ④ 여호수아

212. 금송아지 우상을 만들어 섬기는 이스라엘 백성에게 분노한 모세가 누구든지 여호와의 편에 있는 자는 내게로 나아오라 할 때 모세에게 간 자손은 누구인가?
① 유다 자손 ② 시므온 자손 ③ 르우벤 자손 ④ 레위 자손

213. 모세가 시내산에서 내려왔을 때 금송아지 우상을 섬기는 자 중 몇 명가량이 죽임을 당했는가?
① 4,000명 ② 3,000명 ③ 2,000명 ④ 5,000명

214. 다음은 범죄한 이스라엘 백성을 중재하려는 지도자의 기도이다. 누구의 기도인가?
"그러나 이제 그들의 죄를 사하시옵소서 그렇지 아니하시오면 원하건대 주께서 기록하신 책에서 내 이름을 지워 버려 주옵소서" (32:32)
① 아론 ② 바울 ③ 모세 ④ 여호수아

---

208. 풍자향(30:34) 209. ③(31:2, 6) 210. ③(31:14) 211. ①(32:1-4) 212. ④(32:26) 213. ②(32:28) 214. ③

215. 이스라엘 백성은 그들의 장신구를 어디에서부터 제거했는가?
① 엘림　② 르비딤　③ 신 광야　④ 호렙산

216. 이스라엘 백성은 하나님께서 모세와 회막에서 말씀하시는 것을 어떻게 알고 경배했는가?
① 천군 천사의 나팔소리　② 모세의 얼굴이 빛나는 것을 보고
③ 하늘빛이 비침을 보고　④ 회막문에 구름기둥이 서 있는 것을 보고

217. 성경에서 하나님이 친구와 이야기함 같이 대면하여 말씀하셨다고 기록하고 있는 이스라엘의 지도자는? (　　　　　　)

218. 회막을 떠나지 아니하고 지키던 모세의 수종자는 누구인가?
① 게르솜　② 아론　③ 나답　④ 여호수아

219. 모세가 십계명 판을 받기 위하여 두 번째 시내산에 올라갔을 때 머문 기간은?
① 40주야　② 3주야　③ 열흘 주야　④ 칠일 주야

220. 하나님을 만난 후 얼굴 피부에 광채가 나서 얼굴을 수건으로 가린 사람은?
① 모세　② 아브라함　③ 여호수아　④ 다윗

221. 하나님의 영을 충만하게 하여 지혜와 총명과 지식으로 여러 가지 일을 하게 하시되 정교한 일을 하게 하셔서 성소에 쓸 것을 만들게 하신 유다 지파 우리의 아들은?
① 오홀리압　② 훌　③ 브살렐　④ 엘리에셀

222. 성막에 있는 것으로 양편에서 마주 보며 날개를 높이 펴서 그 날개로 속죄소를 덮고 있는 것은?
① 향단　② 천사　③ 그룹　④ 비둘기

---

215. ④(33:6)　216. ④(33:10)　217. 모세(33:11)　218. ④(33:11)　219. ①(34:28)
220. ①(34:35)　221. ③(35:30-31)　222. ③(25:20)

223. 다음 중 성막 안에 있는 것이 아닌 것은?
① 증거궤 ② 등잔대 ③ 그룹 ④ 일곱별

224. 다음 중 법궤 안에 들어 있는 것이 아닌 것은?
① 만나를 담은 금항아리 ② 아론의 싹난 지팡이
③ 십계명 돌판 ④ 진설병

225. 성막의 물건 중 번제단의 재료는?
① 순금 ② 조각목 ③ 철 ④ 청동

226. 회막 세우는 일을 마친 직후 여호와의 영광이 충만했을 때 그곳에 들어갈 수 있던 사람은?
① 유다 지파 사람들 ② 레위 지파 사람들
③ 모세뿐 ④ 아무도 못 들어갔음

227. 이스라엘 백성은 광야에서 무엇을 신호로 하여 행진하였는가?
① 모세의 명령 ② 구름이 머무는 것
③ 하늘의 나팔 소리 ④ 불기둥이 머무는 것

228. 출애굽기는 모두 몇 장으로 되어 있나? (장)

※ 다음 글을 읽고 옳으면 ○표, 틀리면 ×표 하시오. (229-268)

229. 출애굽기는 이스라엘 백성이 애굽에서 나와 가나안 정착까지의 과정을 기술하고 있다. ( )

230. 십브라와 부아는 모세가 출생한 당시 히브리 산파이다. ( )

231. 모세를 키운 유모는 모세의 생모였다. ( )

232. 모세란 이름의 뜻은 구원이라는 의미이다. ( )

233. 모세의 아내는 가나안 여인이다. ( )

---

223. ④(37:1-29) 224. ④(히 9:4) 225. ②(38:1) 226. ④(40:35) 227. ②(40:36-37)
228. 40장 229. ○ 230. ○(1:15) 231. ○(2:8-9) 232. ×(2:10) 233. ×(2:16, 21)

234. 모세의 장남 게르솜은 타국에서 나그네가 되었다는 뜻이다. ( )

235. 모세가 바로 앞으로 가 말할 때, 그의 나이는 70세였다. ( )

236. 모세가 바로에게 처음 가서 이스라엘 백성을 놓아달라고 요구했을 때 바로는 이스라엘 백성들에게 짚을 주지 않고도 이전보다 두 배의 벽돌을 만들라고 지시했다. ( )

237. 모세의 아버지는 아브라함이고 어머니는 요게벳 그리고 형은 아론, 누이는 미리암이며 유다 지파 사람이다. ( )

238. 나일 강물이 피로 변하는 재앙에서 사람들은 나일강 가를 두루 파서 마실 물을 구하였다. ( )

239. 파리 재앙 직후에 바로는 모세와 아론에게 이 애굽 땅에서 하나님께 제사를 드리라고 청원했다. ( )

240. 하늘에서 불덩이가 섞인 우박이 떨어질 때, 상하지 않은 식물은 삼과 보리였다. ( )

241. 메뚜기 재앙을 내린 후 하나님은 메뚜기 떼를 나일강으로 몰아넣으셨다. ( )

242. 열 번째 재앙인 장자의 죽음은 바로의 장자로부터 옥에 갇힌 사람의 장자까지 임했으나 가축에게는 적용되지 않았다. ( )

243. 이스라엘이 애굽에서 해방된 것을 기념하는 절기에는 누룩이 있는 무교병을 치우고 유교병 만을 먹었다. ( )

244. 이스라엘이 애굽을 떠날 때 자기 짐만 지고 빈손으로 나갔다. ( )

---

234. ○(2:22) 235. ×(7:7) 236. ×(5:7-8) 237. ×(2:1) 238. ○(7:24) 239. ○(8:25) 240. ×(9:32) 241. ×(10:19) 242. ×(12:29) 243. ×(12:15) 244. ×(12:35-36)

245. 이스라엘이 애굽을 떠날 때 고인의 유언대로 야곱의 유골을 가지고 나갔다. ( )

246. 이스라엘이 홍해를 건널 때 열두 지파에서 선별된 제사장이 법궤를 메고 앞장섰다. ( )

247. 쓴 물이 단 물이 되는 기적이 일어난 것은 마라에서였다. ( )

248. 광야에서 이스라엘 백성이 만나와 메추라기를 먹기 시작한 곳은 시내 광야가 아니라 신 광야이다. ( )

249. 이스라엘 각 사람이 하루 동안 거두어들일 수 있는 만나의 분량은 1/2에바였다. ( )

250. 아모리 족속과 싸울 때 모세의 양손이 올라가면 이스라엘이 승리하고 내리면 아모리가 승리하는 기적이 있었다. ( )

251. 르비딤과 므리바는 같은 지역이며, 이곳에서의 사건 때문에 모세가 가나안 땅에 들어가지 못하는 직접적인 동기가 되었다. ( )

252. 르비딤에서 아말렉과의 전쟁에서 이긴 후 '여호와 샬롬'이라는 말이 생겨났다. ( )

253. 모세에게 보좌관 제도를 제안한 사람은 장인인 이드로인데 그는 죽을 때까지 모세와 함께 있었다. ( )

254. 십계명은 출애굽기와 신명기 두 곳에 나온다. ( )

255. 모세가 십계명을 받은 곳은 시내산이다. ( )

256. 모세의 법에 따르면 자기 부모를 저주하거나 치는 자는 반드시 죽이라고 했다. ( )

---

245. ×(13:19) 246. ×(14:21) 247. ○(15:22-25) 248. ○(16:1, 13, 31) 249. ×(16:16) 250. ×(17:8) 251. ○(17:1, 7) 252. ×(17:15) 253. ×(18:21) 254. ○ 255. ○(31:18) 256. ○(21:15)

257. 이스라엘의 추수법에 따르면 일곱째 해에는 땅을 갈지 말고 묵혀두었는데 그 남은 것은 가난한 자들과 들짐승의 몫이었다. ( )

258. 모세의 법에서는 과부와 고아, 이방 나그네에 대한 각별한 관심을 보이고 있다. ( )

259. 이스라엘이 안식일 제도를 준수한 때는 여호수아 때부터이다. ( )

260. 모세의 법에 따르면 안식일에 일하는 자는 반드시 죽였다. ( )

261. 모세 시대에 성막은 열 폭 휘장으로 가늘게 꼰 베 실과 청색 자색 홍색 실로 그룹들을 무늬 놓아 짜서 만들었다. ( )

262. 이스라엘 최초의 제사장은 아론과 그의 아들들이었는데, 이들의 위임식은 모세가 거행하였다. ( )

263. 모세는 이스라엘 백성이 금송아지를 만들어 숭배하는 것을 보고 분노하여 자기가 들고 있던 돌판을 산 아래로 던져 깨버렸다. ( )

264. 모세가 산에 올라간 후 이스라엘 백성이 금송아지를 만들었는데 그것을 만든 사람은 모세의 형 아론이었다. ( )

265. 출애굽기에서 아론과 아론의 아들들의 제사장 위임식의 절차는 30장에 나온다. ( )

266. 시내 광야에서 성막의 모든 것을 만들고 지휘한 사람은 브살렐과 오홀리압이었다. ( )

267. 속죄소와 등잔대는 순금으로 만들었으나 번제단은 조각목으로 만들었다. ( )

268. 여호와의 영광이 성막에 충만했을 때 성막에 들어간 사람은 모세뿐이었다. ( )

---

257. ○(23:10-11) 258. ○(22:21-23) 259. ×(16:23) 260. ○(31:14) 261. ○(36:8) 262. ○(29:9) 263. ○(32:19) 264. ○(32:4) 265. ×(29장) 266. ○(31:2, 6) 267. ○(38:1) 268. ×(40:35)

레위기

1 저 자 : 모세

2 기록연대 : B.C. 1446~1406년

3 기록장소 : 시내 광야

4 대 상 : 이스라엘 백성

5 배 경 : 시내산 기슭 출애굽 후 만 1년째 되던 해부터 시내산을 떠나기 전까지의 기간 동안 하나님께서 이스라엘 백성들에게 제사 의식과 성결 의식을 지시하심.

6 대 지 : 하나님께 나아가는 길 (희생제사)
하나님과 교제하는 길 (성화)

7 주 제 : 언약 백성인 이스라엘의 성결

8 기록목적 : 성막을 통해 하나님께 나아가기 위한 레위인의 제사장적 임무를 규정하고 이스라엘 백성을 거룩한 생활로 안내.

9 특이사항 : 거룩이란 말이 성경 중 이곳에서 가장 많이 언급(152회). 지리적인 이동이 전혀 없음. 제물과 제사들에 대한 규례가 많이 나타나 있는데, 이는 장차 오실 새 언약의 중보자 그리스도를 바라보며 기록한 것임.

10 요 절 : 19장 2절

11 주요인물 : 모세, 아론, 아론의 네 아들(나답, 아비후, 엘르아살, 이다말)

01. 구약성경의 세 번째 책의 이름은?
① 신명기 ② 출애굽기 ③ 레위기 ④ 민수기

02. 레위기의 저자는 전통적으로 누구로 전해지고 있나?( )

03. 레위기는 전체 몇 장으로 되어 있나?(장)

04. 하나님께서 이스라엘 백성에게 제물 드리는 방법을 가르쳐 주신 곳은?
① 호렙산 ② 가데스 바네아 ③ 회막 ④ 신 광야

05. 여호와께 드릴 예물이 소와 양의 번제일 경우 어떤 것을 드려야 하나?
① 흠 없는 암컷 ② 흠 없는 수컷 ③ 암컷이나 수컷 ④ 상관없음

06. 여호와께 드릴 제물이 새의 번제일 경우 어떤 것을 드려야 하나?
① 산까마귀 ② 집까마귀
③ 산까마귀나 산비둘기 ④ 산비둘기나 집비둘기 새끼

07. 레위기에 나오는 기본 제사의 수는?
① 9개 ② 7개 ③ 5개 ④ 3개

08. 레위기에 나오는 다섯 가지 기본 제사의 이름을 써보라.
( )

09. 곡식의 첫 이삭이나 고운 가루를 예물로 드리는 제사는?
① 번제 ② 속건제 ③ 속죄제 ④ 소제

10. 다음 중 소제의 제물은 무엇인가?
① 고운 가루 ② 수송아지
③ 어린 암양이나 염소 ④ 산비둘기, 집비둘기

---

01. ③ 02. 모세 03. 27장 04. ③(1:1) 05. ②(1:3, 10) 06. ④(1:14) 07. ③(1~5장)
08. 번제, 소제, 화목제, 속죄제, 속건제(1~5장) 09. ④(2:1) 10. ①(2:1)

11. 레위기에 나오는 제사 중에 유일하게 피 없는 제사는?
① 번제 ② 화목제 ③ 속죄제 ④ 소제

12. 예물이 소든지, 양이든지, 비둘기든지 간에 각을 떠서 그 전부를 단 위에 놓고 불사르는 제사는?
① 번제 ② 소제 ③ 화목제 ④ 속건제

13. 이스라엘 백성이 하나님께 드린 제물은?
① 동물만 ② 동물과 채소 ③ 동물과 곡식 ④ 곡물만

14. 소제를 드린 제물 중 남은 것은 어떻게 하나?
① 버린다 ② 땅에 묻는다
③ 불에 태워버린다 ④ 아론과 그의 자손에게 돌린다

15. 이스라엘의 제사 중 소제에서 금한 것은 무엇인가?
① 누룩과 꿀 ② 소금 ③ 기름 ④ 누룩

16. 모든 소제물에 빼지 말고 반드시 넣어야 할 것은?(　　　)

17. 이스라엘 백성이 드리는 중요한 제사 가운데 오늘의 감사예물과 유사한 것은?
① 속죄제 ② 속건죄 ③ 화목제 ④ 번제

18. 다음 중 화목제의 제물이 아닌 것은?
① 흠 없는 소 ② 양의 수컷 ③ 양이나 염소의 수컷 ④ 비둘기

19. 제사장이 범죄하였을 때 드리는 속죄제물은?
① 흠 없는 수송아지 ② 수염소 ③ 숫양 ④ 암염소

20. 이스라엘 회중이 죄를 진 것을 깨달았을 때 드리는 속죄제의 제물은?
① 수송아지 ② 암송아지 ③ 숫양 ④ 숫염소

---

11. ④(2:1) 12. ①(1:6-9, 12-13, 17) 13. ③(1:2, 2:1) 14. ④(2:3) 15. ①(2:11)
16. 소금(2:13) 17. ③(3:1) 18. ④(3:1, 6, 12) 19. ①(4:3) 20. ①(4:13-14)

21. 이스라엘 족장이 여호와의 계명을 부지중에 범한 후 그 범한 죄를 깨달고 드리는 속죄제의 예물은?
① 흠 없는 숫염소 ② 흠 없는 암염소
③ 흠 없는 집비둘기 ④ 흠 없는 산새

22. 속죄제의 경우 제사장이 범죄한 경우를 제외하고는 예물을 드린 후 누가 범죄자의 죄를 속죄하는가? (   )

23. 부정한 것을 만져서 부정하게 된 것을 깨달았을 때 드리는 제사는?
① 속죄제 ② 화목제 ③ 속건제 ④ 번제

24. 제사드리는 자가 가난해서 어린 양을 드리지 못할 때 드리는 제물은?
① 비둘기 새끼 한 마리
② 고운 가루와 비둘기 한 마리
③ 산비둘기 한 마리와 집비둘기 새끼 두 마리
④ 산비둘기 두 마리나 집비둘기 새끼 두 마리

25. 제사드리는 자가 어떤 동물을 드릴 힘이 없을 때 드리는 예물은?
① 고운 가루와 유향 ② 고운 가루
③ 유향과 기름 ④ 고운 가루와 유향과 기름

26. "제단 위의 불은 항상 피워 꺼지지 않게 할지니 제사장은 (   ) 나무를 그 위에서 태우고 번제물을 그 위에 벌여 놓고 화목제의 기름을 그 위에서 불사를지며"(6:12)에서 ( ) 안에 알맞은 말은?
① 감람 ② 많은 ③ 정성스럽게 ④ 아침마다

27. 아론과 그의 자손이 기름 부음을 받는 날에 여호와께 드릴 예물은?
① 고운 가루 1/5 에바 ② 고운 가루 1/2 에바
③ 고운 가루 1/10 에바 ④ 고운 가루 1/4 에바

---

21. ①(4:22-23) 22. 제사장(4:26) 23. ③(5:2-19) 24. ④(5:7) 25. ②(5:11)
26. ④ 27. ③(6:20)

28. 이스라엘의 제사 중 감사함으로 드리는 제사는?
① 속죄제 ② 소제 ③ 속건제 ④ 화목제

29. 감사함으로 드리는 화목제물의 고기는 어느 날에 먹어야 하는가?
① 두고두고 먹어야 함 ② 이튿날 아침까지 두어서는 안 됨
③ 그날까지 안 먹어도 됨 ④ 그 이튿날부터 먹어야 됨

30. 다음 중 화목제 제사의 종류가 아닌 것은?
① 감사제 ② 번제 ③ 서원제 ④ 자원제

31. "만일 몸이 □□한 자가 여호와께 속한 화목제물의 고기를 먹으면 그 사람은 자기 백성 중에서 끊어질 것이요"(7:20)에서 □ 안에 들어갈 말은?

32. 제사장의 의복 중에 에봇 위에 있는 흉패에 넣는 것은?
① 그룹 ② 여호와께 성결 ③ 우림과 둠밈 ④ 금고리

33. 제사장 의복에 있는 우림과 둠밈은 무엇인가? ( )

34. 제사장의 흉패에 우림과 둠밈을 넣고 그 머리에 관을 쓰는 규정이 있다. 그 관 위 전면에는 무엇을 붙였나?
① 띠 ② 에봇 ③ 금 패 ④ 관유

35. 이스라엘 역사상 아론과 그 아들의 최초의 위임식은 누가 거행하였나?
① 여호수아 ② 이드로 ③ 멜기세덱 ④ 모세

36. 제사장 위임식은 며칠 동안 행하였나?
① 3일 ② 5일 ③ 7일 ④ 10일

37. 제사장 위임식 후 여덟째 날에 아론이 백성을 향하여 손을 들어 축복함으로 여호와의 영광이 온 백성에게 나타날 때 제단 위의 번제물과 기름을 사른 불이 나온 곳은?
① 모세에게서 ② 아론에게서 ③ 여호와 앞에서 ④ 제단 위에서

---

28. ④(7:12) 29. ②(7:15) 30. ②(7:13, 16) 31. 부정 32. ③(8:8) 33. 하나님의 뜻을 묻기 위해 사용하던 도구 34. ③(8:9) 35. ④(8:1-9) 36. ③(8:33) 37. ③(9:24)

38. 아론의 아들 중 제사 드리다가 하나님께 벌을 받아 죽은 아들은?
① 나답과 엘르아살 ② 아비후와 이다말
③ 엘리와 나답 ④ 나답과 아비후

39. 아론의 두 아들이 여호와 앞에서 벌을 받아 죽은 이유는?
① 하나님을 원망함 ② 아론을 거역함
③ 하나님이 명령하신 불을 사용하지 않아서 ④ 모세를 거역해서

40. 아론의 두 아들이 여호와께 벌을 받아 죽은 후 남은 두 아들은?
① 이다말과 엘르아살 ② 이다말과 아비후
③ 나답과 아비후 ④ 엘르아살과 나답

41. 다음은 모세가 누구에게 한 말인가?
"이 속죄제물은 지극히 거룩하거늘 너희가 어찌하여 거룩한 곳에서 먹지 아니하였느냐"(10:17)
① 아론 ② 나납, 아비후 ③ 이다말, 엘르아살 ④ 레위인

42. 아론과 그의 자손들이 회막에 들어갈 때 금해야 하는 것은?
① 음식 ② 포도주나 독주 ③ 소금 ④ 목욕

43. 레위기에 의하면 이스라엘 백성이 먹을 수 있는 물고기는?
① 지느러미가 없고 비늘이 있는 것
② 비늘이 없고 지느러미가 있는 것
③ 지느러미가 없는 것
④ 지느러미와 비늘이 있는 것

44. 레위기에 따르면 이스라엘 백성이 먹을 수 있는 정결한 짐승은?
① 굽이 갈라지지 않은 것
② 굽이 갈라져 쪽발이 되고 새김질하지 못하는 것
③ 굽이 갈라지지 않고 새김질하지 못하는 것
④ 굽이 갈라져 쪽발이 되고 새김질하는 것

---

38. ④(10:1-2) 39. ③(10:2) 40. ①(10:12) 41. ③ 42. ②(10:9) 43. ④(11:9) 44. ④(11:3)

45. 다음 중 이스라엘의 음식법상으로 먹을 수 없는 동물은?
① 소 ② 돼지 ③ 양 ④ 염소

46. 하나님께서 이스라엘 백성에게 먹지 말라고 하신 새가 아닌 것은?
① 독수리 ② 솔개 ③ 갈매기 ④ 비둘기

47. 다음 중 하나님께서 이스라엘 백성에게 먹어도 좋다고 허락한 곤충의 종류가 아닌 것은?
① 귀뚜라미 ② 메뚜기 ③ 베짱이 ④ 사마귀

48. "나는 너희의 하나님이 되려고 너희를 애굽 땅에서 인도하여 낸 여호와라 내가 □□하니 너희도 □□하라"(11:45)에서 □ 안에 들어갈 말은?

49. 구약성경 중 레위기에서 특히 강조하고 있는 것은?
① 정의 ② 사랑 ③ 거룩 ④ 인자

50. 모세오경 중에서 거룩이라는 단어가 많이 나온 책은?( )

51. 이스라엘 여인이 아들과 딸을 낳은 후 정결하게 되는 기한이 각각 맞는 것은?
① 7일, 14일 ② 30일, 60일 ③ 33일, 66일 ④ 40일, 80일

52. 여인이 임신하여 아들을 낳으면 이레 동안 부정하다고 한다. 그러면 딸을 낳으면 며칠 동안 부정한가?
① 10일 ② 12일 ③ 40일 ④ 14일

53. 이스라엘 백성 중 남자는 태어난 지 며칠 만에 할례를 받는가?
(일)

54. 이스라엘 사람 중 나병을 진단할 수 있는 사람은?
① 왕 ② 레위인 ③ 제사장 ④ 장로

---

45. ②(11:7-8) 46. ④(11:13-16) 47. ④(11:22) 48. 거룩 49. ③(11:45) 50. 레위기
51. ③(12:4-5) 52. ④(12:5) 53. 8일 54. ③(13:3)

55. 나병환자가 정결하게 되는 의식에 필요한 예물은?
① 정결한 새 한 마리, 우슬초, 감람유
② 정결한 새 두 마리, 백향목, 우슬초
③ 정결한 새 두 마리, 백향목, 홍색 실, 우슬초
④ 정결한 새 한 마리, 우슬조

56. 유출병에 걸린 환자가 다 나았을 때 정결하게 되는 규례의 예물은?
① 산새 두 마리 ② 산비둘기 한 마리
③ 집비둘기 한 마리 ④ 산비둘기 두 마리나 집비둘기 새끼 두 마리

57. 회막에 있는 지성소에 들어갈 수 있는 사람은?
① 대제사장 ② 할례받은 남자 ③ 레위인 ④ 제사장들과 대제사장

58. 대제사장이 지성소에 들어갈 수 있는 횟수는?
① 일 년에 세 번 ② 일 년에 한 번 ③ 아침마다 ④ 제사 때마다

59. 레위기에 나오는 명칭 중 "아사셀"이란?
① 예물 ② 광야로 보내는 염소 ③ 땅 ④ 사람

60. 아사셀 염소에 대한 내용은 레위기 몇 장에 나오는가?
① 10장 ② 12장 ③ 16장 ④ 18장

61. 레위기에서 아사셀에게 돌린 염소는?
① 성 밖에서 죽임 ② 성 안에서 죽임
③ 광야로 보냄 ④ 제사장이 소유함

62. "육체의 생명은 □에 있음이라 내가 이 □를 너희에게 주어 제단에 뿌려 너희의 생명을 위하여 속죄하게 하였나니 생명이 □에 있으므로 □가 죄를 속하느니라"(17:11)에서 □ 안에 들어갈 말은?

---

55. ③(14:4) 56. ④(15:14) 57. ①(16:2) 58. ②(16:34) 59. ②(16:10) 60. ③
61. ③(16:10) 62. 피

63. 여호와께서 가나안에 거주하는 족속들을 그 땅에서 쫓아내신 이유는?
① 그들이 너무 싸움을 좋아해서
② 택한 백성이 아니므로
③ 인구가 많아져서
④ 문란한 행위로 그 땅이 더러워졌으므로

64. 다음 중 이스라엘의 추수법에 어긋나는 것은?
① 밭 모퉁이까지 다 거두지 말라
② 포도원의 열매를 다 따지 말라
③ 떨어진 이삭도 줍지 말라
④ 네가 수고한 것이니 모조리 거두어들여라

65. 추수 때 밭에 남겨둔 것은 누구를 위한 것인가?
( )

66. "너희는 너희가 거주하던 ( ) 땅의 풍속을 따르지 말며 내가 너희를 인도할 ( ) 땅의 풍속과 규례도 행하지 말고"(18:3)에서 ( ) 안에 들어갈 말은?
① 애굽, 가나안 ② 우르, 애굽 ③ 가나안, 애굽 ④ 미디안, 애굽

67. 다음 구절은 레위기 몇 장 몇 절에 나오는 말씀인가?
"원수를 갚지 말며 동포를 원망하지 말며 네 이웃 사랑하기를 네 자신과 같이 사랑하라 나는 여호와이니라"
① 18:18 ② 19:1 ③ 19:18 ④ 20:18

68. 성경에서 "네 이웃 사랑하기를 네 자신과 같이 사랑하라"는 말은 어디에서부터 나오나?
① 창세기 ② 중간 시대 ③ 신약 시대 ④ 레위기

69. 레위기 중 사랑의 교훈이 등장하는 곳은 어디인가?
① 10장 ② 19장 ③ 21장 ④ 24장

---

63. ④(18:24-25) 64. ④(19:9-10) 65. 가난한 사람과 거류민(19:10) 66. ① 67. ③
68. ④ 69. ②(19:18)

70. 하나님께서는 이스라엘 백성에게 가나안에 들어간 후 그 땅의 열매를 할례받지 못한 것으로 여겨 몇 년 동안 먹지 말라고 하셨나?
① 5년 ② 3년 ③ 2년 ④ 1년

71. 다음 중 이스라엘에서 사형에 해당하는 범죄가 아닌 것은?
① 자식을 몰렉에게 주는 자 ② 접신한 자와 박수무당을 따르는 자
③ 부모를 저주하는 자 ④ 불의한 재판을 한 자

72. 다음 중 자녀를 낳지 못하는 결과를 낳는 죄는?
① 장모를 취함 ② 이복자매를 취함
③ 형제의 아내를 데리고 삶 ④ 숙모와 동침함

73. 이스라엘의 제사장이 아내로 취할 수 있는 여인은? .
① 과부나 처녀 ② 과부 ③ 이혼당한 여자나 처녀 ④ 처녀

74. 만일 부지중에 제사장만 먹을 수 있는 성물을 먹었으면 어떻게 해야 하나?
① 제사장에게 그 성물에 그것의 1/3을 더하여 주어야 한다
② 속죄제를 드려야 한다
③ 속건제를 드려야 한다
④ 그 성물에 그것의 1/5을 더하여 제사장에게 주어야 한다

75. 다음 중 이스라엘 자손이 서원제물이나 자원제물로 번제를 드릴 때 드리는 예물은?
① 소, 양, 염소의 흠 없는 수컷 ② 소, 양, 염소, 비둘기
③ 소, 양, 염소의 흠 없는 암컷 ④ 소, 양, 비둘기의 흠 없는 수컷

76. 수소나 양, 염소는 태어난 지 며칠이 되어야 화제의 제물이 될 수 있는가?
① 10일 이후 ② 3일 이후 ③ 8일 이후 ④ 40일 이후

---

70. ②(19:23) 71. ④(20:2, 6, 9) 72. ③(20:21) 73. ④(21:1, 13-14) 74. ④(22:14)
75. ①(22:18-19) 76. ③(22:27)

77. 다음 중에서 여호와의 성물을 먹을 수 없는 사람은?
① 결혼했다가 친정에 돌아온 제사장의 딸
② 제사장이 돈으로 산 사람
③ 제사장의 객이나 품꾼
④ 제사장

78. 유대인의 3대 절기는 무엇인가? ( )

79. 이스라엘의 제사 중 받은 바 은혜에 감사하여 드릴 때 흔들어 드리는 제사의 방법은?
① 번제 ② 속죄제 ③ 속건제 ④ 요제

80. 이스라엘의 절기 중 나팔절은 언제인가?
① 1월 10일 ② 1월 15일 ③ 7월 1일 ④ 7월 15일

81. 이스라엘의 절기 중 속죄일은 언제인가? ( )

82. 이스라엘의 절기 중 초막절은 언제인가?
① 1월 14일 ② 7월 15일 ③ 7월 10일 ④ 7월 1일

83. 이스라엘의 절기 중 이스라엘 자손이 광야에서 초막을 짓고 살던 것을 기념하는 절기는? ( )

84. 성막에 있는 등잔불의 순결한 기름은?
① 감람유 ② 아카시아유 ③ 무화과유 ④ 백향유

85. 레위기에서 애굽 남자와 이스라엘 여인 사이에서 난 아들로서 여호와의 이름을 모독하며 저주하다 돌에 맞아 죽은 사람은?
① 이다말 ② 슬로밋의 아들 ③ 나답의 아들 ④ 엘리의 아들

86. 회막 안에 있는 떡상에 열두 덩이의 떡을 진설하는 날은?
① 매일 ② 안식일마다 ③ 안식일 다음날 ④ 절기마다

---

77. ③(22:10) 78. 유월절, 오순절, 초막절(23장) 79. ④(23:20) 80. ③(23:24)
81. 7월 10일(23:27) 82. ②(23:34) 83. 초막절(23:42-43) 84. ①(24:2)
85. ②(24:10-11) 86. ②(24:8)

87. 이스라엘 백성이 회막 안에 있는 떡 열둘을 진설하고 그 위에 정결한 유향을 두어 기념물로 여호와께 화제를 삼은 때는 언제였나?
① 매일 ② 매안식일 ③ 매유월절 ④ 격일로

88. 다음 ( )에 들어갈 이스라엘의 절기는?
"너희는 오십 년째 해를 거룩하게 하여 그 땅에 있는 모든 주민을 위하여 자유를 공포하라 이 해는 너희에게 ( )이니 너희는 각각 자기의 소유지로 돌아가며 각각 자기의 가족에게로 돌아갈지며"(25:10)
① 안식년 ② 안식일 ③ 희년 ④ 속죄일

89. 이스라엘의 "희년"은 몇 년 만에 돌아오는가?
① 70년 ② 7년 ③ 50년 ④ 100년

90. 이스라엘 백성이 가나안 땅에 들어가 매 6년마다 거둘 수 있는 수확량은?
① 3년분 ② 평년작 ③ 2년분 ④ 반년분

91. "너희 ( )이 ( )을 쫓고 너희 ( )이 ( )을 쫓으리니 너희 대적들이 너희 앞에서 칼에 엎드러질 것이며"(26:8)에서 ( ) 안에 알맞은 말은?
① 다섯, 열, 열, 백 ② 다섯, 백, 백, 만
③ 열, 백, 백, 천 ④ 백, 백, 천, 천

92. 여호와께 드리기로 서원한 20세로부터 60세까지 남자의 값은?
① 은 50세겔 ② 은 30세겔 ③ 은 20세겔 ④ 은 10세겔

93. 여호와께 드리기로 서원한 5세부터 20세까지 남자의 값은?
① 50세겔 ② 30세겔 ③ 20세겔 ④ 10세겔

---

87. ②(24:7-8) 88. ③ 89. ③(25:10) 90. ①(25:20-21) 91. ② 92. ①(27:3)
93. ③(27:5)

94. 다음 중 제사장직의 직무가 아닌 것은?
① 하나님과 백성의 중보자
② 제사를 집행하는 자
③ 하나님을 대신하여 축복하는 자
④ 백성을 통치하는 자

※ 다음 이스라엘 절기와 날짜를 바르게 연결하라. (95-101)

95. 안식일	① 7월 1일
96. 유월절	② 일곱째 날로 아무 일도 하지 않고 성회로 모임
97. 무교절	③ 1월 14일 저녁
98. 추수절	④ 유월절로부터 50일 되는 날(칠칠절)
99. 오순절	⑤ 1월 15일 (7일간)
100. 나팔절	⑥ 곡식의 첫 이삭을 드림
101. 속죄일	⑦ 7월 10일

※ 다음 중에서 맞는 것은 ○표, 틀린 것은 ×표 하시오. (102-123)

102. 번제에서 여호와께 드릴 예물이 소와 양일 경우 흠 없는 수컷만 가능하다. (　)

103. 속죄제물은 제사장이나 이스라엘 회중이나 동일하게 수송아지이다. (　)

104. 속건제의 제물은 남자면 누구든지 다 먹을 수 있다. (　)

105. 몸이 부정한 자가 화목제물의 고기를 먹더라도 마음만 깨끗하면 백성 중에서 끊어지지 않는다. (　)

---

94. ④ 95. ② 96. ③ 97. ⑤ 98. ⑥ 99. ④ 100. ① 101. ⑦ 102. ○(1:3)
103. ○(4:3, 13-14) 104. ×(7:6) 105. ×(7:20)

106. 제사장을 성별하는 의식을 행할 때 속죄제의 수송아지는 모세가 안수하였다. ( )

107. 최초의 제사장인 아론과 그의 아들들의 위임식은 모세가 6일 동안 거행하였다. ( )

108. 아론의 아들 나답과 아비후가 죽은 것은 하나님이 명령하시지 않은 다른 불을 담아 분향하였기 때문이다. ( )

109. 두 아들이 제사 중에 죽은 것을 보고 아론과 다른 아들들은 머리를 풀고 옷을 찢으며 슬퍼했다. ( )

110. 여인이 해산을 한 후 남자 아이나 여자 아이나 부정한 날은 똑같이 7일간이다. ( )

111. 새 두 마리와 백향목, 홍색 실 그리고 우슬초는 나병 환자를 정결하게하는 데 필요한 예물이다. ( )

112. 아사셀 염소는 두 염소를 회막 문 여호와 앞에 두었다가 제비 뽑아 결정한다. ( )

113. 이스라엘이 일 년에 한 번 지키는 대속죄일은 7월 1일이다. ( )

114. 하나님이 지시하신 정결한 음식은 스스로 죽은 경우나 들짐승에게 찢겨 죽은 것이라도 제사장이 허락하면 먹을 수 있다. ( )

115. 여호와께서 가나안 주민을 가나안 땅에서 쫓아내신 이유는 그들이 성적으로 문란하여 그 땅이 더러워졌기 때문이다. ( )

116. 대제사장이 일 년에 지성소에 들어갈 수 있는 날은 세 절기에 한 번씩 각각 3번이다. ( )

117. 받은 은혜에 감사하여 드리는 제사는 번제이다. ( )

---

106. ×(8:14) 107. ×(8:33) 108. ○(10:1-2) 109. ×(10:6-7) 110. ×(12:2, 5)
111. ○(14:4) 112. ○(16:7-8) 113. ×(23:27) 114. ×(17:15) 115. ○(18:24-25)
116. ×(16:34) 117. ×(23:19-21)

118. 이스라엘의 추수법에 따르면 곡식을 거둘 때에 자기가 수고하여 얻은 열매지만 가난한 사람과 거류민을 위해 밭 모퉁이까지 다 거두지 말고 떨어진 이삭도 줍지 말아야 한다. ( )

119. 레위기는 특히 거룩을 강조하고 있기 때문에 이웃 사랑에 대한 직접적인 표현은 잘 나타나 있지 않다. ( )

120. 이스라엘 자손은 가나안 땅에 들어와 과목을 심어 그 열매를 바로 먹을 수 있었다. ( )

121. 모세의 법에 의하면 자식을 몰렉에게 주거나 부모를 저주하는 자는 가차 없이 이스라엘에서 추방된다. ( )

122. 수송아지나 숫양은 태어나자마자 화제 제물이 될 수 있다. ( )

123. 하나님은 율법을 지킬 때에 이스라엘을 특히 우위에 두고 거류민과 차등을 두셨다. ( )

---

118. ○(19:9-10) 119. ×(19:18) 120. ×(19:23) 121. ×(20:2, 9) 122. ×(22:27) 123. ×(24:22)

민수기

1 **저 자** : 모세

2 **기록연대** : B.C. 1446~1406년

3 **기록장소** : 시내 광야(민 1:1) ~ 가나안(광야 유랑기)

4 **대 상** : 이스라엘 백성

5 **배 경** : 시내산에서 가데스바네아까지 광야의 여러 곳을 통과해 여리고 건너 요단강 동쪽 모압 평지에 이르기까지의 38년의 방황의 기록. 광야에서의 연단을 통해 약속의 땅을 차지할 수 있는 선민으로서의 자격을 갖춤.

6 **대 지** : 구세대의 준비, 구세대의 실패, 신세대의 준비

7 **주 제** : 약속의 땅을 향한 행진

8 **기록목적** : 약속의 땅으로 진입하기 위한 이스라엘 백성의 준비과정, 그들의 죄상, 그에 따른 처벌 및 회복 과정 등을 기록.

9 **특이사항** : 2차에 걸친 인구조사 내용을 상세히 기록. 출애굽기와 레위기의 규례를 거듭 강조하여 민족적 성결을 통한 영적 성장을 유도함.

10 **주요인물** : 모세, 아론, 미리암, 여호수아, 갈렙, 엘르아살, 비느하스

01. 민수기의 저자는 전통적으로 누구라고 하는가? (　　　　　)

02. 이스라엘 각 지파의 인구 조사를 기록한 성경은?
① 신명기　　② 출애굽기　　③ 레위기　　④ 민수기

03. 구약에서 수의 계산을 많이 한 책은?
① 신명기　　② 민수기　　③ 레위기　　④ 사사기

04. 모세 오경 중에서 애굽에서 가나안으로 가는 여정을 하나도 기록하지 않은 책은?
① 신명기　　② 민수기　　③ 레위기　　④ 출애굽기

05. 민수기는 모두 몇 장으로 되어 있나? (　　　　　장)

06. 이스라엘의 광야에서 첫 인구 조사를 한 장소는?
① 가데스바네아　　② 모압 평지　　③ 시내 광야　　④ 르비딤

07. 이스라엘이 인구 조사를 하게 된 동기는?
① 정치상의 문제　　② 세금상의 문제
③ 군사상의 문제　　④ 종교적인 문제

08. 이스라엘이 첫 번째 인구 조사를 했을 때 조사 대상자는?
① 20세 이상 된 남녀
② 30세 이상 된 남자
③ 30세 이상 된 남녀
④ 20세 이상 된 남자로서 싸움에 나갈 만한 자

09. 민수기에서 군사의 수를 계수할 때 이스라엘의 열두 지파 중 요셉 지파가 빠지고 대신 들어간 두 지파는?
(　　　　　　　　　　　　　　　　　　　　)

---

01. 모세 02. ④ 03. ② 04. ③ 05. 36장 06. ③(1:19) 07. ③(1:3) 08. ④(1:3)
09. 므낫세와 에브라임 지파(1:10)

10. 이스라엘 열두 지파는 야곱의 열두 아들에서 유래되었다. 그런데 이들 중 야곱의 아들이 아닌 사람에게서 나온 두 지파는?
( )

11. 이스라엘이 광야에서 인구 조사를 한 것은 몇 번인가?
① 한 번 ② 두 번 ③ 세 번 ④ 네 번

12. 민수기에서 이스라엘의 열두 지파에 포함된 에브라임과 므낫세는 누구의 아들들인가? ( )

13. 출애굽 당시 애굽에서 나온 이스라엘 장정의 수는?
① 30만 3천 5백 ② 55만 3천 5백
③ 60만 3천 5백 5십 ④ 100만 3천 5백 오십

14. 이스라엘이 애굽에서 나온 후 제2년 2월 1일에 20세 이상으로 싸움에 나갈 만한 남자를 계수했을 때 그 계수에 들지 않은 지파는?
① 에브라임 ② 레위 ③ 므낫세 ④ 단

15. 장막을 운반하거나 세울 수 있는 지파는?
① 유다 ② 에브라임 ③ 레위 ④ 베냐민

16. "너는 ( ) 지파만은 계수하지 말며 그들을 이스라엘 자손 계수 중에 넣지 말고 그들에게 증거의 성막과 그 모든 기구와 그 모든 부속품을 관리하게 하라"(1:49–50)에서 ( ) 안에 들어갈 지파의 이름은?
① 유다 ② 르우벤 ③ 레위 ④ 에브라임

17. 이스라엘의 열두 지파 중 성막을 관리하고 제사에 봉사하는 지파는?
( )

18. 이스라엘 자손이 싸울 수 있는 장정을 광야에서 계수한 후 진을 쳤는데 동쪽에 진 친 선두 지파는?
① 유다 ② 에브라임 ③ 르우벤 ④ 단

---

10. 므낫세와 에브라임 지파(1:10) 11. ②(1:19, 26:3-4) 12. 요셉(1:10) 13. ③(1:46)
14. ②(1:47) 15. ③(1:49-53) 16. ③ 17. 레위(1:49-53) 18. ①(2:3)

19. 아론의 네 아들 중 장자는 누구인가?
① 나답 ② 엘르아살 ③ 이다말 ④ 아비후

20. 다음 중 레위의 아들이 아닌 사람은?
① 게르손 ② 고핫 ③ 므라리 ④ 엘리술

21. 모세와 아론, 그리고 아론의 아들들은 어디에 진을 쳤나?
① 회막 앞 동쪽 ② 회막 앞 남쪽 ③ 동쪽 선두 ④ 남쪽 선두

22. 레위 자손이 회막의 일을 시작하는 연령은 몇 살인가?
① 20세 이상 ② 30세 이상 ③ 40세 이상 ④ 45세 이상

23. 레위 자손은 특별히 몇 세부터 계수함을 입었나?
① 20세 이상 ② 12세 이상
③ 1개월 이상 된 남자 ④ 30세 이상 된 남자

24. 레위 자손 중 회막에서 일을 할 수 있는 연령은?
① 20-40세 ② 20-50세 ③ 30-60세 ④ 30-50세

25. 이스라엘 백성이 행진할 때 성소와 성소의 모든 기구들은 어떻게 운반하였나?
① 소의 등에다 싣고 ② 마차로 운반
③ 고핫 자손이 직접 메고 ④ 지파별로 나누어서

26. 다음 중 성결을 위해 이스라엘 진영 밖으로 내보낸 사람들이 아닌 사람은?
① 나병 환자들 ② 유출증이 있는 자들
③ 중풍병자들 ④ 주검으로 부정하게 된 자들

---

19. ①(3:2) 20. ④(3:17) 21. ①(3:38) 22. ②(4:3) 23. ③(3:42-43) 24. ④(4:3)
25. ③(4:15, 19) 26. ③(5:2)

27. 남편이 그 아내의 정결에 의심이 생길 경우에 아내를 제사장에게로 데려가 여호와 앞에서 그 죄악을 생각나게 하는 소제물은?
① 의심의 소제물 ② 속죄제물
③ 감사의 화목제물 ④ 헌신의 속죄제물

28. 아내의 정결에 의심이 생겼을 경우 남편이 제사장에게 데려가 조사하고 싶을 때 드리는 의심의 소제 헌물은?
① 보리 가루 1/10 에바 ② 산비둘기 두 마리
③ 보리 가루 1/5 에바 ④ 숫염소

29. 삼손은 대표적인 나실인이다. 나실인이란 뜻은 무엇인가?
① 선택된 사람 ② 제사장의 사람
③ 구별된 사람 ④ 서원한 사람

30. 다음 중 나실인이 금해야 할 것이 아닌 것은?
① 포도주를 금하는 것 ② 시체를 가까이하지 말 것
③ 아내를 얻지 말 것 ④ 삭도를 머리에 대지 말 것

31. 대제사장의 축복문이 기록되어 있는 곳은?
① 출 30:32-34 ② 민 6:24-26
③ 레 20:15-17 ④ 신 4:5-9

32. 다음의 글은 누구의 축복문인가?
"여호와는 네게 복을 주시고 너를 지키시기를 원하며 여호와는 그의 얼굴을 네게 비추사 은혜 베푸시기를 원하며 여호와는 그 얼굴을 네게로 향하여 드사 평강 주시기를 원하노라"(6:24-26)
① 모세 ② 여호수아 ③ 이드로 ④ 대제사장

33. 모세가 장막 세우기를 마친 후 그 모든 기구를 어떻게 거룩히 구별하였는가?
① 피를 뿌려서 ② 기름을 발라서
③ 물로 씻어서 ④ 속죄제를 드림으로써

---

27. ①(5:11-15) 28. ①(5:15) 29. ③(6:2) 30. ③(6:3-6) 31. ② 32. ④ 33. ②(7:1)

34. 모세가 소와 수레를 레위인인 게르손 자손과 므라리 자손에게는 나누어 주었는데 고핫 자손에게는 주지 않은 이유는?
( )

35. 모세가 장막을 다 세운 후 첫째 날에 봉헌물을 드린 지파는?
① 르우벤 ② 시므온 ③ 레위 ④ 유다

36. 이스라엘의 12지파 중 제사장이 선출된 지파는?
① 유다 ② 에브라임 ③ 레위 ④ 갓

37. 레위 지파는 누구를 대신하여 하나님께 온전히 드린 바 되었나?
① 이스라엘의 초태생 ② 모든 이스라엘인
③ 이스라엘 족장들 ④ 제사장들

38. 애굽에서 나온 후 이스라엘 백성이 처음으로 유월절을 지킨 곳은?
① 시내 광야 ② 바란 광야 ③ 모압 평지 ④ 골란 평지

39. 이스라엘이 출애굽한 후 시내 광야에 머문 기간은?
① 6개월 ② 1년 ③ 3개월 ④ 40일

40. 여호와께서 모세에게 회중을 소집하기 위한 수단으로 무엇을 준비하도록 지시하셨나?
① 금나팔 ② 북 ③ 은나팔 ④ 은종

41. 이스라엘이 시내 광야에서 출발하여 그 다음에 이른 곳은?
① 가데스 ② 신 광야 ③ 모압 광야 ④ 바란 광야

42. 이스라엘이 광야에서 행진할 때 가장 선두에 선 지파는?
① 르우벤 ② 유다 ③ 레위 ④ 에브라임

43. 모세가 우리의 눈이 되어 달라고 하며 가나안까지 동행하기를 요청했던 사람은?
① 아므람 ② 미리암 ③ 아론 ④ 호밥

---

34. 고핫 자손이 맡은 직임은 어깨로 메는 일이었기 때문에(7:9) 35. ④(7:12)
36. ③(8:6-11) 37. ①(8:16) 38. ①(9:5) 39. ②(9:11-10:11) 40. ③(10:2)
41. ④(10:12) 42. ②(10:14) 43. ④(10:29-32)

44. 이스라엘이 진영을 떠날 때에 낮에는 (   )이 그 위에 덮었더라.

45. 이스라엘이 광야에서 진행할 때에 제일 앞에 선 여호와의 언약궤는 백성들보다 얼마나 앞서 갔는가?
① 하룻길　② 이틀 길　③ 사흘 길　④ 나흘 길

46. 이스라엘 백성이 여호와께서 들으시기에 악한 말로 원망하여 여호와께서 들으시고 진노하셔서 진영 끝을 여호와의 불로 사르신 곳은?
① 다베라　② 므리바　③ 엔학고레　④ 브니엘

47. 여호와께서 모세와 같이 자신의 영을 임하게 하셔서 모세를 돕게 하신 장로를 몇 명 모으라고 하셨나?
① 70명　② 50명　③ 30명　④ 13명

48. 여호와께서 이스라엘 백성이 고기를 달라고 원망했을 때 무슨 고기를 주셨나? (   )

49. 여호와께서 광야에서 이스라엘 백성에게 메추라기를 얼마 동안 내려 주셨나?
① 열흘 간　② 일년 간　③ 한달 간　④ 40년 간

50. 시내 광야에서 하나님께서 처음으로 메추라기를 지면에 내려 주실 때 지면 위 몇 규빗까지 내려 주셨나?
① 다섯 규빗쯤　② 네 규빗쯤　③ 세 규빗쯤　④ 두 규빗쯤

51. 이스라엘 백성이 탐욕 때문에 메추라기 고기가 그 이 사이에 있어 씹히기 전에 장사된 곳은?
① 가데스바네아　② 기브롯 핫다아와　③ 비하히롯　④ 르비딤

---

44. 여호와의 구름(10:34)　45. ③(10:33)　46. ①(11:1-3)　47. ①(11:16)　48. 메추라기(11:31-32)　49. ③(11:20)　50. ④(11:31)　51. ②(11:31-34)

52. 모세가 구스 여자를 취했을 때 모세를 비방한 사람은?
① 미리암, 아론 ② 여호수아, 갈렙
③ 엘닷, 베단 ④ 고라, 두아

53. 모세가 구스 여자를 취하자 모세를 비방한 미리암이 걸린 병은?
① 중풍병 ② 나병 ③ 맹인이 됨 ④ 말을 못함

54. "그와는 내가 대면하여 명백히 말하고 은밀한 말로 아니하며 그는 또 여호와의 형상을 보거늘 너희가 어찌하여 내 종 ( ) 비방하기를 두려워하지 아니하느냐"(12:8)에서 ( ) 안에 들어갈 사람의 이름은?
① 여호수아 ② 노아 ③ 모세 ④ 아브라함

55. 그의 "온유함이 지면의 모든 사람보다 더하더라"(12:3) 이것은 누구를 가리키는 말인가?
① 여호수아 ② 아론 ③ 모세 ④ 아브라함

56. 모세가 가나안 땅으로 정탐꾼을 보낸 곳은?
① 시내 광야 ② 바란 광야 ③ 모압 평지 ④ 시날 평야

57. 바란 광야에서 모세가 가나안 땅을 정탐하기 위하여 보낸 사람은 모두 몇 명인가?
① 7명 ② 10명 ③ 12명 ④ 70명

58. 눈의 아들 여호수아는 어느 지파인가?
① 에브라임 지파 ② 유다 지파 ③ 베냐민 지파 ④ 르우벤 지파

59. 갈렙은 어느 지파 사람인가?
① 유다 ② 에브라임 ③ 레위 ④ 베냐민

60. 갈렙의 아버지의 이름은?
① 눈 ② 고핫 ③ 여분네 ④ 므라리

---

52. ①(12:1) 53. ②(12:9-10) 54. ③ 55. ③ 56. ②(13:2-3) 57. ③(13:2-16)
58. ①(13:8) 59. ①(13:6) 60. ③(13:6)

61. 정탐꾼들이 가나안 땅에서 가져온 열매가 아닌 것은?
① 포도송이 ② 무화과 ③ 석류 ④ 살구

62. 이스라엘의 열두 정탐꾼이 가나안 땅을 정탐한 기간은?
① 7일 ② 10일 ③ 20일 ④ 40일

63. 출애굽을 경험한 20세 이상의 이스라엘 백성 중에서 가나안 땅으로 들어간 두 사람은?
① 모세, 여호수아 ② 여호수아, 아론
③ 여호수아, 갈렙 ④ 모세, 아론

64. 열두 정탐꾼 중 다음은 누구의 보고 내용인가?
"우리가 두루 다니며 정탐한 땅은 그 거주민을 삼키는 땅이요 거기서 본 모든 백성은 신장이 장대한 자들이며 … 우리는 스스로 보기에도 메뚜기 같으니"(13:32-33)
① 여호수아 ② 여호수아와 갈렙 ③ 갈렙 ④ 10명의 정탐꾼

65. 여호수아와 갈렙이 보고한 다음 내용 중 □ 안에 들어갈 말은?
"여호와께서 우리를 기뻐하시면 우리를 그 땅으로 인도하여 들이시고 그 땅을 우리에게 주시리라 이는 과연 젖과 꿀이 흐르는 땅이니라 … 그 땅 백성을 두려워하지 말라 그들은 우리의 □□라"(14:8-9)

66. 이스라엘 백성이 정탐꾼의 보고를 듣고 부정적 태도를 보인 결과는?
① 여호수아와 갈렙을 제외한 20세 이상의 모든 사람이 광야에서 죽음
② 모세와 여호수아를 제외한 모든 백성이 광야에서 죽음
③ 광야에서 난 30세 이상 된 사람만 가나안 땅으로 들어감
④ 20세 이상 된 사람은 애굽으로 돌아감

67. 이스라엘 백성이 광야에서 40년 방황한 것은 무엇을 기준으로 정한 것인가? (   )

---

61. ④(13:23-24) 62. ④(13:25) 63. ③(14:29-30) 64. ③ 65. 먹이 66. ①(14:29-30)
67. 정탐꾼들이 가나안 땅을 탐지한 40일의 하루를 1년으로 환산해서(14:34)

68. 이스라엘이 광야에 거류할 때 안식일에 나무한 사람이 받은 벌은?
① 총회에서 쫓겨남 ② 재산을 몰수당함
③ 돌로 쳐죽임을 당함 ④ 속죄제를 드림

69. 다음 중 나머지 세 명과 관계없는 사람은?
① 고라 ② 다단 ③ 아비람 ④ 갈렙

70. 모세에게 반역하여 아론과 그의 자손에게만 제사장직이 주어지는 것을 반대하여 일어난 당의 우두머리는?
① 고라 ② 미리암 ③ 홀 ④ 여호수아

71. 모세를 거역한 고라와 그의 일당이 속한 지파는?
① 유다 ② 베냐민 ③ 에브라임 ④ 레위

72. 다음 중 아론 자손 외 다른 레위인이 해서는 안되는 것은?
① 성막 운반 ② 성막에서 봉사 ③ 성물 관리 ④ 제사 주관

73. 모세를 거스른 고라 일당과 합세한 족장 250명이 받은 벌은?
① 여호와께로부터 불이 나와 타 죽음 ② 불뱀에게 물림
③ 땅이 갈라져 그들을 삼켜버림 ④ 염병으로 죽음

74. 고라의 반역 사건 직후 백성을 죽였다고 모세와 아론을 원망한 사람들이 받은 벌은?
① 불뱀에게 물려 죽음 ② 땅이 갈라져 삼킴
③ 염병으로 죽음 ④ 불로 태워짐

75. 모세를 거슬러 당을 지어 반대한 고라 일당이 받은 벌은?
① 땅이 갈라져 삼킴 ② 염병으로 죽음
③ 불이 내려와 삼킴 ④ 불뱀에게 물려 죽음

76. 고라의 반역 사건 직후 모세와 아론을 원망한 회중이 벌을 받아 염병으로 죽은 수는?
① 1천 5백 ② 1만명쯤 ③ 1만 4천7백 ④ 1만 5천6백

---

68. ③(15:32-36) 69. ④(16:1-2) 70. ①(16:5-8) 71. ④(16:8) 72. ④(16:9-10)
73. ①(16:35) 74. ③(16:41-49) 75. ①(16:31-33) 76. ③(16:49)

77. 아론의 지팡이에 움이 돋고 순이 나고 꽃이 피어서 맺힌 열매는?
① 살구 열매 ② 사과 열매 ③ 무화과 열매 ④ 감람 열매

78. 하나님께서 아론의 지팡이에 꽃이 피고 살구 열매를 열리게 하신 이유는? ( )

79. "이스라엘 자손이 여호와께 거제로 드리는 모든 성물은 내가 영구한 몫의 음식으로 너와 네 자녀에게 주노니 이는 여호와 앞에 너와 네 후손에게 영원한 □□ 언약이니라"(18:19)에서 □ 안에 들어갈 말은?

80. 하나님께서 이스라엘의 십일조를 누구에게 기업으로 주셨나?
① 과부 ② 레위 자손 ③ 이방인 ④ 왕족

81. 레위인이 이스라엘 자손에게 받은 십일조로 여호와께 드리는 거제는?
① 무조건 초태생 ② 십일조의 1/5
③ 십일조의 십일조 ④ 좋은 것만 골라서

82. 레위 자손들이 바치는 십일조는 여호와께 거제로 드리고 그 거제물은 누구에게 주라고 하였나?
① 모세 ② 여호수아 ③ 제사장 아론 ④ 과부와 고아

83. 시체를 만지거나 사람이 죽었을 때 그 장막에 들어가면 며칠 간 부정한가?
① 하루 ② 3일 ③ 5일 ④ 7일

84. 부정을 깨끗하게 하는 물을 만드는 데 쓰는 속죄제 제물은?
① 흠 없는 수송아지 ② 멍에 메지 아니한 붉은 암송아지
③ 멍에 메지 않은 수송아지 ④ 흠 없는 송아지 한 쌍

---

77. ①(17:8) 78. 하나님께서 아론을 선택했다는 것을 알림으로 백성들의 원망을 없애시려고 79. 소금 80. ②(18:24) 81. ③(18:26) 82. ③(18:28) 83. ④(19:14-16) 84. ②(19:2-9)

85. 모세의 누이 미리암이 죽은 곳은?
① 가데스 ② 헤브론 ③ 므리바 ④ 엘림

86. 모세가 실수하여 가나안 땅에 들어가지 못한 결정적 요인이 된 사건이 일어난 곳은?
① 므리바 ② 가데스 ③ 마라 ④ 엘림

87. 모세가 반석을 쳐서 물이 나온 곳은?
① 호르마 ② 모압 평야 ③ 므리바 ④ 숙곳

88. 모세가 가데스에서 에돔 왕에게 통과할 수 있도록 요청한 길은?
① 에돔길 ② 왕의 큰길 ③ 해변길 ④ 실크로드

89. 모세가 에돔 왕에게 길을 통과하게 해 달라고 요청했으나 거절당했는데, 이 에돔 자손의 조상은 누구인가?
① 이스마엘 ② 야곱 ③ 에서 ④ 미디안

90. 아론이 죽은 산은?
① 호르산 ② 느보산 ③ 비스가산 ④ 시내산

91. 초대 대제사장인 아론의 후계자는?
① 엘르아살 ② 여호수아 ③ 훌 ④ 이다말

92. 이스라엘 온 족속이 아론이 죽은 것을 보고 며칠 동안 애곡했는가?
① 10일 ② 20일 ③ 30일 ④ 40일

93. 네겝에 거주하는 아랏의 왕이 이스라엘의 몇 사람을 사로잡아감으로 이에 이스라엘이 멸한 성읍은?
① 호르마 ② 마하나임 ③ 오봇 ④ 아르논

94. 이스라엘 백성이 에돔 땅을 우회하려 하였다가 마음이 상하여 이곳에는 먹을 것도 없고 물도 없다고 하며 모세를 원망한 결과는?
① 염병에 걸림 ② 불뱀에게 물림
③ 전갈에게 물림 ④ 하늘의 불로 타서 죽음

---

85. ①(20:1) 86. ①(20:2-13, 27:12-14) 87. ③(20:10-13) 88. ②(20:17)
89. ③(창 36:9) 90. ①(20:25-28) 91. ①(20:28) 92. ③(20:29) 93. ①(21:1-3)
94. ②(21:4-9)

95. 이스라엘 백성이 광야에서 모세를 원망하다 불뱀에 물려 죽게 되었을 때 살아난 사람들은 어떤 사람들인가?
① 하나님께 회개한 사람들 ② 약초를 바른 사람들
③ 장대 위의 놋뱀을 바라본 사람들 ④ 하나님께 제사한 사람들

96. 모세가 만든 장대 위와 놋뱀을 신약에서 자신의 사역과 연관시켜 인용한 이는? (   )

97. 이스라엘 백성을 자기 땅으로 통과하지 못하게 하다가 이스라엘 백성에게 전멸당한 족속의 왕은?
① 아모리 왕 시혼 ② 바산 왕 발람
③ 모압 왕 발락 ④ 에돔 왕 에서

98. 이스라엘 자손이 요단 동쪽에서 두 왕을 쳐서 무찔렀는데, 그 두 왕은 누구인가?
① 아모리 왕 시혼과 바산 왕 옥 ② 아모리 왕 옥과 바산 왕 시혼
③ 모압 왕 발락과 에돔 왕 에서 ④ 아모리 왕 시혼과 모압 왕 발락

99. 이스라엘 백성이 자기 땅으로 오는 것을 보고 두려워하여 그 백성을 저주해 달라고 부탁한 모압 왕은?
① 발람 ② 발락 ③ 바룩 ④ 바로

100. 이스라엘을 저주해 달라는 청탁을 받은 선지자는?
① 바룩 ② 발락 ③ 발람 ④ 아비멜렉

101. 브올의 아들 발람이 거주하는 곳은?
① 애굽 땅 고센 ② 미디안 광야 ③ 강가 브돌 ④ 바산

102. 모압 왕 발락에게로 가는 발람을 누가 가로막았는가?
① 나귀 ② 여호와의 사자 ③ 호랑이 ④ 여호수아

---

95. ③(21:8-9) 96. 예수 그리스도(요 3:14-15) 97. ①(21:21-32) 98. ①(21:21-35)
99. ②(22:2-6) 100. ③(22:2-6) 101. ③(22:5) 102. ②(22:22)

103. 발람을 태운 나귀가 앞으로 나아가지 못한 이유는?
( )

104. 발람이 앞으로 나아가지 않는다고 자기 나귀를 채찍질할 때 나귀는 어떻게 했나?
① 뒷발로 찼다 ② 주인을 내동댕이치고 달아났다
③ 나귀가 사람의 말을 했다 ④ 그 자리에서 죽었다

105. 구약성경에서 동물이 말한 기록은 모두 몇 번 등장하는가?
① 1번 ② 2번 ③ 3번 ④ 4번

106. 이스라엘을 저주하라는 청탁을 받은 발람은 오히려 이스라엘을 몇 번이나 축복하였나?
① 5번 ② 4번 ③ 3번 ④ 2번

107. 발람이 이스라엘을 저주하기 위해 제단을 쌓은 곳은?
① 이스라엘 진영 ② 이스라엘 회막 ③ 발락의 장막 ④ 바알의 산당

108. 다음과 같이 말한 사람은 누구인가?
"내가 축복할 것을 받았으니 그가 주신 복을 내가 돌이키지 않으리라"(23:20)
① 발람 ② 아론 ③ 엘리야 ④ 모세

109. "한 ( )이 야곱에게서 나오며 한 ( )가(이) 이스라엘에게서 일어나서 모압을 이쪽에서 저쪽까지 쳐서 무찌르고 또 셋의 자식들을 다 멸하리로다"(24:17)에서 ( ) 안에 들어갈 말은?
① 별, 왕 ② 별, 규 ③ 싹, 왕 ④ 왕, 임금

110. 다음은 그리스도에 대한 예언이다. 누가 한 예언인가?
"한 별이 야곱에게서 나오며 한 규가 이스라엘에게서 일어나서 모압을 이쪽에서 저쪽까지 쳐서 무찌르고 또 셋의 자식들을 다 멸하리로다"(24:17)
① 모세 ② 엘리야 ③ 예레미야 ④ 발람

---

103. 여호와의 사자가 길을 막고 있었기 때문에(22:22-23) 104. ③(22:28-30)
105. ②(창 3:1, 22:28-30) 106. ②(23:7-10, 18~24, 24:3-9, 15-19) 107. ④(22:41)
108. ① 109. ② 110. ④

111. 이스라엘 자손이 모압 여인들과 음행하여 모압 사람들의 신 바알브올에게 절한 곳은?
① 숙곳 ② 싯딤 ③ 므리바 ④ 세겜

112. 광야 싯딤에서 이스라엘 백성 24,000명이 죽은 까닭은?
① 모세에게 반역한 죄 ② 모세에게 원망하였기 때문에
③ 음행한 죄로 인한 염병으로 ④ 안식일을 지키지 않아서

113. 싯딤에서 음행 때문에 많은 사람이 죽어갈 때 미디안 여인을 데려온 이스라엘 남자와 그 미디안 여인을 함께 창으로 찔러 죽여 하나님의 진노인 염병을 그치게 한 사람은?
① 엘르아살 ② 모세 ③ 여호수아 ④ 비느하스

114. 민수기에 나오는 "고스비"라는 이름은?
① 미디안 여인 ② 모압 여인 ③ 유대 여인 ④ 암몬 여인

115. 비느하스와 그의 후손에게 주신 평화의 언약은?
① 영원한 제사장 직분의 언약 ② 왕이 된다는 언약
③ 많은 땅을 준다는 언약 ④ 장수의 언약

116. 다음 중 모세와 아론을 반역하다가 죽은 사람이 아닌 사람은?
① 고라 ② 다단 ③ 호밥 ④ 아비람

117. 이스라엘 백성이 제2차 인구 조사를 한 곳은?
① 시내 광야 ② 모압 평지 ③ 바란 광야 ④ 시날 평지

118. 이스라엘 지파 중 2차 인구 조사 때 그 수가 가장 적었던 지파는?
① 갓 ② 시므온 ③ 레위 ④ 납달리

119. 모세가 두 번째 조사한 인구의 수는?
① 600,356명 ② 601,730명 ③ 615,200명 ④ 600,000명

---

111. ②(25:1) 112. ③(25:1-9) 113. ④(25:6-8) 114. ①(25:14-15) 115. ①(25:11-13)
116. ③(26:9-10) 117. ②(26:3-4) 118. ②(26:14) 119. ②(26:51)

120. 제2차 인구 조사 때 이스라엘 백성 중 제1차 인구 조사 때 있었던 사람이 아닌 사람은?
① 모세 ② 갈렙 ③ 여호수아 ④ 아론

121. 다음 중 모세가 올라가 죽은 산은?
① 시내산 ② 에발산 ③ 그리심산 ④ 아바림산

122. 하나님은 모세의 후계자로 누구를 지명하셨나? ( )

123. 이스라엘의 절기 중 처음 익은 열매를 드리는 날은?
① 유월절 ② 칠칠절 ③ 부림절 ④ 초막절

124. 아내의 서원의 열쇠는 누가 쥐고 있는가?
① 아버지 ② 어머니 ③ 남편 ④ 아내 자신

125. 결혼하기 전에 딸의 서원의 열쇠는 누구에게 있는가?
① 정혼자 ② 딸 자신 ③ 아버지 ④ 제사장

126. 미디안과 전쟁하기 위해 각 지파에서 몇 명씩 보냈나?
① 만 명씩 ② 오천 명씩 ③ 이천 명씩 ④ 천 명씩

127. 브올의 아들 발람이 죽은 전쟁은?
① 아람 전쟁 ② 에돔 전쟁 ③ 미디안 전쟁 ④ 가나안 전쟁

128. 미디안 전쟁에서 얻은 전리품은 어떻게 분배하였는가?
① 모두 다 불사름 ② 절반은 제사장, 절반은 군인
③ 절반은 군인, 절반은 회중 ④ 절반은 모세, 절반은 회중

129. 전쟁에 나갔던 군인들이 전리품에서 얻은 자기들의 몫에서 여호와께 드린 분량은?
① 1/10 ② 1/100 ③ 1/500 ④ 1/300

---

120. ④(26:63-65) 121. ④(27:12-13) 122. 여호수아(27:18-23) 123. ②(28:26)
124. ③(30:12-13) 125. ③(30:5) 126. ④(31:2-5) 127. ③(31:2-8) 128. ③(31:27)
129. ③(31:28)

130. 미디안과의 전쟁에 승리하고 이스라엘 백성이 모압 평지의 진영에 모였을 때 제사장은 누구였는가?
① 아론 ② 이다말 ③ 엘르아살 ④ 나답

131. 미디안과의 전쟁에 참전한 사람들은 이스라엘의 진영으로 들어오기 전에 며칠간 정결 의식을 행했는가?
① 3일 ② 4일 ③ 5일 ④ 7일

132. 이스라엘 백성이 가데스바네아에 있을 때 일어난 일은?
① 승리 ② 반역 ③ 할례 ④ 제사

133. 모세의 형 아론이 죽은 나이는?
① 백이십 세 ② 백이십삼 세 ③ 백오십 세 ④ 백오십삼 세

134. 이스라엘의 12지파 중 요단 동쪽에서 이미 기업을 받은 지파는 몇 지파인가?
① 한 지파 ② 한 지파 반 ③ 두 지파 반 ④ 세 지파

135. 모세가 요단강 동쪽에 기업을 이미 준 지파가 아닌 것은?
① 르우벤 ② 갓 ③ 므낫세 ④ 베냐민

136. 가나안 땅을 차지한 후 여호와께서는 그 땅을 몇 지파에게 나누어 주라고 하셨나?
① 12지파 ② 10지파 ③ 10지파 반 ④ 9지파 반

137. 다음에서 가나안 땅의 기업을 나누는 일을 맡은 자가 아닌 사람은?
① 모세 ② 엘르아살
③ 이스라엘 10지파에서 각각 선택된 족장 한 사람 ④ 여호수아

138. 여호와께서 레위인에게 주신 성읍의 수는?
① 12성읍 ② 24성읍 ③ 36성읍 ④ 48성읍

---

130. ③(31:12) 131. ④(31:19-24) 132. ②(32:8-12) 133. ②(33:39)
134. ③(34:13-15) 135. ④(34:13-14) 136. ④(34:13) 137. ①(34:16-29)
138. ④(35:7)

139. 실수로 살인한 사람을 구제하기 위하여 만든 제도는? (   )

140. 이스라엘에 있던 도피성의 수는?
① 8개 ② 6개 ③ 4개 ④ 2개

141. 도피성은 어느 지파에게 속한 기업인가?
① 유다 ② 시므온 ③ 레위 ④ 갓

142. 다른 지파에게 시집가지 못하도록 정해진 딸들의 아버지 이름은?
① 호글라 ② 다르사 ③ 슬로브핫 ④ 유다

143. 기업이 삭감될 것을 막기 위해 다른 지파에게 시집가지 못하도록 한 슬로브핫의 딸들이 속한 지파는?
① 므낫세 ② 베냐민 ③ 레위 ④ 시므온

※ 다음 중에서 맞는 것은 ○표, 틀린 곳은 ×표 하시오. (144–167)

144. 민수기에서 첫 번째 인구 조사를 실시한 때는 출애굽 후 2년 2월 1일이다. (   )

145. 민수기에서 실시한 인구조사의 직접적인 목적은 세금 문제다. (   )

146. 민수기에 나타난 이스라엘 12지파에는 레위 지파가 빠진 대신 요셉 지파가 포함되어 있다. (   )

147. 이스라엘 백성이 행진할 때 회막과 부속 기구들은 모두 레위 자손이 수레에 싣고 갔다. (   )

148. 모세는 장막 세우기를 마친 후 모든 기구에 어린 양의 피를 뿌려 거룩히 구별하였다. (   )

---

139. 도피성(35:6) 140. ②(35:6) 141. ③(35:6-7) 142. ③(36:2-3) 143. ①(36:1-12)
144. ○(1:1) 145. ×(1:3) 146. ×(1장) 147. ×(4:15) 148. ×(7:1)

149. 하나님께서 족장들이 드린 수레와 소를 게르손 자손과 므라리 자손에게는 주셨으나 고핫 자손에게는 주시지 않은 이유는 그들의 직임이 어깨로 메는 일을 하기 때문이다. ( )

150. 모세가 시내 광야를 출발할 때 이스라엘 백성의 눈이 되어 달라고 부탁한 사람은 호밥이었다. ( )

151. 여호와께서 고기를 원하는 이스라엘 백성에게 메추라기를 주신 것은 1개월간이었다. ( )

152. 모세의 누이 미리암이 나병에 걸린 이유는 모세가 미디안 여인과 결혼한 것에 대해 비방했기 때문이다. ( )

153. 12명의 정탐꾼이 가나안 땅을 정탐한 결과 아말렉인은 남방 땅에, 헷인과 여부스인과 아모리인은 산지에, 가나안인은 해변과 요단가에 거주함을 알게 되었다. ( )

154. 이스라엘이 40년 동안 광야를 방황한 것은 정탐꾼들이 40일간 가나안 땅을 정탐한 것과 깊은 관련이 있다. ( )

155. 갈렙과 여호수아, 모세를 제외하고는 20세 이상 된 모든 사람이 가나안 땅에 들어가지 못하고 광야에서 죽었다. ( )

156. 고라와 뜻을 같이 한 250명의 족장을 태운 불이 나온 향로를 비느하스가 철편으로 만들어 제단을 싸서 표가 되게 하였다. ( )

157. 하나님께서 아론의 지팡이에 사과 열매를 열리게 하신 것은 이스라엘 자손의 원망을 그치게 하기 위함이었다. ( )

158. 하나님께서 이스라엘 백성이 거제로 드리는 성물을 아론과 그의 자손들에게 영구한 몫의 음식으로 주신다는 약속은 변치 않는다는 의미에서 소금 언약이라고 부른다. ( )

---

149. ○(7:9) 150. ○(10:29-31) 151. ○(11:20) 152. ×(12:1) 153. ○(13:29)
154. ○(14:34-35) 155. ×(14:29-30) 156. ×(16:39-40) 157. ×(17:8)
158. ○(18:19)

159. 모세가 가나안 땅에 들어가지 못한 이유는 므리바 사건과 연결되어 있다. ( )

160. 모세의 형 아론이 죽은 곳은 비스가산 꼭대기이고, 그의 후계자는 비느하스였다. ( )

161. 예수의 십자가 사건의 예표로서 모세가 광야에서 구리 뱀을 든 사건이 나오는 곳은 민수기 20장이다. ( )

162. 발람을 태운 나귀가 앞으로 가지 않은 이유는 하나님의 사자가 손에 칼을 들고 선 것을 보았기 때문이다. ( )

163. 모압 왕 발락에게 저주를 청탁받은 발람은 오히려 이스라엘을 네 번이나 축복하였다. ( )

164. 이스라엘 자손이 모압 여인들과 음행하기 시작하여 모압 사람들의 신 바알에게 절한 곳은 세겜이다. ( )

165. 모압 평지에서 실시된 두 번째 인구 조사 때 이스라엘 백성 중 1차 조사 때 있었던 사람은 여호수아, 갈렙, 모세 외에 아무도 없었다. ( )

166. 여호와께서 가나안 땅을 차지한 후 그 땅을 이스라엘의 9지파 반에게 기업으로 나누어 주라고 하셨다. ( )

167. 아들이 없어 딸들이 기업을 물려받은 슬로브핫의 딸들은 오직 자기 조상 지파의 가족에게만 시집가도록 허락되었다. ( )

---

159. ○(27:12-14) 160. ×(20:25-26) 161. ×(21장) 162. ○(22:23-24) 163. ○(23-24장)
164. ×(25:1) 165. ○(26:63-65) 166. ○(34:13-14) 167. ○(36:1-12)

신명기

❶ 저　　자 : 모세 (단, 최종 요약 부분인 34장은 모세가 죽은 후 여호수아가 기록한 것으로 추정)

❷ 기록연대 : B.C. 1406년경

❸ 기록장소 : 모압 광야

❹ 대　　상 : 이스라엘 백성

❺ 배　　경 : 약속의 땅에서 볼 때 요단강 동부 지역. 가나안 입성 직전 신세대를 위해 율법의 의미를 확장, 정리함.

❻ 대　　지 : 역사적 회상, 율법의 수여, 예언적 선언

❼ 주　　제 : 이스라엘 백성의 역사적 사명을 위한 회고와 전망

❽ 기록목적 : 율법에 익숙하지 않은 신세대에게 율법을 가르쳐 성숙한 백성으로 만들고, 선조의 경험과 하나님의 징계를 상기시켜 순종의 중요성을 강조.

❾ 특이사항 : 모세의 율법을 종합적으로 망라함. 예수와 사도들에 의해 80회 인용됨.

❿ 요　　절 : 6장 5-6절

⓫ 주요인물 : 모세, 여호수아

01. 신명기의 저자는 누구라고 전해지는가?
① 여호수아 ② 모세 ③ 에스라 ④ 아론

02. 다시 한번 하나님의 계명(율법)을 교훈한다는 의미의 책은?
① 출애굽기 ② 사사기 ③ 민수기 ④ 신명기

03. 신명기는 모두 몇 장으로 되어 있는가? (장)

04. 모세가 이스라엘 백성에게 최후로 한 설교가 기록되어 있는 책은?
(   )

05. 신명기 1장 1절에 보면 이 내용은 모세가 어디에서 선포한 말씀이라고 기록하고 있나?
① 아라바 광야 ② 바란 ③ 세일산 ④ 시내 광야

06. 모세가 각 지파에서 지혜와 지식이 있는 인정 받는 자들을 뽑아서 천부장, 백부장, 오십부장, 십부장 등을 뽑았는데 무엇을 맡기기 위해서인가?
① 재판 ② 군대 장교 ③ 정치 ④ 제사

07. 다음은 모세가 백성의 대표자들에게 지시한 말 중의 일부이다. ( ) 안에 들어갈 말은?
"재판은 ( ) 속한 것인즉 너희는 재판할 때에 외모를 보지 말고 귀천을 차별 없이 듣고 사람의 낯을 두려워하지 말 것이며"(1:17)
① 공의에 ② 하나님께 ③ 율법에 ④ 나라에

08. 모세가 신명기에 있는 율법을 설명하기 시작한 곳은 어디인가?
① 에돔 땅 ② 아모리 땅 ③ 모압 땅 ④ 미디안 광야

---

01. ② 02. ④ 03. 34장 04. 신명기 05. ①(1:1) 06. ①(1:13-16) 07. ② 08. ③(1:5)

09. 에서의 자손이 거주한 땅은 어디인가?
① 헤브론 ② 세일산 ③ 모압 땅 ④ 미디안 광야

10. 광야에서 가나안 땅을 정탐하자고 모세에게 제안한 사람은 누구인가?
① 여호수아 ② 아론 ③ 이스라엘 백성 ④ 엘르아살

11. 모세는 신명기에서 여호와께서 이스라엘의 40년 광야 길을 이끄신 것을 무엇에 비유하고 있는가?
① 암탉이 병아리를 품듯이
② 아버지가 자기의 아들을 안는 것 같이
③ 독수리가 자기 새끼를 보호하듯이
④ 남편이 아내를 사랑하듯이

12. 출애굽 한 이스라엘 백성이 여호와를 믿지 않고 원망하고 불평한 결과 두 사람을 제외하고는 가나안 땅에 들어갈 수 없었다. 그 두 사람은 누구인가? (   )

13. 다음 중 가나안에 보낸 정탐꾼이 가지고 돌아온 것이 아닌 것은?
① 무화과 ② 석류 ③ 포도송이 ④ 살구

14. 하나님께서 롯의 자손에게 기업으로 주신 땅은?
① 세일산 ② 헤브론 ③ 아르 ④ 숙곳

15. 신명기에서 하나님께서 모압과 암몬 자손을 괴롭게도 말고 싸우지도 말라고 하신 이유는?
① 그들의 군대가 강해서
② 그들이 정직했으므로
③ 하나님이 그들의 땅을 이스라엘에게 기업으로 주지 않았으므로
④ 그들도 선민이기 때문에

---

09. ②(2:4-5) 10. ③(1:22) 11. ②(1:31) 12. 여호수아와 갈렙(1:36-38)
13. ④(민 13:23-24) 14. ③(2:9) 15. ③(2:9-19)

16. "시혼"은 누구인가?
① 바산의 왕 ② 에돔의 왕 ③ 모압의 왕 ④ 헤스본 왕

17. 모세가 요단 동쪽에서 점령한 바산의 왕은?
① 옥 ② 시혼 ③ 발락 ④ 바로

18. 바산 왕의 침상은 무엇으로 만들었나?
① 나무 ② 동 ③ 금 ④ 철

19. 다음 중 요단강 동쪽에 기업을 얻은 지파는?
① 유다 ② 에브라임 ③ 르우벤 ④ 베냐민

20. 요단 동쪽에 반 그리고 요단 서쪽 가나안 땅에 반으로 나누어진 지파는?
① 르우벤 ② 갓 ③ 베냐민 ④ 므낫세

21. "네 눈으로 그 땅을 바라보라 너는 이 요단을 건너지 못할 것임이니라"(3:27)는 하나님께서 누구에게 하신 말씀인가? (　　　)

22. 젖과 꿀이 흐르는 가나안 땅을 눈으로 보기만 하고 그 땅에 들어가지 못하고 죽은 사람은?
① 여호수아 ② 아론 ③ 모세 ④ 미리암

23. 여호와께서 모세 대신에 누구를 지도자로 삼아 이스라엘을 가나안 땅으로 인도하라고 하셨나? (　　　)

24. "네 하나님 여호와는 소멸하는 (　)이시요 (　)하시는 하나님이시니라"(4:24)에서 (　) 안에 들어갈 말은?
① 불, 질투 ② 칼, 심판 ③ 창, 분노 ④ 능력, 사랑

25. 도피성 중의 하나인 "길르앗 라못"의 위치는 어디인가?
① 요단 동쪽 ② 요단 서쪽 ③ 요단 남쪽 ④ 요단 북쪽

---

16. ④(2:26-30) 17. ①(3:1-11) 18. ④(3:11) 19. ③(3:12) 20. ④(3:13)
21. 모세 22. ③ 23. 여호수아(3:28) 24. ① 25. ①(4:41-43)

26. 도피성은 모두 여섯 개인데 어디에 있었나?
① 요단 서쪽에만 ② 요단 동쪽과 서쪽에
③ 요단 남쪽에 ④ 요단 동쪽에만

27. 다음 중 요단 동쪽에 있던 도피성이 아닌 것은?
① 베셀 ② 길르앗 라못 ③ 바산 골란 ④ 헤브론

28. 다음 도피성 중 므낫세 지파를 위한 도피성은?
① 베셀 ② 길르앗 라못 ③ 바산 골란 ④ 헤브론

29. 신명기에서 십계명은 몇 장에 나오는가?
① 3장 ② 4장 ③ 5장 ④ 6장

30. "육신을 가진 자로서 우리처럼 살아 계시는 하나님의 음성이 ( ) 가운데에서 발함을 듣고 생존한 자가 누구니이까"(5:26)에서 ( ) 안에 들어갈 말은?
① 불 ② 구름 ③ 지성소 ④ 호렙산

31. 일명 "쉐마"라고 불리는 귀한 말씀은 신명기 몇 장에 나오는가?
① 5장 ② 6장 ③ 7장 ④ 8장

32. 바리새인과 서기관이 차는 "경문" 속에 들어 있는 신명기의 성구는?
① 6:4-9 ② 6:10-15 ③ 5:3-7 ④ 5:8-12

33. 이스라엘이 믿는 하나님은 어떤 하나님인가?
① 다신교의 하나님 ② 바알의 하나님
③ 범신론의 하나님 ④ 오직 유일한 여호와

34. "너는 마음을 다하고 □을 다하고 힘을 다하여 네 하나님 여호와를 사랑하라"(6:5)에서 □ 안에 들어갈 말은?

---

26. ②(4:41-43, 19:1-3) 27. ④(4:41-43) 28. ③(4:41-43) 29. ③ 30. ① 31. ②
32. ①(마 23:5) 33. ④(6:4) 34. 뜻

35. 신명기 6:5에 나오는 쉐마 말씀은 신약의 마태복음 22장에서 누구에 의해 인용되고 있는가? (   )

36. "우리가 그 명령하신 대로 이 모든 명령을 우리 하나님 여호와 앞에서 삼가 지키면 그것이 곧 우리의 (   )이니라"(6:25)에서 (   ) 안에 들어갈 말은?
① 축복   ② 구원   ③ 의로움   ④ 기쁨

37. 가나안 땅에 들어갈 때 하나님이 쫓아내 주신 가나안 족속의 수는?
① 열   ② 일곱   ③ 다섯   ④ 셋

38. 다음 중 가나안 땅에 거주하던 족속이 아닌 것은?
① 아모리 족속   ② 히위 족속   ③ 브리스 족속   ④ 블레셋 족속

39. "네 하나님 여호와께서 너를 인도하여 내실 때에 네가 본 큰 시험과 이적과 기사와 강한 손과 (   )을 기억하라"(7:19)에서 (   ) 안에 들어갈 말은?
① 능하신 팔   ② 능력   ③ 위엄   ④ 편 팔

40. 구약에서 "사람이 떡으로만 사는 것이 아니요 여호와의 입으로 나오는 모든 말씀으로 사는 줄을"이라는 말씀이 나오는 곳은?
① 출 4:5   ② 민 15:6   ③ 신 8:3   ④ 신 10:12

41. 마태복음에서 예수님은 마귀에게 시험당하실 때 사람이 떡으로만 사는 것이 아니요 하나님의 말씀으로 산다고 하시며 그 유혹을 물리치셨는데 그 말씀은 구약 어느 책에서 인용하신 것인가? (   )

42. 다음 중 가나안 땅에 살던 족속의 이름은?
① 아낙 자손   ② 에돔 족속   ③ 암몬 자손   ④ 모압 족속

43. 십계명의 두 돌판은 누가 기록하였나? (   )

---

35. 예수 그리스도(마 22:37-40) 36. ③ 37. ②(7:1-2) 38. ③(7:1-2) 39. ④ 40. ③
41. 신명기 42. ①(9:1-2) 43. 하나님(9:10, 10:1-5)

44. 모세가 여호와께 받은 십계명의 두 돌판을 깨뜨린 이유는?
( )

45. 모세는 십계명이 담긴 두 돌판을 하나님으로부터 몇 번 받았는가?
① 한 번 ② 두 번 ③ 세 번 ④ 네 번

46. 하나님께서 두 번째 십계명을 돌판에 기록하신 후 그것을 무슨 나무로 만든 궤에 보관하라고 하셨나?
① 향나무 ② 조각목 ③ 참나무 ④ 백향나무

47. "네 하나님 여호와를 경외하여 그를 섬기며 그에게 의지하고 그의 이름으로 맹세하라 그는 네 ( )이시요 네 ( )이시라"(10:20-21)에서 ( ) 안에 들어갈 말은?
① 찬송, 구원 ② 찬송, 하나님 ③ 하나님, 능력 ④ 왕, 하나님

48. 다음 ( )을 채우라.
모세가 신명기에서 계속해서 강조하는 것은 여호와의 명령을 들으면 ( )을 받고 하나님의 명령을 듣지 않으면 ( )를 받는다는 것이다(11:26-28)

49. 저주의 산과 축복의 산이 있는 곳은?
① 요단 동쪽 ② 길갈 맞은 편 모레 상수리 나무 곁
③ 예루살렘 동쪽 ④ 마라와 엘림 사이

50. 다음 중 신명기에 나오는 축복을 선포한 산은?
① 그리심산 ② 에발산 ③ 호렙산 ④ 헬몬산

51. 신명기에 나오는 산 중 저주를 선포한 산은?
① 에발산 ② 그리심산 ③ 시내산 ④ 호르산

---

44. 이스라엘 백성이 금송아지를 만들어 섬기는 모습을 보고 분노해서 (9:9-17)
45. ②(9:10, 10:1-5) 46. ②(10:1-5) 47. ② 48. 복, 저주 49. ②(11:30)
50. ①(11:29) 51. ①(11:29)

52. 이스라엘의 음식법 중 고기를 먹을 때 그 피는 어떻게 하나?
① 아울러 먹음 ② 피만 따로 먹음
③ 반드시 끓여 먹음 ④ 물 같이 땅에 쏟음

53. 이스라엘 백성 중에서 선지자나 꿈꾸는 자들이 받는 벌은?
① 총회에서 추방 ② 사형
③ 재산몰수 ④ 그를 위해 속죄제를 드림

54. 이스라엘 백성 중에 형제나 자녀나 아내나 친구가 다른 신을 섬기자고 꾀일 때의 벌은?
① 재산을 몰수함 ② 추방함
③ 용서 없이 죽임 ④ 옥에 가둠

55. 신명기에 의하면 다음 중 먹을 만한 짐승은?
① 소, 양, 염소, 사슴, 노루, 산양
② 소, 양, 염소, 낙타, 토끼, 사반
③ 소, 양, 염소, 토끼, 산양, 사반
④ 소, 양, 염소, 사슴, 노루, 돼지

56. 스스로 죽은 짐승은 어떻게 처리할 수 있나?
① 이스라엘 백성이 먹을 수 있다 ② 레위인에게 갖다 준다
③ 가난한 자에게 준다 ④ 이방인에게 팔 수 있다

57. 토지의 소산을 드리는 사람이 여호와께서 택하신 제물을 드리는 곳이 너무 멀어서 가지고 가지 못할 때는 어떻게 해야 하나?
① 드린 것으로 한다
② 십일조를 돈으로 바꾸어서 마음에 원하는 것을 사서 드린다
③ 양으로 바꾸어서 끌고 간다
④ 돈으로 낸다

---

52. ④(12:16) 53. ②(13:1-5) 54. ③(13:6-11) 55. ①(14:3-8) 56. ④(14:21)
57. ②(14:22-27)

58. 레위인이나 객과 고아와 과부들을 위해 저축하는 소산물의 분량은?
① 매년 소산의 1/10　② 매년 소산의 1/20
③ 매3년 소산의 1/10　④ 매3년 소산의 1/5

59. 이스라엘 백성이 3년마다 저축한 십일조는 어디에 사용되었나?
① 성전용　② 제사장용　③ 이방인용　④ 가난한 자 구제용

60. 다음 중 신명기에서 구제해야 할 사람에 속하지 않는 부류는?
① 고아　② 과부　③ 객　④ 홀아비

61. 이스라엘의 12 지파 중 분깃과 기업이 없는 지파는?
① 갓　② 잇사갈　③ 베냐민　④ 레위

62. 신명기에 따르면 여호와의 면제년은 언제인가?
① 매1년 끝　② 매3년 끝　③ 매5년 끝　④ 매7년 끝

63. 동족인 히브리인 종은 언제 놓아주어야 하나?
① 1년 후 2년째　② 3년 후 4년째
③ 5년 후 6년째　④ 6년 후 7년째

64. "땅에는 언제든지 가난한 자가 그치지 아니하겠으므로 내가 네게 명령하여 이르노니 너는 반드시 네 땅 안에 네 형제 중 (　) 자와 (　) 자에게 네 손을 펼지니라"(15:11)에서 (　) 안에 들어갈 말은?
① 가난한, 곤고한　② 가난한, 궁핍한
③ 곤란한, 궁핍한　④ 불쌍한, 가난한

65. 이스라엘 백성이 애굽에서 해방된 달은?
① 니산월　② 아빕월　③ 아달월　④ 기슬르월

66. 이스라엘 남자가 1년에 3번 여호와를 뵈어야 하는 절기는 무엇인가?
(　　　　　　　　　　　　　　　　　　　　)

58.③(14:28-29)　59.④(14:28-29)　60.④(14:28-29)　61.④(14:29)　62.④(15:1)　63.④(15:12-14)　64.③　65.②(16:1)　66.무교절(유월절), 칠칠절(오순절), 초막절(장막절)(16:16)

67. 곡식에 낫을 대기 시작한 때부터 일곱 주를 세어 지키는 이스라엘의 절기는?
① 유월절 ② 나팔절 ③ 장막절 ④ 칠칠절

68. 다른 신을 섬겨 돌로 쳐 죽임을 당하는 사람은 몇 사람의 증언이 있어야 하는가?
① 한 사람 ② 한두 사람 ③ 두세 사람 ④ 다섯 사람 이상

69. 신명기에서 이스라엘의 왕으로서 하지 말아야 할 것이 아닌 것은?
① 성곽을 높이 쌓지 말 것 ② 아내를 많이 두지 말 것
③ 병마를 많이 두지 말 것 ④ 은금을 자기를 위해 많이 쌓지 말 것

70. "네 형제 중에서 너를 위해서 나와 같은 ( ) 하나를 일으키시리니 너희는 그의 말을 들을지니라"(신 18:15)에서 ( ) 안에 들어갈 말은?
( )

71. 여호와께서 전하라고 명령하지 아니한 말을 어떤 선지자가 여호와의 이름으로 전하든지 다른 신들의 이름으로 말한다면 그 선지자에 대해 취할 태도는?
① 재산을 몰수할 것 ② 귀담아 듣지 말 것
③ 사형에 처할 것 ④ 이스라엘 총회에서 추방할 것

72. 하나님께서 요단 동쪽 이외에 가나안 땅에 몇 개의 도피성을 지정해 두셨나?
① 5곳 ② 4곳 ③ 3곳 ④ 2곳

73. 도피성은 어떤 목적을 위해 만들었나? ( )

74. "네 눈이 긍휼히 여기지 말라 ( )에는 ( )(으)로, 눈에는 눈으로, 이에는 이로, 손에는 손으로, 발에는 발로이니라"(19:21)에서 ( ) 안에 들어갈 말은?
① 생명, 생명 ② 귀, 귀 ③ 코, 코 ④ 머리, 머리

67.④(16:9-10) 68.③(17:2-7) 69.①(17:15-17) 70.선지자 71.③(18:20)
72.③(19:2-3) 73.부지중에 살인한 자를 보호하기 위해(19:2-7) 74.①

75. 다음 중 이스라엘 사람이 전쟁에 나가지 않아도 되는 이유가 아닌 것은?
① 새 집을 건축하고 낙성식을 행하지 못한 자
② 포도원을 만들고 그 과실을 먹지 못한 자
③ 여자와 약혼하고 그와 결혼하지 못한 자
④ 아내가 임신한 자

76. 가나안 땅에서 이스라엘 백성이 어떤 성읍을 치려 할 때 먼저 그 성읍에 대해 해야 할 것은?
① 화평을 선언함 ② 정탐꾼을 보냄
③ 선전포고를 함 ④ 유아와 여자를 대피시킴

77. 완악하고 패역한 아들이 있어 부모의 말을 순종하지 않을 때에 내리는 벌은?
① 돌로 쳐죽임 ② 자녀의 권리를 박탈함
③ 그 성읍에 쫓아냄 ④ 감옥에 가둠

78. 다음 중 사형에 해당되지 아니하는 행동은?
① 시집간 처녀가 처녀 아닌 표적이 드러날 때
② 약혼한 처녀가 성읍 중에서 다른 남자와 간통했을 때
③ 어떤 남자가 약혼한 처녀를 들에서 강간했을 때
④ 어떤 남자가 약혼하지 아니한 처녀를 강간했을 때

79. 사생자가 여호와의 총회에 들어올 수 있나?
① 있다 ② 영원히 없다 ③ 경우에 따라 다르다 ④ 법에 없다

80. 신명기에 따르면 암몬과 모압 사람이 여호와의 총회에 들어올 수 있는 대수는?
① 3대 ② 5대 ③ 10대 ④ 영원히 못 들어옴

---

75. ④(20:5-8) 76. ①(20:10) 77. ①(21:18-21) 78. ④(22:20-27) 79. ②(23:2)
80. ④(23:3)

81. 다음 중 군대를 일 년 동안 면제받은 자는?
① 부모 상을 당한 자 ② 집 짓고 1년 못 된 자
③ 아내가 해산한 자 ④ 새로이 아내를 맞이한 자

82. 갓 결혼한 사람에게 아무 직무도 맡기지 아니하고 그의 아내와 함께 집에 거하게 하는 기간은?
① 6개월 ② 1년 ③ 1년 6개월 ④ 3년

83. 신명기 법에 의하면 품꾼의 삯은 언제까지 주어야 하는가?
① 이틀까지 ② 사흘까지 ③ 당일 해지기 전까지 ④ 칠일까지

84. 신명기의 형벌 중 태형의 한계는?
① 49대 ② 50대 ③ 35대 ④ 40대

85. 신명기 법에 의하면 형제 중 아들이 없이 죽은 경우 어떻게 그 대를 잇게 하는가?
① 죽은 자의 아내가 타인과 재혼해서 자식을 낳는다
② 양자를 둔다
③ 남편의 형제가 죽은 자의 아내를 맞아 낳은 첫아들로 대를 잇게 한다
④ 대리모를 둔다

86. 이스라엘 백성이 가나안 입국 후 셋째 해 곧 십일조를 드리는 해에 십일조 내기를 다 마친 후 그것을 주는 대상이 아닌 것은?
① 레위인 ② 객 ③ 고아와 과부 ④ 군인

87. 요단을 건넌 후 백성을 축복하기 위해 그리심산에 선 지파가 아닌 것은?
① 유다 ② 레위 ③ 잇사갈 ④ 르우벤

88. 다음 지파 중 저주의 산 에발산에 선 지파가 아닌 것은?
① 르우벤 ② 스불론 ③ 갓 ④ 잇사갈

---

81. ④(24:5) 82. ②(24:5) 83. ③(24:14-15) 84. ④(25:2-3) 85. ③(25:5-6)
86. ④(26:12-13) 87. ④(27:11-12) 88. ④(27:13)

89. 신명기에서 율법을 잘 지키는 자가 받을 복에 대해서 자세히 기록한 장은?
① 15장 ② 20장 ③ 28장 ④ 32장

※ 다음 문제의 ( ) 안에 알맞은 말은? (90–93)

90. "네가 들어와도 복을 받고 나가도 복을 받을 것이니라" 이것은 신명기 몇 장에 기록된 말씀인가? (장)

91. "내가 오늘 하늘과 땅을 불러 너희에게 증거를 삼노라 내가 생명과 ( )과 복과 ( )를 네 앞에 두었은즉 너와 네 자손이 살기 위하여 생명을 택하고"(30:19)
① 사망, 화 ② 사망, 저주 ③ 저주, 화 ④ 저주, 저주

92. "내가 오늘 네게 명령한 이 명령은 네게 ( ) 것도 아니요 ( ) 것도 아니라"(30:11)
① 먼, 어려운 ② 어려운, 먼 ③ 쉬운, 가벼운 ④ 어려운, 쉬운

93. 신명기에 의하면 이스라엘 자손 앞에 놓여 있는 두 길은 생명과 사망 그리고 복과 ( )이다. (30:19)

94. 모세가 율법의 말씀을 다 책에 써서 마친 후 그것을 어디에 두어 이스라엘 백성에게 증거가 되게 하였나?
① 언약궤 위에 ② 언약궤 밑에
③ 언약궤 안에 ④ 언약궤 곁에

95. "내 ( ) 비처럼 내리고 내 ( ) 이슬처럼 맺히나니 연한 풀 위의 가는 비 같고 채소 위의 단비 같도다"(32:2)에서 ( ) 안에 들어갈 말은?
① 교훈은, 말은 ② 말은, 증거는 ③ 언약, 증거 ④ 명령, 약속

---

89. ③ 90. 28장(28:6) 91. ② 92. ② 93. 저주 94. ④(31:24-26) 95. ①

96. 모세가 죽기 전 이스라엘 자손에게 축복할 때 우림과 둠밈이 있을 것이라고 축복한 지파는?
① 르우벤 ② 유다 ③ 레위 ④ 베냐민

97. 다음은 모세가 어느 지파에게 한 축복인가?
"여호와여 그의 재산을 풍족하게 하시고 그의 손의 일을 받으소서 그를 대적하여 일어나는 자와 미워하는 자의 허리를 꺾으사 다시 일어나지 못하게 하옵소서"(33:11)
① 유다 ② 베냐민 ③ 레위 ④ 에브라임

98. 모세가 죽으며 모든 지파를 축복할 때 빠진 지파는?
① 르우벤 ② 레위 ③ 에브라임 ④ 시므온

99. 모세가 올라가 죽은 산은?
① 느보산 ② 호르산 ③ 호렙산 ④ 시내산

100. 다음 도시 중 "종려나무의 성읍"이라고 불린 곳은?
① 여리고 ② 예루살렘 ③ 헤브론 ④ 베들레헴

101. 모세는 몇 세에 이 세상을 떠났는가?
① 160세 ② 150세 ③ 120세 ④ 140세

102. 그가 죽은 후 이스라엘에 이와 같은 선지자가 일어나지 못하였다는 말을 들은 사람은?
① 엘리야 ② 모세 ③ 사무엘 ④ 이사야

103. 모세가 죽은 뒤 이스라엘 백성이 모압 평지에서 애곡한 날 수는?
① 10일 ② 15일 ③ 30일 ④ 50일

---

96. ③(33:8) 97. ③ 98. ④(33장) 99. ①(34:1-6) 100. ①(34:3) 101. ③(34:7)
102. ②(34:10) 103. ③(34:8)

※ 다음 중에서 맞는 것은 ○표, 틀린 것은 ×표 하시오. (104-119)

104. 신명기의 요점은 이스라엘 백성이 가나안 땅에 들어가서 여호와의 명령을 잘 순종하면 복을 받을 것이요, 순종하지 않으면 저주를 받을 것이라는 점이다. ( )

105. 신명기의 핵심적인 내용은 율법에 대한 재교훈이며 모세의 마지막 교훈이다. ( )

106. 모세가 요단 동쪽에서 점령한 바산의 왕은 시혼이다. ( )

107. 신명기에서 십계명이 나오는 곳은 6장이다. ( )

108. 모세는 자신이 가나안 땅에 들어갈 수 있기를 하나님께 간절히 간구했기에 소원을 성취할 수 있었다. ( )

109. 하나님께서 만나를 내려주신 것은 사람이 떡으로만 사는 것이 아니요 하나님의 입에서 나오는 모든 말씀으로 사는 줄을 그들로 알게 하려 하심이었다. ( )

110. 신명기에 이미 이스라엘의 왕에 대한 언급이 나와 있다. ( )

111. 모세의 후계자로 선별된 사람은 눈의 아들 여호수아였다. ( )

112. 모세가 금송아지 사건 후 다시 십계명을 받으러 올라갈 때 다듬은 돌을 담아 가지고 간 궤는 잣나무였다. ( )

113. 에발산에서 축복을 선포했고 그리심산은 저주를 선포했다. ( )

114. 이스라엘 백성은 정결한 짐승이라도 스스로 죽은 것은 먹을 수 없었다. ( )

115. 매3년마다 드리는 소산의 십일조는 제사장의 몫이다. ( )

---

104. ○(11:27-28) 105. ○ 106. ×(2:24, 3:1) 107. ×(5장) 108. ×(3:26-27) 109. ○(8:3) 110. ○(17:15) 111. ○(3:28) 112. ×(10:1-3) 113. ×(11:29) 114. ○(14:21) 115. ×(14:28-29)

116. 도피성은 무의식적으로 또는 고의로 사람을 죽인 사람을 보호하기 위한 목적으로 세운 성이다. ( )

117. 품꾼의 삯은 해진 뒤까지 남겨두어서는 안 된다. ( )

118. 이스라엘에서는 형제가 아들이 없이 죽으면 남은 형제 중의 하나가 그의 아내를 맞이하여 아내로 삼고 그 여인이 낳은 첫 아들로 죽은 형제의 대를 잇게 하는 법이 있다. ( )

119. 모세는 호르산 꼭대기에서 가나안 땅을 바라보고 120세에 죽었다. ( )

---

116. ×(19:2-7) 117. ○(24:14-15) 118. ○(25:5-6) 119. ×(34:1-6)

여호수아

1 저 자 : 여호수아(단, 앞부분은 대제사장 비느하스가 증언한 것으로 추정됨)

2 기록연대 : B.C. 1405~1334년경

3 기록장소 : 가나안

4 대 상 : 가나안 정복 시기의 이스라엘 백성

5 배 경 : 약속의 땅 가나안. 가나안 정복과 분할 과정 묘사

6 대 지 : 가나안 정복, 가나안 정착

7 주 제 : 약속의 땅을 정복한 이스라엘

8 기록목적 : 이스라엘 백성의 가나안 땅 정복과 정착, 그 과정에 나타난 하나님의 신실하심과 공의로움 기록.

9 특이사항 : 구세대에 속하는 백만이 넘는 출애굽 인구 중 오직 여호수아와 갈렙만이 약속의 땅에 들어감.

10 주요인물 : 여호수아, 라합, 아간, 비느하스, 엘르아살

01. 여호수아서의 저자는 누구라고 전해지는가? (   )

02. 하나님께서 젖과 꿀이 흐르는 가나안 땅을 이스라엘 백성에게 주겠다고 아브라함에게 약속하신 말씀은 결국 누구 때에 이루어졌나?
① 야곱 ② 요셉 ③ 모세 ④ 여호수아

03. 출애굽한 이스라엘 백성이 광야를 지나 가나안 땅에 정착하는 과정을 기록한 성경은?
① 민수기 ② 신명기 ③ 여호수아 ④ 사사기

04. 여호수아는 모두 몇 장으로 이루어졌나? (장)

05. 모세의 뒤를 이어 이스라엘 백성을 가나안 땅으로 인도한 지도자는 누구인가? (   )

06. 여호수아의 본명은 무엇인가? (   )

07. 여호수아의 아버지는 누구인가?
① 여분네 ② 눈 ③ 르우엘 ④ 데라

08. 여호수아라는 이름의 의미는 무엇인가?
① 여호와는 사랑 ② 여호와는 자비
③ 여호와는 승리 ④ 여호와는 구원

09. 다음 말씀은 하나님께서 누구에게 하신 말씀인가?
"오직 강하고 극히 담대하여 나의 종 모세가 네게 명령한 그 율법을 다 지켜 행하고 우로나 좌로나 치우치지 말라 그리하면 어디로 가든지 형통하리니"(1:7)
① 갈렙 ② 엘르아살 ③ 비느하스 ④ 여호수아

---

01. 여호수아 02. ④ 03. ③ 04. 24장 05. 여호수아 06. 호세아(민 13:16)
07. ②(1:1) 08. ④ 09. ④

10. "오직 강하고 극히 담대하여"라는 구절이 있는 성경은?
① 출애굽기 ② 신명기 ③ 민수기 ④ 여호수아

11. 다음 구절은 성경 어디에 나오는 말씀인가?
"내가 네게 명령한 것이 아니냐 강하고 담대하라 두려워하지 말며 놀라지 말라 네가 어디로 가든지 네 하나님 여호와가 너와 함께 하느니라 하시니라"
① 수 1:7 ② 신 6:5 ③ 출 8:3 ④ 수 1:9

12. 하나님께서 여호수아에게 말씀하실 때 어떻게 하면 여호수아의 길이 평탄하고 형통하다고 하셨는가?
① 정의를 잘 지키면 ② 정직히 행하면
③ 성실히 행하면 ④ 하나님의 율법을 잘 지키면

13. 여호수아가 지도자가 된 후 백성의 관리들에게 며칠 안에 가나안에 들어갈 것이라고 말했나?
① 닷새 안에 ② 나흘 안에 ③ 사흘 안에 ④ 이틀 안에

14. 요단 동쪽에 이미 기업을 분배받은 두 지파 반은 가나안 땅 점령에 대해 어떤 반응을 보였나?
① 요단 동쪽에 그냥 남아 있기를
② 가나안 땅을 점령할 때까지 모두 함께 행동하기를
③ 처자와 가축은 남겨두고 용사들만 따라가기를
④ 가나안 점령을 반대함

15. 여호수아가 가나안에 두 사람의 정탐꾼을 보낸 곳은 어디인가?
① 실로 ② 싯딤 ③ 길갈 ④ 세겜

16. 여호수아가 정탐꾼을 가나안으로 보냈을 때 그들이 정탐한 성읍은?
① 예루살렘 ② 여리고 ③ 아이 ④ 가이사랴

---

10. ④(1:6, 7, 9) 11. ④ 12. ④(1:8) 13. ③(1:10-11) 14. ③(1:12-18) 15. ②(2:1) 16. ②(2:1)

17. 이스라엘 백성이 가나안 땅에서 대면한 첫 번째 성읍은?
① 여리고 ② 아이 ③ 길갈 ④ 예루살렘

18. 여호수아가 가나안 땅 여리고에 보낸 정탐꾼의 수는? (   )

19. 이스라엘의 정탐꾼을 도와준 여리고 사람은?
① 라합 ② 룻 ③ 한나 ④ 다말

20. 여리고의 기생 라합이 이스라엘 정탐꾼을 숨겨준 곳은?
① 창고 ② 지하실 ③ 지붕 ④ 식당

21. 이방 여인임에도 불구하고 예수님의 족보에 들어간 여리고의 기생은?
① 룻 ② 다말 ③ 라헬 ④ 라합

22. 기생 라합이 두 정탐꾼에게 요구한 것은 무엇인가?
① 돈 ② 벼슬 ③ 자기 가족의 안전 ④ 복수

23. 여리고 성의 주민들이 이스라엘 앞에서 간담이 서늘했던 이유는?
① 홍해 사건과 아모리 왕 시혼과 바산 왕 옥을 물리친 사건 때문에
② 강한 군사력 때문에
③ 여호수아의 능력 때문에
④ 이스라엘 백성의 잔인함 때문에

24. 이스라엘 정탐꾼이 라합과 그의 가족의 안전을 위해 약속한 표시는?
① 굴뚝에 연기를 냄 ② 창문에 붉은 줄을 매어둠
③ 꽃을 창 앞에 꽂아 둠 ④ 창문에 파란 줄을 내려뜨림

25. 다음은 하나님에 대한 누구의 신앙고백인가?
"너희의 하나님 여호와는 위로는 하늘에서도 아래로는 땅에서도 하나님이시니라"(2:11)
① 여호수아 ② 발람 ③ 라합 ④ 룻

---

17. ①(2:1) 18. 두 사람(2:1) 19. ①(2:1-7) 20. ③(2:6) 21. ④(마 1:5) 22. ③(2:11-13) 23. ①(2:9-11) 24. ②(2:18-19) 25. ③

26. 여리고에서 탈출한 두 정탐꾼은 산에서 며칠을 숨어 있었는가?
① 3일 ② 2일 ③ 하루 ④ 7일

27. 이스라엘 백성이 가나안 땅으로 들어갈 때 여호와의 언약궤의 뒤를 따르되 그 거리는 얼마를 유지해야 했는가?
① 3,000규빗 ② 2,000규빗 ③ 1,500규빗 ④ 1,000규빗

28. 요단강 물은 어떻게 했을 때 흘러가는 물이 끊어졌는가?
① 여호수아가 두 손을 높이 들었을 때
② 여호수아가 지팡이로 요단강 물을 칠 때
③ 제사장들이 나팔을 불 때
④ 언약궤를 멘 제사장들이 요단강 물을 밟을 때

29. 이스라엘 백성이 요단강을 건널 때 제일 앞장선 사람들은 누구인가?
① 유다 지파 ② 레위 지파 ③ 12지파의 지도자 ④ 제사장들

30. 이스라엘이 요단을 건넌 시기는 무엇을 거두는 시기라서 강물이 넘쳤다고 했는가? (   )

31. 제사장들이 언약궤를 어떻게 운반하였나?
① 수레에 실어감 ② 소 등에 싣고감
③ 어깨에 멤 ④ 줄로 묶어 끌고감

32. 다음 중 가나안에 거주한 일곱 족속이 아닌 것은?
① 여부스 ② 헷 ③ 기르가스 ④ 블레셋

33. 이스라엘 모든 백성이 요단강을 건너기까지 언약궤는 어디에 있었나?
① 강 밖에 ② 강 가운데 마른 땅에
③ 강 건너편에 ④ 모래 강변 위에

---

26. ①(2:22) 27. ②(3:3-4) 28. ④(3:14-17) 29. ④(3:14-17) 30. 곡식(3:15)
31. ③(3:17) 32. ④(3:10) 33. ②(3:17)

34. 이스라엘이 요단을 건넌 후 맨 나중에 강에서 올라온 사람은?
① 여호수아 ② 레위 지파 ③ 제사장 ④ 갓 지파

35. 이스라엘 백성이 여호수아의 인도로 요단강에서 올라와 처음으로 진 친 곳은?
① 길갈 ② 모압평지 ③ 벧엘 ④ 세겜

36. 이스라엘이 가나안 땅을 점령할 때 그 작전 중심지는 어디였는가?
① 예루살렘 ② 세겜 ③ 길갈 ④ 사마리아

37. 이스라엘 백성이 요단강을 건넌 후 길갈에 진 치고 나서 한 일은?
① 정탐꾼의 보고를 받고 군대를 도움
② 여호와를 찬미함
③ 요단에서 가져온 열두 돌을 세움
④ 제단을 쌓고 여호와께 예배함

38. 여호수아는 요단에서 가져 온 열두 돌을 길갈에 세웠는데, 이것은 무슨 표시였는가?
① 승리의 표시
② 요단강이 성지임을 나타내는 표시
③ 마른 땅을 밟고 요단을 건넜다는 표시
④ 이스라엘의 경계선 표시

39. 이스라엘 백성이 광야 길에서 난 자들을 위해 특별히 길갈에서 행한 의식은 무엇인가? ( )

40. "길갈"의 뜻은?
① 떨어진다 ② 끝나다 ③ 굴러간다 ④ 처음이다

41. 이스라엘이 요단을 건넌 후 처음으로 유월절을 지킨 곳은?
① 길갈 ② 세겜 ③ 여리고 ④ 실로

---

34. ③(4:10-11) 35. ①(4:19) 36. ③(4:19, 10:15) 37. ③(4:2-8) 38. ③(4:20-24)
39. 할례(5:2-9) 40. ③(4:19, 5:9) 41. ①(5:10-12)

42. 이스라엘 백성에게 만나가 그친 때는 언제인가?
① 요단강을 건넌 직후
② 요단 동쪽 모압 평지에서부터
③ 요단 서쪽 길갈에서 그 땅의 소산물을 먹은 다음 날
④ 여리고 성을 점령한 직후

43. 여호수아가 여리고에 가까이 왔을 때 마중 나온 이는 누구인가?
① 라합 ② 여호와의 군대대장 ③ 여리고 장군 ④ 두 정탐꾼

44. 이스라엘은 여리고 성을 어떻게 정복했는가?
① 전쟁으로 ② 기습작전으로
③ 여리고성 주위를 돎으로 ④ 유인작전으로

45. 여리고를 점령할 때 이스라엘 백성은 엿새 동안 여리고 성을 매일 한 바퀴씩 돌았다. 일곱째 날에는 몇 바퀴를 돌았나?
① 1 ② 3 ③ 7 ④ 12

46. 장차 여리고 성을 건축할 사람을 저주한 사람은?
① 라합 ② 발람 ③ 엘르아살 ④ 여호수아

47. "누구든지 일어나서 이 □□□ 성을 건축하는 자는 여호와 앞에서 저주를 받을 것이라 그 기초를 쌓을 때에 그의 맏아들을 잃을 것이요 그 문을 세울 때에 그의 막내아들을 잃으리라"(6:26)에서 □ 안에 들어갈 말은?

48. 이스라엘이 여리고를 함락시킨 뒤 여호와께 바친 물건을 가져감으로 범죄한 사람은?
① 아간 ② 웃사 ③ 세라 ④ 고라

49. 이스라엘이 여리고를 점령한 후 아이 성 점령에 처음 실패한 이유는?
① 군대가 약해서 ② 아간의 범죄함으로
③ 적을 몰라서 ④ 적이 너무 강해서

---

42. ③(5:10-12) 43. ②(5:13-15) 44. ③(6:1-27) 45. ③(6:15) 46. ④(6:26)
47. 여리고 48. ①(7:1) 49. ②(7:1-26)

50. 다음 중 아이 성과 관계가 깊은 사람은?
① 아론 ② 모세 ③ 아간 ④ 갈렙

51. 아간이 감추었던 물건을 맞게 나열한 것은?
① 외투 한 벌, 은 200세겔, 금 50세겔
② 외투 한 벌, 은 30세겔, 금 50세겔
③ 외투 한 벌, 은 50세겔, 금 50세겔
④ 외투 한 벌, 은 100세겔, 금 50세겔

52. 아간은 어떤 형벌을 받았나?
① 추방당함 ② 재산몰수 ③ 옥에 갇힘 ④ 돌에 맞아 죽음

53. 여호수아에 나오는 "아골"이라는 말의 뜻은?
① 희망 ② 기쁨 ③ 눈물 ④ 괴로움

54. 이스라엘이 가나안 땅에서 여리고 다음으로 함락시킨 성읍은?
( )

55. 아이 성은 어떻게 점령하였나?
① 전면 전쟁으로 ② 유인작전으로
③ 야밤 기습으로 ④ 하나님의 불로

56. 아이 성 정복 시 이스라엘 군사 몇 명이 성 뒤에 매복했었는가?
① 만 명 ② 이만 명 ③ 삼만 명 ④ 사만 명

57. 여호수아가 아이 성을 정복한 후 어느 산에다 한 제단을 쌓았는가?
① 그리심산 ② 에발산 ③ 시내산 ④ 아모리산

58. 이스라엘이 가나안을 점령할 때 그들과 화친한 족속은?
① 기브온 주민 ② 헤브론 주민 ③ 가사 주민 ④ 여부스 주민

---

50. ③(7:1) 51. ①(7:20-21) 52. ④(7:25-26) 53. ④(7:24-26) 54. 아이 성(7-8장)
55. ②(8:3-23) 56. ③(8:3-4) 57. ②(8:30) 58. ①(9:3-27)

59. 여호수아가 가나안 땅을 점령했을 때 기브온 주민의 거취는?
① 이스라엘의 나무 패며 물 긷는 자들이 됨 ② 전멸됨
③ 가나안에서 쫓겨남 ④ 여인과 아이만 남음

60. 여호수아가 여호와께 묻지 않고 화친을 맺은 족속은? ( )

61. 이스라엘과 평화조약을 맺은 기브온 주민은 ( )족에 속한다. 여기에서 ( )에 들어갈 말은?
① 아모리 ② 히위 ③ 여부스 ④ 브리스

62. 아모리의 다섯 왕이 기브온 주민을 공격한 이유는?
① 자기 영토를 침범해서
② 자기 백성을 죽임으로
③ 기브온이 조공을 바치지 않음으로
④ 기브온이 이스라엘과 화친을 맺어서

63. 구약에서 자연의 운행질서에서 벗어나 태양을 임의로 오랫동안 하늘에 머물게 한 사람은?
① 여호수아 ② 엘리야 ③ 엘리사 ④ 이사야

64. "( )아 너는 기브온 위에 머무르라 ( )아 너도 아얄론 골짜기에서 그리할지어다"(10:12)
① 별, 달 ② 바람, 구름 ③ 달, 태양 ④ 태양, 달

65. 하나님이 여호수아를 시켜 해와 달을 머무르게 하셨을 때 이스라엘에게 넘긴 족속은?
① 암몬 ② 히위 ③ 아모리 ④ 앗수르

66. 아모리 사람과 전쟁 때 여호와께서 무엇으로 그들을 진멸하셨는가?
① 메뚜기 ② 흑암 ③ 우박 ④ 불덩이

---

59. ①(9:3-27) 60. 기브온 주민(9:3-15) 61. ②(9:7) 62. ④(10:1-5) 63. ①(10:12-14)
64. ④ 65. ③(10:12-14) 66. ③(10:11-13)

67. 태양이 중천에 머물러서 종일토록 내려가지 않아 이스라엘이 승리한 전쟁은?
① 암몬 전쟁 ② 아말렉 전쟁 ③ 아모리 전쟁 ④ 블레셋 전쟁

68. 아모리의 다섯 왕이 이스라엘에 패하여 숨은 곳은?
① 막게다 굴 ② 막벨라 굴 ③ 엔게디 ④ 아세가

69. 이스라엘이 가나안 땅을 점령할 때 가사와 가드와 아스돗에만 약간 남고 이스라엘 자손의 땅에는 하나도 없이 전멸해 버린 족속은?
① 아낙 ② 블레셋 ③ 여부스 ④ 기브온

70. 여호수아가 하나님이 약속하신 가나안 땅에 들어가서 쳐서 멸한 왕은 모두 몇 명인가?
① 20명 ② 30명 ③ 31명 ④ 40명

71. 이스라엘이 요단 동쪽에서 점령한 땅은?
① 암몬과 바산 ② 암몬과 모압 ③ 아모리와 바산 ④ 아모리와 헷

72. 요단 동쪽에서 이미 땅을 분배받은 이스라엘 지파는?
① 유다, 시므온, 갓 반 지파
② 르우벤, 므낫세, 단 반 지파
③ 베냐민, 갓, 잇사갈 지파
④ 르우벤, 갓, 므낫세 반 지파

73. 다음 중 요단 동쪽에 거주하지 않은 지파는?
① 아셀 ② 갓 ③ 므낫세 ④ 르우벤

74. 바산 왕 옥의 기업을 분배받은 지파는 어느 지파인가?
① 므낫세 반 지파 ② 갓 지파 ③ 르우벤 지파 ④ 레위 지파

75. 여호수아는 나머지 아홉 지파 반의 기업 분배를 어떤 방법으로 했나?
① 선착순으로 ② 점령하는 대로
③ 제비 뽑아서 ④ 인구의 수에 따라서

---

67. ③(10:12-14) 68. ①(10:16) 69. ①(11:21-22) 70. ③(12:7-24) 71. ③(12:1-4) 72. ④(12:6) 73. ①(12:6) 74. ①(13:29-30) 75. ③(14:2)

76. 여호수아가 유다 지파에게 어느 지역을 기업으로 분배해 주었나?
① 세겜 ② 길갈 ③ 숙곳 ④ 헤브론

77. 다음 중 길갈에서 기업을 분배받은 지파가 아닌 것은?
① 유다 지파 ② 에브라임 지파 ③ 므낫세 지파 ④ 베냐민 지파

78. 가나안 땅 중에서 헤브론을 소유하게 된 사람은?
① 레위 지파 ② 베냐민 지파 ③ 갈렙 ④ 여호수아

79. 갈렙이 여호수아에게 헤브론을 기업으로 달라고 요청할 때 그의 나이는 몇 세였나?
① 50세 ② 75세 ③ 80세 ④ 85세

80. 갈렙이 자기의 기업으로 분배받은 헤브론의 옛 이름은?
① 에브론 ② 기럇 아르바 ③ 가데스바네아 ④ 아스몬

81. 이스라엘이 가나안 땅에서 기업을 분배받을 때 어느 지파가 제일 먼저 제비를 뽑았나?
① 시므온 지파 ② 베냐민 지파 ③ 에브라임 지파 ④ 유다 지파

82. 갈렙이 기럇 세벨을 쳐서 점령하는 자에게 보상으로 내건 것은?
① 금 삼만 냥 ② 가죽옷 10벌 ③ 은 400세겔 ④ 자기 딸

83. 갈렙의 딸 악사를 아내로 맞은 사람은 누구인가? (   )

84. 예루살렘은 어느 지파가 차지하게 되었나?
① 유다 ② 요셉 ③ 베냐민 ④ 스불론

85. 유다 자손이 쫓아내지 못해 함께 예루살렘에 거주한 족속은?
① 브리스 ② 여부스 ③ 아낙 ④ 히위

---

76. ④(14:6-14) 77. ④(14-17장) 78. ③(14:6-14) 79. ④(14:10) 80. ②(14:15)
81. ④(15:1) 82. ④(15:16) 83. 옷니엘(15:16-17) 84. ①(15:63) 85. ②(15:63)

86. 가나안 땅에 정착한 후 벧엘 지역을 차지한 이스라엘의 지파는?
① 르우벤 ② 요셉 ③ 시므온 ④ 베냐민

87. 에브라임 지파가 게셀에서 쫓아내지 않고 자기들을 위해 노역하는 종으로 삼은 족속은?
① 가나안 ② 여부스 ③ 기브온 ④ 브리스

88. 가나안 땅에서 길르앗을 차지한 지파는?
① 르우벤 ② 에브라임 ③ 므낫세 ④ 유다

89. 이스라엘이 가나안 점령 후 제2차로 회막을 세운 곳은?
① 길갈 ② 예루살렘 ③ 세겜 ④ 실로

90. 실로에서는 기업을 분배받지 못한 몇 지파가 분배를 받게 되었나?
① 6지파 ② 7지파 ③ 8지파 ④ 9지파

91. 이스라엘의 12지파 중 여리고를 차지한 지파는?
① 베냐민 ② 르우벤 ③ 유다 ④ 시므온

92. 시므온 지파는 어느 지파에게서 땅을 기업으로 얻었는가?
① 요셉 지파 ② 레위 지파 ③ 잇사갈 지파 ④ 유다 지파

93. 12지파 중 제일 나중에 기업을 분배받은 지파는? (　　　)

94. 예루살렘에 본래부터 살았던 원주민은?
① 브리스 ② 헷 ③ 여부스 ④ 기르가스

95. 여호수아가 기업으로 받은 성읍은?
① 바산 골란 ② 가데스바네아
③ 에브라임 산지 딤낫 세라 ④ 벳산

96. 여호수아가 부지중에 살인한 자를 위하여 세워놓은 6개의 성읍은?
① 아이성 ② 여리고성 ③ 도피성 ④ 소알성

---

86. ②(16:1-4) 87. ①(16:10) 88. ③(17:1) 89. ④(18:1) 90. ②(18:2-4)
91. ①(18:21) 92. ④(19:1, 9) 93. 단 지파(19:40-48) 94. ③(15:63) 95. ③(19:50)
96. ③(20:1-9)

97. 요단 서쪽에 도피성은 모두 몇 개인가?
① 6개 ② 4개 ③ 3개 ④ 2개

98. 다음 중 도피성이 아닌 것은?
① 헤브론 ② 세겜 ③ 바산 골란 ④ 딤낫 세라

99. 다음 중 요단 서쪽에 있는 도피성이 아닌 것은?
① 게데스 ② 헤브론 ③ 세겜 ④ 바산 골란

100. 레위 사람이 이스라엘 자손 각 지파 기업 중에서 얻은 성읍의 수는?
① 6개 ② 24개 ③ 40개 ④ 48개

101. 가나안 정복 후 요단 동쪽으로 돌아가는 두 지파 반 군인들이 쌓은 요단 언덕 가의 큰 제단은 무슨 표시인가?
① 자기들이 새로운 종교의식을 하겠다는 표시
② 가나안 정복을 마쳤다는 표시
③ 요단 서편 지파와 관계를 끊겠다는 표시
④ 요단 서편 지파와 영원한 관계를 맺겠다는 표시

102. 요단 동쪽의 두 지파 반이 돌아가면서 강가에 쌓은 제단의 이름은 무엇인가?
① 브니엘 ② 여호와 삼마 ③ 엣 ④ 에벤에셀

103. "너희 중 한 사람이 (　)을 쫓으리니 이는 너희의 하나님 여호와 그가 너희에게 말씀하신 것 같이 너희를 위하여 싸우심이라"(23:10)에서 (　) 안에 들어갈 말은?
① 만 명 ② 천 명 ③ 백 명 ④ 십 명

104. 여호수아가 죽기 전 마지막으로 이스라엘 백성과 더불어 언약을 맺고 율례와 법도를 제정한 곳은?
① 싯딤 ② 실로 ③ 길갈 ④ 세겜

---

97. ③(20:1-9) 98. ④(20:7-9) 99. ①(20:7-9) 100. ④(21:41-42) 101. ④(22:10-29) 102. ③(22:34) 103. ② 104. ④(24:25)

105. 여호수아가 죽은 나이는?
① 110세 ② 120세 ③ 103세 ④ 100세

106. “만일 여호와를 섬기는 것이 너희에게 좋지 않게 보이거든 너희 조상들이 강 저쪽에서 섬기던 신들이든지 또는 너희가 거주하는 땅에 있는 아모리 족속의 신들이든지 너희가 섬길 자를 오늘 택하라 오직 ( ) 여호와를 섬기겠노라”(24:15) 이 놀라운 신앙고백은 누구의 것인가? ( )

107. ( ) 안에 들어갈 말은?
① 나는 ② 우리 지파는 ③ 나와 내 집은 ④ 나와 아내는

108. 여호수아는 어디에 매장되었나?
① 딤낫 세라 ② 기브온 ③ 헤브론 ④ 세겜

109. 애굽에서 가져온 요셉의 뼈를 장사한 곳은?
① 세겜 ② 헤브론 ③ 길갈 ④ 바산 골란

110. 가나안 땅에 들어간 후 각 지파의 기업(토지)을 분배한 상황을 기록한 성경은?
① 신명기 ② 민수기 ③ 여호수아 ④ 사사기

※ 다음 사항 중 맞는 것은 ○표, 틀리는 것은 ×표 하시오. (111-130)

111. 요단 동쪽에 이미 기업을 분배받은 두 지파 반은 요단강을 건너지 않았다. ( )

112. 여호수아가 여리고 성으로 두 사람의 정탐꾼을 보낸 곳은 싯딤에서였다. ( )

113. 여호수아의 정탐꾼을 구해준 여리고 성 여인은 기생이었다. ( )

---

105. ①(24:29) 106. 여호수아 107. ③ 108. ①(24:30) 109. ①(24:32) 110. ③
111. ×(1:12-18) 112. ○(2:1) 113. ○(2:1)

114. 이스라엘 백성이 요단강을 건널 때 제일 앞장선 사람은 여호수아였다. ( )

115. 요단강은 여호수아가 지팡이로 내려치자 갈라졌다. ( )

116. 이스라엘이 요단강을 건너 가장 먼저 친 곳은 길갈이다. ( )

117. 이스라엘이 요단강을 건넌 후 유월절을 지킨 곳과 할례를 행한 곳은 같은 장소이다. ( )

118. 이스라엘이 여리고 성을 점령하는데 한 일은 성 주위를 돌고 마지막 날 양각 나팔을 불고 큰소리로 외치는 것뿐이었다. ( )

119. 이스라엘이 처음에 아이 성을 물리치지 못한 것은 아간이라는 사람의 범죄와 밀접한 관련이 있다. ( )

120. 여리고 성과 아이 성의 점령소식을 듣고 이스라엘과 화친을 맺은 종족은 여부스 주민이었다. ( )

121. 태양이 온종일 하늘에 머물러 있는 기적을 통해 승리한 전쟁은 아모리와의 전쟁이다. ( )

122. 이스라엘이 가나안 점령 당시에 블레셋 사람의 다섯 통치자들이 다스리던 도시는 가사, 아스돗, 아스글론, 가드, 에그론이었다. ( )

123. 이스라엘 각 지파에 대한 기업의 분배는 인구 수가 많은 지파에 우선권이 있었다. ( )

124. 여호수아는 가나안 땅에 들어온 후 열두 지파에게 땅을 기업으로 분배해 주었다. ( )

125. 갈렙이 여호수아에게 기업으로 요구한 곳은 헤브론 땅이었다. ( )

---

114. ×(3:14) 115. ×(3:14-17) 116. ○(4:19) 117. ○(5:2-12) 118. ○(6장)
119. ○(7:1-26) 120. ×(9:3-21) 121. ○(10:10-14) 122. ○(13:3) 123. ×(14:2)
124. ×(14:2) 125. ○(14:13-15)

126. 유다 지파가 쫓아내지 못해 예루살렘에서 함께 거주한 족속은 여부스 사람이다. (   )

127. 이스라엘 자손이 가나안에 들어온 후 회막을 세운 곳은 예루살렘이었다. (   )

128. 제일 마지막으로 기업을 분배받은 지파는 단 지파이다. (   )

129. 여호수아가 기업으로 요구하여 받은 성읍은 에브라임 산지의 딤낫 세라이다. (   )

130. 애굽에서 가져온 요셉의 뼈는 실로에 장사되었다. (   )

---

126. ○(15:63) 127. ×(18:1) 128. ○(19:40-48) 129. ○(19:50) 130. ×(24:32)

사사기

1 저　　자 : 사무엘로 추정

2 기록연대 : B.C. 1050~1000년

3 기록장소 : 가나안

4 대　　상 : 이방 문화에 취약한 이스라엘 백성

5 배　　경 : 가나안 땅. 하나님은 악한 자가 점령하고 있던 가나안을 정복하게 하셨으나 그 후 이스라엘 백성은 불순종과 타협으로 인해 약속의 땅을 잃을 위기에 처함.

6 대　　지 : 이스라엘의 패역, 사사들의 활동, 다시 부패하는 이스라엘.

7 주　　제 : 이스라엘의 반복되는 타락과 하나님의 구원

8 기록목적 : 죄와 불의에 대한 하나님의 심판과 진실한 회개에 대한 용서의 기록으로 하나님의 공의와 사랑을 보여줌.

9 특이사항 : 이스라엘의 첫 번째 내란 발발

10 요　　절 : 17장 6절

11 주요인물 : 옷니엘, 에훗, 드보라, 기드온, 삼손 외 여러 사사들

01. 왕과 선지자의 중간 형태로서 하나님께서 그때그때 필요할 때 선택하셔서 사용하신 이스라엘 지도자의 명칭은? (   )

02. 여호수아 다음에 나오는 구약의 책은?
① 룻기 ② 사무엘상 ③ 신명기 ④ 사사기

03. 사사기는 모두 몇 장으로 이루어졌나? (장)

04. 여호수아가 죽은 후 어느 지파가 먼저 가나안 사람들과 싸웠나?
① 에브라임 ② 시므온 ③ 유다 ④ 베냐민

05. 유다 지파와 함께 연합하여 가나안 사람과 싸운 이스라엘의 지파는?
① 베냐민 ② 시므온 ③ 에브라임 ④ 갓

06. 베섹에서 가나안 족속, 브리스 족속 만 명을 죽이고 아도니 베섹의 엄지손가락, 엄지발가락을 끊은 이스라엘의 지파는?
① 에브라임 ② 베냐민 ③ 스불론 ④ 유다

07. 갈렙의 아우이며 동시에 사위인 그나스의 아들은?
① 기드온 ② 옷사 ③ 옷니엘 ④ 삼갈

08. 갈렙이 옷니엘에게 아내로 준 딸의 이름은?
① 야엘 ② 옷사 ③ 밀가 ④ 악사

09. 사사기에 의하면 모세의 장인은 어느 민족 사람인가?
① 애굽 사람 ② 유대인 ③ 에돔 사람 ④ 겐 사람

10. 사사 시대에 예루살렘에서 베냐민 지파와 함께 산 가나안 족속은?
① 아모리 족속 ② 기브온 족속 ③ 여부스 족속 ④ 브리스 족속

---

01. 사사 02. ④ 03. 21장 04. ③(1:2) 05. ②(1:3) 06. ④(1:4-6) 07. ③(1:13) 08. ④(1:13) 09. ④(1:16) 10. ③(1:21)

11. 여호수아가 죽어 장사된 곳은 어디인가?
① 세겜 ② 실로 ③ 베들레헴 ④ 딤낫 헤레스

12. 여호수아가 죽은 후 이스라엘은 여호와를 버리고 어느 신을 섬겼나?
① 몰렉과 아세라 ② 바알세불과 아세라
③ 바알과 아스다롯 ④ 알라

13. 사사기에 따르면 하나님께서 가나안 땅에 이방 민족을 남겨두신 이유를 무엇이라고 기록하고 있나?
① 그들이 불쌍해서 ② 그들의 힘이 강해서
③ 그들이 의로워서 ④ 이스라엘을 시험하시기 위해서

14. 이스라엘 최초의 사사는 누구인가?
① 삼손 ② 드보라 ③ 기드온 ④ 옷니엘

15. 메소보다미아의 왕 구산 리사다임에게서 이스라엘을 구원해낸 사사는?
① 삼손 ② 드보라 ③ 옷니엘 ④ 기드온

16. 옷니엘이 사사로 있으면서 이스라엘이 몇 년간 평온하였는가?
① 10년 ② 20년 ③ 30년 ④ 40년

17. 이스라엘의 두 번째 사사는 누구인가? ( )

18. 왼손잡이로 모압 왕 에글론에게서 이스라엘을 구원한 사사는?
① 옷니엘 ② 삼갈 ③ 에훗 ④ 입다

19. 이스라엘을 모압 왕에게서 구원한 사사 에훗은 어느 지파 출신인가?
① 에브라임 ② 레위 ③ 르우벤 ④ 베냐민

20. 에훗이 모압에게서 이스라엘을 구원한 후 몇 년간 그 땅이 평온하였는가?
① 40년 ② 50년 ③ 70년 ④ 80년

---

11. ④(2:9) 12. ③(2:11-13) 13. ④(2:21-23) 14. ④(3:7-11) 15. ③(3:9-11)
16. ④(3:11) 17. 에훗(3:15) 18. ③(3:15-30) 19. ④(3:15) 20. ④(3:30)

21. 소 모는 막대기로 블레셋 사람 600명을 죽인 세 번째 사사는?
① 삼갈 ② 에훗 ③ 기드온 ④ 삼손

22. 이스라엘의 사사 중 유일한 여자 사사는?
① 야엘 ② 헤벨 ③ 드보라 ④ 입다

23. 가나안 왕 야빈의 손에서 이스라엘을 구원한 이스라엘의 여사사는 누구인가? (   )

24. 드보라와 함께 이스라엘을 가나안 왕에게서 구원한 사람은?
① 입다 ② 헤벨 ③ 바룩 ④ 바락

25. 가나안의 군대 장관 시스라를 말뚝으로 박아 죽인 여인의 이름은?
① 드보라 ② 야엘 ③ 헤벨 ④ 라합

26. 가나안의 군대 장관을 죽인 여인의 남편은 어느 족속 사람인가?
① 겐 ② 히위 ③ 모압 ④ 에돔

27. 헤벨의 아내 야엘이 죽인 사람의 이름은?
① 삼손 ② 야빈 ③ 애굴라 ④ 시스라

28. 드보라와 바락 이후에 이스라엘은 몇 년 동안 평온하였는가?
① 40년 ② 50년 ③ 60년 ④ 70년

29. 사사기에서 드보라와 바락의 노래가 나오는 장은 몇 장인가?
① 3장 ② 5장 ③ 7장 ④ 10장

30. 이스라엘의 다섯 번째 사사는 누구인가? (   )

31. 요아스의 아들로서 밀을 포도주 틀에서 타작하다 여호와의 사자를 만나 사사가 된 사람은?
① 삼갈 ② 삼손 ③ 기드온 ④ 입다

---

21. ①(3:31) 22. ③(4:4) 23. 드보라(4:4-16) 24. ④(4:4-24) 25. ②(4:21)
26. ①(4:17-22) 27. ④(4:17-22) 28. ①(5:31) 29. ② 30. 기드온(6장) 31. ③(6:11-13)

32. 아비에셀 사람에게 속한 오브라에 있는 "여호와 살롬"이라는 제단과 관계 깊은 사람은?
① 아브라함 ② 야곱 ③ 모세 ④ 기드온

33. "여호와 살롬"의 의미는 무엇인가?
( )

34. 기드온의 아버지 요아스가 섬겼던 두 가지 우상은 무엇인가?
① 바알과 몰렉 ② 아세라와 바알세불
③ 바알과 아세라 ④ 아폴로와 제우스

35. 사사 중에 바알의 제단을 헐고 아세라 나무로 번제를 드린 사람은?
① 기드온 ② 에훗 ③ 아비멜렉 ④ 삼갈

36. 사사 중에 "여룹바알"이라는 별명을 가진 사람은?
① 아비멜렉 ② 기드온 ③ 삼손 ④ 에훗

37. 기드온은 어느 족속의 억압에서 이스라엘을 구원하였는가?
① 모압 ② 메소보다미아 ③ 블레셋 ④ 미디안

38. 하나님의 명령에 따라 기드온과 함께 미디안과 싸우러 간 이스라엘 용사의 수는? (명)

39. 기드온의 마지막 용사들은 어떻게 선정되었는가?
( )

40. 다음 중 사사기에 이름이 나오는 사사 기드온의 부하는?
① 부라 ② 마노아 ③ 앨콘 ④ 입다

---

32. ④(6:24) 33. 여호와는 평강이라 34. ③(6:25) 35. ①(6:25-27) 36. ②(6:32) 37. ④(6:14) 38. 300명(7:7) 39. 물을 마실 때 손으로 움켜 입에 대고 핥는 자 300명을 뽑음(7:6-7) 40. ①(7:11)

41. 미디안 군사의 꿈에 나타난 기드온의 보리떡 한 덩어리가 상징하는 것은 무엇인가?
① 기드온의 칼날 ② 기드온의 군대
③ 기드온의 방패 ④ 기드온의 부하

42. 다음 중 기드온의 군대가 무장한 도구가 아닌 것은?
① 횃불 ② 나팔 ③ 활 ④ 항아리

43. 기드온의 군사가 왼손과 오른손에 든 것은?
① 나팔과 창 ② 칼과 나팔 ③ 횃불과 나팔 ④ 횃불과 항아리

44. 미디안과 싸우러 갈 때에 부르지 않았다고 기드온과 크게 다툰 이스라엘의 지파는?
① 시므온 ② 에브라임 ③ 므낫세 ④ 유다

45. 에브라임 지파가 기드온과 다툰 이유는 무엇인가?
① 영토 침범 때문에
② 기드온의 부하들이 도둑질을 해서
③ 미디안과 싸우러 갈 때 부르지 않아서
④ 노획물의 분배 문제 때문에

46. 금 귀고리를 녹여서 만든 것으로 기드온과 그의 집의 올무가 된 것은?
① 드라빔 ② 에봇 ③ 금송아지 ④ 흉패

47. 기드온이 사는 날 동안 이스라엘이 평온한 해는 얼마인가?
① 30년 ② 40년 ③ 50년 ④ 60년

48. 기드온의 아들로서 형제 70인을 살해하고 세겜에서 자칭 왕으로 행세한 사람은?
① 아히멜렉 ② 압돈 ③ 바락 ④ 아비멜렉

49. 사사기에 나오는 아비멜렉의 아버지는 누구인가?
① 여룹바알 ② 요담 ③ 드보라 ④ 바알브릿

---

41. ①(7:13-14) 42. ③(7:19-23) 43. ③(7:20) 44. ②(8:1) 45. ③(8:1)
46. ②(8:27) 47. ②(8:28) 48. ④(9:1-6) 49. ①(9:1)

50. 아비멜렉이 자기 형제들을 살해할 때 유일하게 살아남은 사람은?
① 요담 ② 보아스 ③ 도라 ④ 입다

51. 사사기에 나오는 요담의 우화 중 가시나무는 누구를 가리키는가?
① 아비멜렉 ② 기드온 ③ 요담 ④ 삼손

52. 요담이 아비멜렉의 행패를 풍자한 우화를 선포한 산은 어디인가?
① 에발산 ② 모리아산 ③ 헬몬산 ④ 그리심산

53. 사사기에 나오는 인물 중 여자가 던진 맷돌에 맞아 죽은 사람은?
① 엘론 ② 도라 ③ 아비멜렉 ④ 에훗

54. 기드온 다음에 사사가 된 이스라엘의 사사는 누구인가?
① 돌라 ② 야일 ③ 입다 ④ 엘론

55. 아들 삼십 명이 있어 어린 나귀 삼십을 탔고 성읍 삼십을 가지고 22년 동안 사사로 있었던 사람은?
① 에훗 ② 삼갈 ③ 돌라 ④ 야일

56. 기생의 아들로서 이스라엘의 사사가 된 사람은?
① 기드온 ② 돌라 ③ 압돈 ④ 입다

57. 입다는 어느 족속과 싸워 승리하였나?
① 모압 ② 에돔 ③ 미디안 ④ 암몬

58. 암몬 자손을 이기면 누구든지 집 문에서 나와 자신을 영접하는 자를 번제물로 드릴 것을 서원했다가 자기 무남독녀 딸을 번제로 드린 사사는? (   )

59. 입다가 암몬 자손을 물리치고 여호와께 드린 번제물은?
① 숫양 ② 수송아지 ③ 염소 ④ 무남독녀 딸

---

50. ①(9:5) 51. ①(9:1-16) 52. ④(9:7) 53. ③(9:50-54) 54. ①(10:1) 55. ④(10:3-5) 56. ④(11:1-3) 57. ④(11:29-33) 58. 입다(11:30-39) 59. ④(11:30-39)

60. 입다가 사사로 있을 때 전쟁에 자기들을 참가시키지 않았다고 크게 불평했다가 4만 2천 명이나 죽임을 당한 민족상잔의 비극의 주인공은 어느 지파 사람인가?
① 베냐민 ② 므낫세 ③ 에브라임 ④ 단

61. 길르앗 사람이 같은 동족인 에브라임 사람을 무려 4만 2천 명이나 죽인 장소는?
① 얍복 나루터 ② 세겜 ③ 요단 나루터 ④ 헤브론

62. 입다 다음의 사사로서 아들 삼십 명과 딸 삼십 명을 두고 7년 동안 사사로 있다가 베들레헴에 묻힌 사람은?
① 입산 ② 엘론 ③ 압돈 ④ 돌라

63. 스불론 사람으로서 이스라엘의 사사로 10년 동안 다스린 사람은?
① 야일 ② 압돈 ③ 엘론 ④ 입산

64. 비라돈 사람 힐렐의 아들로서 아들 사십 명과 손자 삼십 명을 두었으며 8년 동안 이스라엘을 다스린 사사는?
① 돌라 ② 엘론 ③ 압돈 ④ 입산

65. 이스라엘 12 사사 중 가장 길게 이야기되고 있는 사람은?
(   )

66. 사사 삼손은 어느 지파 사람인가?
① 유다 ② 에브라임 ③ 단 ④ 스불론

67. 이스라엘의 유명한 사사 삼손의 아버지 이름은? (   )

68. 이스라엘의 사사 중 나실인이 된 사람은?
① 기드온 ② 사울 ③ 입다 ④ 삼손

69. 삼손에게 염소 새끼를 찢는 것 같이 찢김을 당한 동물은?
① 사슴 ② 말 ③ 이리 ④ 사자

---

60. ③(12:1-6) 61. ③(12:5-6) 62. ①(12:8-10) 63. ③(12:11-12) 64. ③(12:13-14)
65. 삼손(13-16장) 66. ③(13:2, 24) 67. 마노나(13:2) 68. ④(13:5, 24) 69. ④(14:6)

70. 삼손이 대적한 족속은 어디인가?
① 미디안 ② 모압 ③ 암몬 ④ 블레셋

71. 삼손이 처음에 어디에 사는 블레셋 여자를 아내로 삼았나?
① 세겜 ② 길르앗 ③ 딤나 ④ 길갈

72. 삼손이 블레셋 여자를 아내로 맞은 진짜 이유는 무엇인가?
① 그녀가 아름다워서 ② 블레셋 사람을 치기 위한 틈을 찾기 위해
③ 부모에 대한 반발로 ④ 민족에 대한 반발로

73. 삼손이 결혼식에 참석한 블레셋 사람들을 치기 위한 구실로 낸 수수께끼의 답은 무엇인가? (   )

74. 삼손이 블레셋 사람의 곡식 밭을 태우는 데 이용한 동물은?
① 토끼 ② 사자 ③ 여우 ④ 양

75. 나귀의 턱뼈로 블레셋 사람 천 명을 죽인 사사는?
① 기드온 ② 삼갈 ③ 입다 ④ 삼손

76. 사사기에 나오는 용어 중 "엔학고레"는 무엇과 관계가 깊은가?
① 땅 이름 ② 사람 이름 ③ 샘 이름 ④ 성 이름

77. 엔학고레라는 말과 관계 깊은 사람은? (   )

78. 삼손으로 하여금 결정적으로 실패하게 만든 소렉 골짜기에 사는 블레셋 여인의 이름은? (   )

79. 삼손의 힘의 근원이 되는 머리털 가닥의 수는?
① 13 ② 10 ③ 7 ④ 5

80. 사사기에 보면 삼손의 힘은 어느 곳에서 나오는 것인가?
③ 근육에서 ② 정신력에서 ③ 손에서 ④ 머리털에서

---

70. ④(14:4) 71. ③(14:1-4) 72. ②(14:1-4) 73. 죽은 사자의 몸에서 나온 꿀(14:18) 74. ③(15:4-5) 75. ④(15:14-15) 76. ③(15:18-19) 77. 삼손(15:18-19) 78. 들릴라(16:4) 79. ③(16:19) 80. ④(16:19)

81. 삼손의 힘의 비밀을 블레셋 사람에게 가르쳐 준 사람은 누구인가?
① 딤나 여인 ② 야엘 ③ 들릴라 ④ 시바

82. 삼손을 사로잡은 블레셋 사람들은 어느 신에게 큰 제사를 드렸는가?
① 몰렉 ② 바알 ③ 아세라 ④ 다곤

83. 죽을 때에 죽인 자가 살았을 때에 죽인 자보다 더욱 많았던 사사는?
① 기드온 ② 입다 ③ 에훗 ④ 삼손

84. 나실인으로 구별된 자가 지켜야 할 사항이 아닌 것은?
① 아내를 맞이하지 말 것 ② 포도주와 독주를 금함
③ 머리에 삭도를 대지 않음 ④ 시체를 가까이하지 않음

85. 삼손이 이스라엘의 사사로 있었던 기간은 얼마인가?
① 20년 ② 30년 ③ 40년 ④ 50년

86. 미가의 어머니가 미가를 위해 만든 두 가지 물건은 무엇인가?
① 가죽옷과 띠 ② 활과 화살 ③ 에봇과 드라빔 ④ 칼과 창

87. 미가의 신당에서 제사장으로 삼은 레위 청년은 어느 성읍 출신인가?
① 예루살렘 ② 길르앗 ③ 베들레헴 ④ 여리고

88. 미가의 집 제사장 레위 청년을 빼앗아 자기 형제의 제사장으로 삼은 지파는?
① 에브라임 ② 베냐민 ③ 유다 ④ 단

89. 사사 시대에도 거주할 기업의 땅을 구하고 있던 지파는?
① 시므온 ② 단 ③ 아셀 ④ 잇사갈

90. 사사 시대 에브라임 산지의 어떤 레위 사람이 자신의 첩을 맞은 곳은?
① 기브아 ② 길갈 ③ 베들레헴 ④ 숙곳

---

81. ③(16:18-21) 82. ④(16:23) 83. ④(16:30) 84. ①(13:4-5) 85. ①(16:31)
86. ③(17:1-5) 87. ③(17:7-13) 88. ④(18:27-31) 89. ②(18:1) 90. ③(19:1)

91. 에브라임 산지의 어떤 레위인이 자신의 첩을 데려오다가 잃은 곳은?
① 기브아 ② 길갈 ③ 세겜 ④ 숙곳

92. 어떤 레위인이 첩과 함께 유숙한 기브아는 어느 지파에 속한 곳인가?
① 베냐민 ② 에브라임 ③ 시므온 ④ 갓

93. 이스라엘의 모든 지파가 동족인 베냐민 지파와 싸운 이유는 무엇인가?
( )

94. 베냐민 지파가 이스라엘 연합군에게 참패한 후 남은 숫자는?
① 500명 ② 300명 ③ 600명 ④ 400명

95. "그 때에 이스라엘에 왕이 없으므로 사람이 각기 ( ) 행하였더라"(21:25)에서 ( ) 안에 들어갈 말은?
① 그 악한 길로 ② 여호와의 율법대로
③ 자기의 소견에 옳은 대로 ④ 이방인의 행위대로

96. 사사 시대에 이스라엘 백성이 섬긴 대상은?
① 하나님만 ② 하나님과 우상 ③ 우상만 ④ 바알과 금송아지만

97. 다음 중 이스라엘의 사사가 아닌 사람은?
① 돌라 ② 야일 ③ 입다 ④ 가일

98. 이스라엘과의 전쟁에서 살아남은 베냐민 지파는 어느 지역의 딸들로 후손을 이었는가?
( )

99. "벧엘에서 세겜으로 올라가는 큰 길 동쪽 ( )에 매년 여호와의 명절이 있도다 하고"(21:19)에서 ( ) 안에 들어갈 말은?
① 길갈 ② 실로 ③ 예루살렘 ④ 세겜

---

91. ①(21:14) 92. ①(19:14) 93. 기브아의 베냐민 자손이 레위인의 첩을 욕보인 일로 인하여(20:12-14) 94. ③(20:47) 95. ③ 96. ② 97. ④ 98. 야베스 길르앗(21:8) 99. ②

※ 다음 사항 중 맞는 것은 ○표, 틀리는 것은 ×표 하시오. (100–119)

100. 이스라엘의 최초의 사사는 갈렙의 조카로서 메소보다미아의 왕으로부터 이스라엘을 구원했다. ( )

101. 소 모는 막대기로 블레셋 사람 600명을 죽인 사사는 에훗이다. ( )

102. 드보라와 바락은 이스라엘을 가나안 왕 야빈에게서 구원했다. ( )

103. 가나안 왕 야빈의 군대장관 시스라를 죽인 여인의 남편은 겐 사람이었다. ( )

104. "여호와 살롬"과 관련있는 사람의 별명은 여룹바알이다. ( )

105. 기드온의 군사 300명은 물을 마실 때 무릎을 꿇고 마신 자들이었다. ( )

106. 금 귀고리를 녹여서 만든 것으로 기드온과 그의 집에 올무가 된 것은 드라빔이었다. ( )

107. 사사 중에 삼손은 바알과 아세라 제단을 파괴하였다. ( )

108. 사사 시대에 세겜에서 자칭 왕으로 행세한 사람은 여룹바알의 아들이었다. ( )

109. 사사기에 나오는 요담의 우화 중의 가시나무는 요담 자신을 가리킨다. ( )

110. 입다는 길르앗의 기생에게서 태어난 사생아였다. ( )

---

100. ○(3:9-10) 101. ×(3:31) 102. ○(4:4-24) 103. ○(4:17-22) 104. ○(6:24, 32)
105. ×(7:6) 106. ×(8:27) 107. ×(6:31-32) 108. ○(9:1-6) 109. ×(9:1-16)
110. ○(11:1)

111. 길르앗 사람과 에브라임 사람이 서로 싸운 것은 기업의 분배문제 때문이었다. ( )

112. 길르앗 사람들이 요단 나루턱에서 에브라임 사람을 찾아낼 때 쉽볼렛을 십볼렛으로 발음하는 것으로 구분했다. ( )

113. 돌라, 야일, 입산, 엘론, 압돈 등은 이스라엘의 사사들이다. ( )

114. 삼손이 첫 번째 사랑한 블레셋 여인은 딤나 여인이었다. ( )

115. "엔학고레"는 기드온이 바알과 아세라 상을 헐고 얻은 별명이다. ( )

116. 나귀의 턱뼈로 천 명의 블레셋 사람을 죽인 사사는 나실인이었다. ( )

117. 블레셋 사람이 섬겼던 신은 바알이었다. ( )

118. 미가의 신당에서 제사장으로 세움을 받은 레위 청년은 예루살렘 출신이었다. ( )

119. 사사 시대에 매년 여호와의 명절을 지킨 곳은 세겜이었다. ( )

---

111. ×(12:1-6) 112. ○(12:6) 113. ○(10:1-5, 12:8-15) 114. ○(14:1-4) 115. ×(15:18-19)
116. ○(13:5, 15:14-15) 117. ×(16:23) 118. ×(17:7-13) 119. ×(21:19)

룻기

1 저　　자 : 미상

2 기록연대 : B.C. 1375~1050년

3 기록장소 : 가나안

4 대　　상 : 불신앙 가운데 있는 이스라엘 백성들

5 배　　경 : 모압 지방, 베들레헴, 백성들이 자신을 기쁘게 할 뿐 하나님을 기쁘시게 하지 못한 암흑기(삿 17:6).

6 대　　지 : 헌신적인 룻의 사랑, 룻의 사랑에 대한 거룩한 보상

7 주　　제 : 희생적인 봉사자에게 임하는 하나님의 놀라운 복

8 기록목적 : 사사 통치기의 혼란 속에서도 하나님의 진리를 굳게 지키는 이방 여인 룻의 신앙과 하나님의 돌보심을 기록.

9 특이사항 : 한 모압 여인의 순결한 사랑에 내재된 하나님의 숨겨진 놀라운 경륜.

10 요　　절 : 1장 16절

11 주요인물 : 나오미, 룻, 보아스

01. 모압 여인임에도 불구하고 예수님의 족보에 올라간 놀라운 일을 기록한 책은? (   )

02. 룻기는 모두 몇 장으로 되어 있나? (장)

03. 룻의 시어머니의 이름은?
① 엘리멜렉 ② 오르바 ③ 나오미 ④ 한나

04. 나오미의 남편 이름은?
① 기룐 ② 엘리멜렉 ③ 아비멜렉 ④ 보아스

05. 엘리멜렉과 나오미는 이스라엘 어디 지역 출신인가?
① 유다 베들레헴 ② 여리고 ③ 예루살렘 ④ 나사렛

06. 엘리멜렉과 나오미와 두 아들이 모압 땅으로 간 이유는?
① 베들레헴에 빚이 많아서 ② 폭군 때문에
③ 돈을 벌기 위해서 ④ 베들레헴에 흉년이 들어서

07. 다음 중에서 나오미의 며느리는?
① 오르바 ② 이세벨 ③ 에스더 ④ 라합

08. 다음은 누가 누구에게 하는 말인가?
"어머니께서 가시는 곳에 나도 가고 어머니께서 머무시는 곳에 나도 머물겠나이다 어머니의 백성이 나의 백성이 되고 어머니의 하나님이 나의 하나님이 되시리니"(1:16)
① 나오미가 룻에게 ② 오르바가 나오미에게
③ 오르바가 룻에게 ④ 룻이 나오미에게

---

01. 룻기(마 1:5) 02. 4장 03. ③(1:1-5) 04. ②(1:2) 05. ①(1:2) 06. ④(1:1) 07. ①(1:3-4) 08. ④

09. 룻은 어느 민족 출신인가?
① 구스인 ② 모압인 ③ 유대인 ④ 블레셋인

10. 룻의 본 남편 이름은 무엇인가?
① 보아스 ② 엘리멜렉 ③ 기룐 ④ 말론

11. 구약에서 모압 여인의 이름을 책명으로 한 것은?
① 스가랴 ② 에스더 ③ 아가 ④ 룻기

12. 룻과 나오미는 모압 땅에서 유다 땅 어디로 돌아왔나?
① 나사렛 ② 예루살렘 ③ 베들레헴 ④ 벧엘

13. 나오미가 고향으로 돌아왔을 때 자기를 무엇이라고 불러 달라고 요청했나?
① 마라 ② 에스리 ③ 과부 ④ 오르바

14. 룻은 누구의 밭에서 이삭을 주웠나? (　　　　　　　　　　)

15. 이스라엘 백성들의 옛 풍습 중에 모든 것을 무르거나 교환하는 일을 확정하는 증명으로 무엇을 주었나?
① 예물 ② 증서 ③ 모자 ④ 신

16. 룻이 보아스의 타작마당에 가서 보아스의 발치에 눕고 옷자락으로 덮어 달라고 한 이유는?
① 곡식을 좀 얻을까 해서 ② 과부라 남자가 그리워서
③ 날씨가 추워서 ④ 보아스가 기업 무를 자여서

17. 룻이 보리 이삭을 주울 때 만나서 결혼한 사람은? (　　　　)

18. 룻과 나오미가 모압 지방에서 돌아와 살게 된 곳은 어디인가?
① 나사렛 ② 여리고 ③ 베들레헴 ④ 예루살렘

---

09. ②(1:4) 10. ④(4:10) 11. ④ 12. ③(1:22) 13. ①(1:20) 14. 보아스(2:3) 15. ④(4:7) 16. ④(3:6-9) 17. 보아스(4:13) 18. ③(1:22)

19. 룻이 낳은 아들의 이름은?
① 다윗　② 오벳　③ 이새　④ 베레스

20. 룻의 남편인 보아스와 다윗 왕과의 관계는?
① 할아버지　② 증조부　③ 아버지　④ 고조부

※ 다음 사항 중 맞는 것은 ○표, 틀린 것은 × 표 하시오. (21-25)

21. 나오미의 며느리인 룻과 오르바는 유다 지방의 여인들이다. (　)

22. 룻과 오르바는 시어머니 나오미를 따라 유다 베들레헴으로 돌아왔다. (　)

23. 보아스는 나오미의 남편 엘리멜렉의 친척이었다. (　)

24. 사람들은 나오미에게 룻을 일곱 아들보다 귀한 며느리라고 칭찬하였다. (　)

25. 보아스와 룻 사이에서 태어난 아들은 오벳인데, 이 사람은 다윗의 아버지이다. (　)

---

19. ②(4:17)　20. ②(4:21-22)　21. ×(1:4)　22. ×(1:14-15)　23. ○(2:1)　24. ○(4:15)
25. ×(4:21-22)

사무엘상

1 저　　자 : 사무엘로 추정되나 예언자 나단과 갓의 글도 포함됨

2 기록연대 : B.C. 930년경

3 기록장소 : 가나안

4 대　　상 : 사사 시대에서 왕정 시대로 바뀌기를 바라는 이스라엘 백성

5 배　　경 : 사사 통치기로부터 이스라엘이 왕정으로 바뀌는 과정

6 기록목적 : 사울의 등장 및 쇠퇴, 위대한 왕 다윗의 선택 등을 기록함으로써 메시아 왕국의 특성을 예시.

7 특이사항 : 하나님은 개인은 물론 민족의 운명까지도 주관하심

8 요　　절 : 8장 7–9절

9 주요인물 : 사무엘, 엘리, 한나, 사울, 다윗, 요나단

※ 다음 각 장을 장에 맞는 내용과 연결하시오. (1–14)

01. 1장	① 사무엘을 부르심
02. 2장	② 법궤와 다곤
03. 3장	③ 사울과 아들들의 전사
04. 4장	④ 사울의 옷자락
05. 5장	⑤ 사무엘의 출생
06. 6장	⑥ 왕정 요구
07. 8장	⑦ 한나의 찬송
08. 10장	⑧ 법궤를 빼앗김
09. 12장	⑨ 사울 왕의 즉위
10. 16장	⑩ 다윗과 골리앗
11. 17장	⑪ 사무엘의 고별사
12. 24장	⑫ 다윗과 나발의 아내 아비가일
13. 25장	⑬ 다윗의 피택
14. 31장	⑭ 사무엘의 치리

---

01. ⑤ 02. ⑦ 03. ① 04. ⑧ 05. ② 06. ⑭ 07. ⑥ 08. ⑨ 09. ⑪ 10. ⑬ 11. ⑩
12. ④ 13. ⑫ 14. ③

15. 엘가나의 소속 지파는?
① 유다 ② 레위 ③ 베냐민 ④ 에브라임

16. 사무엘의 부모의 이름은 무엇인가? (　　　　　　　　　　)

17. 엘가나의 아내의 이름은? (　　　　　　　　　　　　　　　　　　　)

18. 사무엘은 언제 '실로'에 있는 여호와의 집에 올라갔는가?
(　　　　　　　　　　　　　　　　　　　　　　　　　　　　　)

19. 엘리 제사장의 잘못은 무엇인가? (　　　　　　　　　　　　　　)

20. 제사장 엘리의 아들들이 하나님 앞에서 지은 죄는 무엇인가?
① 남의 물건을 훔침 ② 거짓 증언
③ 제물을 함부로 다룸 ④ 살인

21. 사무엘은 히브리어로 무슨 뜻인가? (　　　　　　　　　　)

22. 사무엘의 집이 있는 곳은?
① 라마 ② 미스바 ③ 길갈 ④ 실로

23. 한나는 매년 어디에 가서 아들을 달라고 기도하였는가?
① 예루살렘 ② 실로 ③ 세겜 ④ 미스바

24. 사무엘의 부모가 사는 곳은 어디였는가?
① 예루살렘 ② 실로 ③ 라마 ④ 길갈

※ 아래의 빈칸에 맞는 말을 보기에서 골라 쓰시오. (25–34)

보 기

구원, 사무엘아, 길갈, 포도주, 기도,
뿔, 마음, 떡, 미스바, 여호와,
여호와, 화목제

15. ④(1:1) 16. 부: 엘가나, 모: 한나(1:1-2) 17. 한나와 브닌나(1:2) 18. 젖을 뗀 후 (1:24-28) 19. 아들들을 여호와보다 더 중히 여김(2:29) 20. ③(2:12-26) 21. 하나님께 드린다 또는 내가 하나님께 그를 구하였다(1:20) 22. ①(1:19) 23. ②(1:3) 24. ③(1:19)

25. “엘리가 그에게 이르되 네가 언제까지 취하여 있겠느냐 (　　)를 끊으라”(1:14)

26. “한나가 기도하여 이르되 내 마음이 여호와로 말미암아 즐거워하며 내 (　　)이 여호와로 말미암아 높아졌으며 내 입이 내 원수들을 향하여 크게 열렸으니 이는 내가 주의 (　　)으로 말미암아 기뻐함이니이다”(2:1)

27. “여호와께서 임하여 서서 전과 같이 사무엘아 (　　) 부르시는지라 사무엘이 이르되 말씀하옵소서 주의 종이 듣겠나이다”(3:10)

28. “사무엘이 이스라엘 온 족속에게 말하여 이르되 만일 너희가 전심으로 여호와께 돌아오려거든 이방 신들과 아스다롯을 너희 중에서 제거하고 너희 (　　)을 여호와께로 향하여 그만을 섬기라 그리하면 너희를 블레셋 사람의 손에서 건져내시리라”(7:3)

29. “이에 이스라엘 자손이 바알들과 아스다롯을 제거하고 (　　)만 섬기니라”(7:4)

30. “그들이 네게 문안하고 (　　) 두 덩이를 주겠고 너는 그의 손에서 받으리라” (10:4)

31. “네게는 (　　)의 영이 크게 임하리니 너도 그들과 함께 예언을 하고 변하여 새사람이 되리라”(10:6)

32. “너는 나보다 앞서 (　　)로 내려가라 내가 네게로 내려가서 번제와 (　　)를 드리리니 내가 네게 가서 네가 행할 것을 가르칠 때까지 칠 일 동안 기다리라”(10:8)

33. “사무엘이 백성을 (　　)로 불러 여호와 앞에 모으고”(10:17)

---

25. 포도주　26. 뿔, 구원　27. 사무엘아　28. 마음　29. 여호와　30. 떡　31. 여호와
32. 길갈, 화목제　33. 미스바

34. "나는 너희를 위하여 ( )하기를 쉬는 죄를 여호와 앞에 결단코 범하지 아니하고 선하고 의로운 길을 너희에게 가르칠 것인즉"(12:23)

35. "전에 임신하지 못하던 자는 일곱을 낳았고 많은 자녀를 둔 자는 쇠약하도다 □□□는 죽이기도 하시고 살리기도 하시며 스올에 내리게도 하시고 거기에서 올리기도 하시는도다"(2:5–6)에서 □ 안에 들어갈 말은?

36. 다음 중 마리아의 찬가와 비슷한 내용의 노래는?
① 미리암의 노래 ② 한나의 노래
③ 솔로몬의 아가 ④ 드보라의 노래

37. 엘리의 아들들의 행실은 어떠했는가?
① 효자 ② 하나님을 경외함 ③ 불량자 ④ 겸손함

38. 한나가 낳은 자녀의 수는?
① 4남2녀 ② 3남2녀 ③ 1남3녀 ④ 1남

39. 사무엘이 어려서 하나님의 궤 있는 여호와의 전 안에 누웠을 때 여호와께서 사무엘을 부른 횟수는?
① 한 번 ② 두 번 ③ 세 번 ④ 네 번

40. 여호와의 언약궤를 블레셋 사람에게 빼앗긴 때는?
① 사울 왕 시대 ② 엘리의 시대
③ 삼손의 시대 ④ 다윗 왕 시대

41. 제사장 엘리가 듣고 의자에서 뒤로 넘어져 죽었을 때 전한 소식은?
① 패전의 소식 ② 아들들의 전사 소식
③ 사무엘의 소식 ④ 법궤의 소식

42. 엘리의 직분은? ( )

---

34. 기도 35. 여호와 36. ②(2:1-10) 37. ③(2:12) 38. ②(2:21, 1:10) 39. ④(3:1-10) 40. ②(4:11) 41. ④(4:18) 42. 제사장, 사사(1:9, 4:18)

43. "여호와는 가난하게도 하시고 부하게도 하시며 낮추기도 하시고 높이기도 하시는도다"(2:7)는 누구의 기도인가?
① 미리암 ② 드보라 ③ 한나 ④ 모세

44. 사무엘의 어머니 한나의 기도는 사무엘상 몇 장에 나와 있나?
① 1장 ② 2장 ③ 3장 ④ 4장

45. 사무엘서 중 경건하지 못한 아들들로 인해 벌 받아 죽은 제사장은?
① 사무엘 ② 홉니 ③ 비느하스 ④ 엘리

46. 이스라엘이 어느 나라와의 전쟁에서 법궤를 빼앗겼는가?
① 모압 ② 블레셋 ③ 암몬 ④ 앗수르

47. 엘리 제사장의 방탕한 두 아들은 홉니와 누구인가?
① 사무엘 ② 사울 ③ 비느하스 ④ 사독

48. 엘리는 사사로 얼마 동안 일했는가? (   )

49. 엘리는 몇 세에 죽었는가? (세)

50. 엘리의 며느리인 비느하스의 아내가 낳은 아들의 이름은?
① 이가봇 ② 홉니 ③ 사무엘 ④ 사울

※ 다음 문제를 읽고 맞는 것에 ○표, 틀린 것에 ×표를 하시오. (51–62)

51. 엘리의 두 아들 홉니와 비느하스는 행실이 나빠, 여호와께 드리는 제물을 드리기도 전에 가져다 먹었다. ( )

52. 사무엘은 어렸을 때에 세마포 에봇을 입고 여호와 앞에서 여호와를 섬겼다. ( )

53. 사무엘은 하나님의 궤 있는 여호와의 전 안에서 여호와의 음성을 네 번 들었다. ( )

---

43. ③ 44. ② 45. ④(4:12-18) 46. ②(4:1-18) 47. ③(4:11) 48. 40년(4:18)
49. 98세(4:15) 50. ①(4:21) 51. ○(2:12-17, 22) 52. ○(2:18) 53. ○(3:3-10)

54. 엘리는 간절히 기도하는 한나를 보고 술 취한 것으로 알고, 포도주를 끊으라고 말했다. (   )

55. 블레셋 사람들이 언약궤를 아스돗에서 가드로, 가드에서 에그론으로 옮긴 것은 언약궤로 말미암아 그들이 복을 받았기 때문이다. (   )

56. 블레셋 사람들이 언약궤를 옮길 때 힘센 황소 두 마리가 끄는 낡은 수레로 옮겼다. (   )

57. 벧세메스 사람들이 여호와의 궤를 들여다 본 까닭에 다섯 명이 죽었다. (   )

58. 기럇여아림 사람들이 벧세메스에서 아비나답의 집으로 언약궤를 옮겨놓았는데, 거기서 언약궤는 10년 동안 있었다. (   )

59. 사무엘이 블레셋을 물리친 후 미스바와 센 사이에 돌을 세우고 여호와께서 여기까지 우리를 도우셨다는 뜻으로 에벤에셀이라 하였다. (   )

60. 사울은 베냐민 지파 기스의 아들로서 준수한 소년이었으며 잃어버린 암나귀를 찾아다니다가 사무엘을 찾아갔고 거기서 이스라엘의 왕으로 기름부음을 받았다. (   )

61. 사무엘은 백성에게 율법을 가르치지 않는 죄를 범하지 않겠다고 다짐했다. (   )

62. 사울이 여호와의 명령을 순종하지 않았으므로 여호와께서 그를 왕으로 세운 것을 후회하셨다. (   )

63. 다곤은 어느 나라 신인가?
① 암몬 ② 블레셋 ③ 모압 ④ 애굽

---

54. ○(1:13-14) 55. ×(5:1-12) 56. ×(6:4-12) 57. ×(6:9-21) 58. ×(7:1-2)
59. ○(7:12) 60. ○(9:1-4, 15-16, 10:1) 61. ×(12:23) 62. ○(15:11) 63. ②(5:1-5)

64. 여호와의 궤가 블레셋에 있은 지 얼마 만에 이스라엘 백성에게로 보낼 것을 의논했는가?
① 넉 달 ② 다섯 달 ③ 여섯 달 ④ 일곱 달

65. 엘리 제사장의 죽음이 기록된 곳은?
① 사사기 ② 여호수아 ③ 사무엘상 ④ 사무엘하

66. 여호와께서 아이 사무엘에게 보여주신 이상을 간단히 써보시오.
( )

67. 엘리의 며느리인 비느하스의 아내가 낳은 아들 이가봇이라는 이름의 뜻은 무엇인가? ( )

68. "에벤에셀"은?
① 땅 이름 ② 사람 이름 ③ 샘 이름 ④ 산 이름

69. 블레셋 사람들은 언약궤를 빼앗아 가서 어디에 두었는가? ( )

70. 블레셋 사람들은 언약궤를 빼앗아 어느 신 곁에 두었는가? ( )

71. 여호와의 궤가 블레셋 사람의 지방에 있었던 기간은?
① 1개월 ② 6개월 ③ 7개월 ④ 24개월

72. 여호와의 궤 앞에서 엎드러져 그 얼굴이 땅에 닿고 그 머리와 두 손목이 끊어져 몸뚱이만 남았던 블레셋 우상은? ( )

※ 아래의 빈칸에 알맞은 것을 보기에서 골라 쓰시오. (73–80)

보 기

지존자, 이스라엘, 막내, 창, 진실히, 천천,
경외, 사람, 인자, 사무엘, 만만, 여호와, 악령

---

64. ④(6:1-2) 65. ③(4:18) 66. 엘리 제사장 집에 대한 심판(3:11-14) 67. 이스라엘에서 영광이 떠남(4:21) 68. ①(5:1, 7:12) 69. 아스돗(5:1-2) 70. 다곤 신 71. ③(6:1) 72. 다곤(5:1-5)

73. "너희는 여호와께서 너희를 위하여 행하신 그 큰 일을 생각하여 오직 그를 ( )하며 너희의 마음을 다하여 ( ) 섬기라"(12:24)

74. "여호와께서 그 날에 ( )을 구원하시므로 전쟁이 벧아웬을 지나니라"(14:23)

75. "이스라엘의 ( )는 거짓이나 변개함이 없으시니 그는 ( )이 아니시므로 결코 변개하지 않으심이니이다"(15:29)

76. "또 사무엘이 이새에게 이르되 네 아들들이 다 여기 있느냐 이새가 이르되 아직 ( )가 남았는데 그는 양을 지키나이다 ( )이 이새에게 이르되 사람을 보내어 그를 데려오라 그가 여기 오기까지는 우리가 식사 자리에 앉지 아니하겠노라"(16:11)

77. "( )의 영이 사울에게서 떠나고 여호와께서 부리시는 ( )이 그를 번뇌하게 한지라"(16:14)

78. "다윗이 블레셋 사람에게 이르되 너는 칼과 ( )과 단창으로 내게 나아 오거니와 나는 만군의 ( )의 이름 곧 네가 모욕하는 이스라엘 군대의 하나님의 이름으로 네게 나아가노라"(17:45)

79. "여인들이 뛰놀며 노래하여 이르되 사울이 죽인 자는 ( )이요 다윗은 ( )이로다 한지라"(18:7)

80. "너는 내가 사는 날 동안에 여호와의 ( )하심을 내게 베풀어서 나를 죽지 않게 할 뿐 아니라"(20:14)

81. 벧세메스 사람들이 여호와의 궤를 들여다보다 몇 명이나 죽었는가?
① 50명 ② 70명 ③ 90명 ④ 110명

82. "기럇여아림"과 관계있는 것은?
① 여호와의 궤 ② 우상 ③ 전쟁 ④ 여자

---

73. 경외, 진실히 74. 이스라엘 75. 지존자, 사람 76. 막내, 사무엘 77. 여호와, 악령 78. 창, 여호와 79. 천천, 만만 80. 인자 81. ②(6:19-21) 82. ①(6:19~7:2)

83. 여호와의 궤가 "기럇여아림"에 머문 기간은?
① 7년 ② 14년 ③ 20년 ④ 22년

84. 사무엘의 말을 듣고 이스라엘 백성들은 어디에 모여 금식하고 회개하며 기도했는가?
① 길갈 ② 세겜 ③ 미스바 ④ 실로

85. 사무엘이 늙은 후에 사사로 세운 아들은 요엘과 누구인가?
① 엘리 ② 홉니 ③ 비느하스 ④ 아비야

※ 아래의 것들을 서로 관련 있는 것들끼리 연결하라. (86–95)

86. 엘가나	① 길보아산
87. 사무엘	② 기브아
88. 엘리	③ 미갈
89. 한나	④ 다윗
90. 에벤에셀	⑤ 홉니와 비느하스
91. 기럇여아림	⑥ 에브라임
92. 다윗	⑦ 라마
93. 사울	⑧ 도움의 돌
94. 아비가일	⑨ 법궤
95. 요나단	⑩ 사무엘

---

83. ③(7:2) 84. ③(7:5-6) 85. ④(8:1-2) 86. ⑥(1:1) 87. ⑦(1:19) 88. ⑤(2장) 89. ⑩(2장) 90. ⑧(7:12) 91. ⑨(6:21~7:2) 92. ③(9:3, 18:27) 93. ②(10:26, 15:34) 94. ④(25:39, 27:1-4) 95. ①(31:1-2)

96. 사무엘의 아들들 때문에 이스라엘 백성이 사무엘에게 요구한 것은?
① 하나님을 보여달라 ② 왕을 세워달라
③ 아들들을 벌해달라 ④ 기적을 보여달라

97. 사무엘이 늙은 후에 그의 아들의 행위는 어떠했는가?
① 평범했다 ② 선했다 ③ 악했다 ④ 별일 없었다

98. "그들이 너를 버림이 아니요 나를 버려 자기들의 왕이 되지 못하게 함이니라"(8:7)는 누구의 말씀인가?
① 사무엘 ② 여호와 ③ 엘리 ④ 모세

99. "에벤에셀"의 뜻은?
① 도움의 돌 ② 승리 ③ 하나님의 나타 ④ 하나님의 집

100. 사무엘이 이스라엘을 다스리기 위해 순회한 구역은?
( )

101. 사무엘은 어떤 직분을 가졌는가? ( )

102. 마지막 사사의 이야기가 기록된 곳은?
① 사사기 ② 사무엘상 ③ 사무엘하 ④ 열왕기상

※ 아래의 빈칸에 알맞은 것을 보기에서 골라 쓰시오. (103–113)

보 기

칼, 여호와, 진설병, 떡, 옷자락, 겉옷자락, 창, 선대, 개, 물병, 판단, 기름부음

103. "요나단이 다윗에게 이르되 평안히 가라 우리 두 사람이 여호와의 이름으로 맹세하여 이르기를 ( )께서 영원히 나와 너 사이에 계시고 내 자손과 네 자손 사이에 계시리라 하였느니라"(20:42)

---

96. ②(8:4-6) 97. ③(8:1-3) 98. ② 99. ①(7:12) 100. 벧엘, 길갈, 미스바(7:15-16)
101. 선지자(3:20), 제사장(2:35), 사사(7:15-17) 102. ②(8:1-3) 103. 여호와

104. "이제 당신의 수중에 무엇이 있나이까 (　　) 다섯 덩이나 무엇이나 있는 대로 내 손에 주소서"(21:3)

105. "제사장이 그 거룩한 떡을 주었으니 거기는 (　　) 곧 여호와 앞에서 물려낸 떡밖에 없었음이라 이 떡은 더운 떡을 드리는 날에 물려낸 것이더라"(21:6)

106. "다윗이 아히멜렉에게 이르되 여기 당신의 수중에 창이나 (　　)이 없나이까 왕의 일이 급하므로 내가 내 칼과 무기를 가지지 못하였나이다"(21:8)

107. "다윗의 사람들이 이르되 보소서 여호와께서 당신에게 이르시기를 내가 원수를 네 손에 넘기리니 네 생각에 좋은 대로 그에게 행하라 하시더니 이것이 그 날이니이다 다윗이 일어나서 사울의 (　　)을 가만히 베니라"(24:4)

108. "자기 사람들에게 이르되 내가 손을 들어 여호와의 기름부음을 받은 내 주를 치는 것은 여호와께서 금하시는 것이니 그는 여호와의 (　　)을 받은 자가 됨이니라"(24:6)

109. "내 아버지여 보소서 내 손에 있는 왕의 (　　)을 보소서 내가 왕을 죽이지 아니하고 겉옷자락만 베었은즉 내 손에 악이나 죄과가 없는 줄을 아실지니이다 왕은 내 생명을 찾아 해하려 하시나 나는 왕에게 범죄한 일이 없나이다"(24:11)

110. "여호와께서는 나와 왕 사이를 (　　)하사 여호와께서 나를 위하여 왕에게 보복하시려니와 내 손으로는 왕을 해하지 않겠나이다"(24:12)

111. "이스라엘 왕이 누구를 따라 나왔으며 누구의 뒤를 쫓나이까 죽은 (　　)나 벼룩을 쫓음이니이다"(24:14)

---

104. 떡　105. 진설병　106. 칼　107. 겉옷자락　108. 기름부음　109. 옷자락
110. 판단　111. 개

112. "다윗에게 이르되 나는 너를 학대하되 너는 나를 (   )하니 너는 나보다 의롭도다"(24:17)

113. "내가 손을 들어 여호와의 기름부음 받은 자를 치는 것을 여호와께서 금하시나니 너는 그의 머리 곁에 있는 (   )과 (   )만 가지고 가자"(26:11)

114. 사사시대와 초기 왕국에서 연결 역할을 한 사람은 누구인가?
① 엘리 ② 다윗 ③ 사울 ④ 사무엘

115. 사무엘상에서 골리앗이 등장하는 장은 몇 장인가?
① 15장 ② 17장 ③ 19장 ④ 21장

116. 사울 왕의 소속 지파는?
① 유다 ② 레위 ③ 베냐민 ④ 에브라임

117. 사무엘 시대에 이스라엘 남자 중 제일 준수한 자는?
① 솔로몬 ② 다윗 ③ 압살롬 ④ 사울

118. 사울 왕의 아버지는?
① 보아스 ② 엘랍 ③ 기스 ④ 아비엘

※ 다음 내용을 읽고 맞는 것에 ○표 틀린 것에 ×표 하시오. (119-134)

119. 여호와의 영이 떠난 사울에게 여호와께서 부리신 악령이 그를 번뇌하게 했다. (   )

120. 골리앗은 블레셋의 장군으로, 가드 사람이요 거인이었다. (   )

121. 다윗은 큰 칼로 골리앗을 죽였다. (   )

122. 사울이 다윗을 시기하여 죽이려 한 것은 다윗이 너무 준수하고, 싸움에 능했기 때문이다. (   )

---

112. 선대 113. 창, 물병 114. ④ 115. ②(17:4) 116.③(9:1) 117. ④(9:2)
118. ③(9:2) 119. ○(16:14) 120. ○(17:4) 121. ×(17:49) 122. ×(18:8-9, 12)

123. 사울의 손에서 다윗을 구해준 사람은 사무엘과 요압이었다. ( )

124. 아비아달은 아히멜렉의 아들인데, 도엑이 그의 아버지와 제사장들을 살해할 때에 피하여 다윗에게로 가서 이 사실을 보고하고 다윗과 함께 있었다. ( )

125. 다윗이 사울을 죽일 기회를 처음 얻은 곳은 십 황무지 하길라산이었다. ( )

126. 다윗의 아내는 아비가일, 아히노암, 미갈 세 사람이었는데, 이 중에 솔로몬의 어머니는 아비가일이었다. ( )

127. 다윗이 사울을 해하지 않은 이유는 그가 자기의 장인이었기 때문이다. ( )

128. 다윗이 사울을 피해 다니다가 블레셋과의 싸움에서 이겨 그일라 사람들을 구출해 주었다. ( )

129. 사울은 자기를 해치지 않은 다윗에게 칭찬했다. ( )

130. 다윗의 가장 친한 친구는 사울의 아들 요나단이었다. ( )

131. 다윗이 블레셋에 피신해 있을 때 이스라엘과의 전쟁에서 블레셋 군대로 나가지 않았던 이유는 블레셋 방백들이 반대했기 때문이다. ( )

132. 다윗이 블레셋과 함께 나갔던 전쟁에서 돌아왔을 때 그가 거주했던 시글락 성읍을 아말렉 사람들이 침노하여 쳐서 불살랐다. ( )

133. 사울은 아말렉 사람과의 전쟁에서 적의 화살에 맞아 죽었다. ( )

---

123. ×(19:1-7) 124. ○(22:20-23) 125. ×(24:2-7) 126. ×(25:38-44) 127. ×(26:11, 23) 128. ○(23:1-5) 129. ○(24:16-22) 130. ○(18:1) 131. ○(29:6-11) 132. ○(30:1-4) 133. ×(31:1-6)

134. 이스라엘의 초대 왕은 다윗이었다. (　)

135. 다윗은 이새의 몇째 아들인가?
① 첫째　② 넷째　③ 다섯째　④ 여덟째

136. 이스라엘에 군왕제도가 실시된 것은 언제부터인가?
① 사무엘이 죽은 다음　② 사무엘의 생전에
③ 사무엘 이전　④ 다윗 왕 때

137. 사울의 고향은?
① 라마　② 기럇여아림　③ 기브아　④ 그일라

138. 사울이 선견자 사무엘을 만나러 갈 때 무엇을 예물로 가지고 갔나?
(　)

139. 사울이 암몬 사람을 쳐서 이긴 후 사무엘이 사울과 백성을 데리고 가서 나라를 새롭게 세운 곳은 어디인가?
① 헤브론　② 예루살렘　③ 길갈　④ 라마

140. 사무엘의 기도에 대한 가르침은 무엇인가?
① 열심으로 기도하라　② 기도하지 않는 것은 죄
③ 쉬지 말고 기도하라　③ 하루 세 번 기도하라

141. 이스라엘 백성이 하나님을 잊고 그들의 왕을 구하는 죄를 더하자 사무엘이 그들의 죄악을 밝히 알게 하기 위해서 여호와께 구한 것은?
(　)

142. 사울이 왕이 될 때 연령은?
① 40세　② 30세　③ 35세　④ 45세

143. 사울이 처음 싸워서 이긴 나라는?
① 모압　② 암몬　③ 블레셋　④ 애굽

---

134. × 135. ④(16:10) 136. ②(10:17-21) 137. ③(10:26, 15:34) 138. 은 1/4세겔(9:8) 139. ③(11:14-15) 140. ②(12:23) 141. 우레와 비(12:17-18) 142. ①(13:1) 143. ②(11:6-11)

144. 사울이 왕이 되었을 때 이스라엘 군인들의 무기는?
① 병거를 소유함 ② 창과 칼만 가짐
③ 아무것도 없었음 ④ 철병거와 창칼을 가짐

145. 사무엘이 백성들에게 "백성들을 위하여 기도하기를 쉬는 죄를 범하지 않겠다"고 말한 장 절은?
① 7:23 ② 9:11 ③ 11:11 ④ 12:23

146. "거역하는 것은 □□□ 죄와 같고 완고한 것은 □□ □□에게 절하는 죄와 같음이라"(15:23)에서 □ 안에 들어갈 말은?

147. 사울이 전쟁에서 이기고 여호와를 위하여 제단을 처음 쌓았을 때 적은 누구인가?
① 아말렉 ② 암몬 ③ 블레셋 ④ 여부스

148. 사울 왕의 군대 장관은?
① 넬 ② 요압 ③ 아비새 ④ 아브넬

※ 아래의 빈 칸에 알맞은 것을 골라 쓰시오. (149–153)

보기

엔돌, 사무엘, 무화과, 메추라기, 하루 밤낮, 벼룩

149. "그런즉 청하건대 여호와 앞에서 먼 이곳에서 이제 나의 피가 땅에 흐르지 말게 하옵소서 이는 산에서 ( )를 사냥하는 자와 같이 이스라엘 왕이 한 ( )을 수색하러 나오셨음이니이다"(26:20)

150. "사울이 그의 신하들에게 이르되 나를 위하여 신접한 여인을 찾으라 내가 그리로 가서 그에게 물으리라 하니 그의 신하들이 그에게 이르되 보소서 ( )에 신접한 여인이 있나이다"(28:7)

---

144. ③(13:19-23) 145. ④ 146. 점치는, 사신 우상 147. ③(14장) 148. ④(14:50)
149. 메추라기, 벼룩 150. 엔돌

151. "여인이 이르되 내가 누구를 네게로 불러 올리랴 하니 사울이 이르되 (   )을 불러 올리라 하는지라"(28:11)

152. "사울이 갑자기 땅에 완전히 엎드러지니 이는 사무엘의 말로 말미암아 심히 두려워함이요 또 그의 기력이 다하였으니 이는 그가 (   )을 음식을 먹지 못하였음이니라"(28:20)

153. "그에게 (   ) 뭉치에서 뗀 덩이 하나와 건포도 두 송이를 주었으니 그가 밤낮 사흘 동안 떡도 먹지 못하였고 물도 마시지 못하였음이니라 그가 먹고 정신을 차리매"(30:12)

154. 사울이 범죄한 후의 태도는?
① 다시 범하지 않음 ② 끝까지 범죄를 부인함
③ 솔직히 고백함 ④ 잘못을 숨김

155. 다윗이 골리앗을 죽였으므로 사울은 그를 어떻게 했는가?
(   )

156. "여호와께서 번제와 다른 제사를 그의 목소리를 청종하는 것을 좋아하심 같이 좋아하시겠나이까 (   )이 제사보다 낫고 (   )이 숫양의 기름보다 나으니"(15:22)에서 ( ) 안에 들어갈 말은?
① 청종, 순종 ② 순종, 사랑 ③ 순종, 듣는 것 ④ 사랑, 순종

157. 사울은 처음 만난 다윗을 무엇으로 삼았는가? (   )

158. 다윗은 누구의 아들인가?
① 이새 ② 엘리압 ③ 오벳 ④ 보아스

159. 다윗이 사울과 다른 중요한 차이점은?
① 아내가 많은 것 ② 여호와 신앙이 철저한 것
③ 싸움을 잘하는 것 ④ 키가 작은 것

---

151. 사무엘 152. 하루 밤낮 153. 무화과 154. ③(15:17-31) 155. 군대의 장으로 삼음(18:5) 156. ③ 157. 자기의 무기 드는 자(16:21) 158. ①(16:10-11) 159. ②(17:45-47)

160. 정적을 적으로 대하지 않고 친구로 대했던 용사는?
① 요나단 ② 아사렐 ③ 요압 ④ 사울

161. 사울 왕과 다윗의 관계는?
① 친구 ② 아들 ③ 형제 ④ 사위

162. 옷을 벗고 예언을 하며 하루 밤낮을 지낸 사람은?
① 다윗 ② 사울 ③ 느부갓네살 ④ 룻

163. "□□이 죽인 자는 천천이요 □□은 만만이로다"(18:7)에서 □ 안에 들어갈 말은?

164. 요나단이 사울의 결심을 다윗에게 알린 방법은?
① 미갈을 통해 ② 화살을 쏘아 ③ 밀사를 보내 ④ 비밀 편지로

165. 다윗은 사울을 피하여 가드 왕 누구에게로 갔는가?
① 아비가일 ② 시삭 ③ 아기스 ④ 미갈

166. 다윗이 미친 척했던 곳은?
① 가드 ② 모압 ③ 아둘람 ④ 엔게디

167. 망명한 다윗을 도와준 관계로 사울에게 처벌당한 성읍은?
① 벧산 ② 베들레헴 ③ 그일라 ④ 놉

168. 사울의 명령을 받은 그의 신하 도엑이 다윗의 일로 죽인 제사장의 수는? (명)

169. 사울의 아들 요나단의 성품은?
① 교만한 왕자 ② 사울같이 잔인
③ 신앙과 우정이 특별 ④ 평범한 왕자

---

160. ①(18:1) 161. ④(18:27) 162. ②(19:23-24) 163. 사울, 다윗 164. ②(20:9, 20-22)
165. ③(21:10-14) 166. ①(21:10-15) 167. ④(22:11-19) 168. 85명(22:11-19)
169. ③(23:15-18, 19:1-7)

170. 요나단이 마지막으로 다윗을 만난 곳은?
① 십 광야 수풀　② 엔게디　③ 아둘람　④ 놉

171. 다윗이 사울을 죽일 기회를 처음 얻은 곳은 어디인가?
① 십 광야　② 엔게디 광야　③ 블레셋 가드　④ 놉

172. 다윗이 사울의 겉옷자락을 벤 사건은 어디에서 있었던 일인가?
① 놉　② 십 광야　③ 엔게디 광야　④ 블레셋

173. 나발이란 이름의 뜻은 무엇인가? (　　　　　　　　　)

174. 사울이 블레셋과의 전쟁을 두려워하여 사무엘의 영을 불러 묻기 위해 찾아간 여인은 누구인가? (　　　　　　　　　)

175. 다윗이 십 광야 하길라 산 수풀 요새에 숨은 것을 사울에게 말한 사람들은 누구인가? (　　　　　　　　　)

176. 다윗이 사울을 피해 망명해 있던 중에 누구와 싸웠는가?
① 암몬　② 블레셋　③ 애굽　④ 모압

177. 사울이 십 광야 하길라 산 수풀 요새에 숨은 다윗을 포위하여 잡으려 하다가 포기한 이유는? (　　　　　　　　　)

178. 다윗이 사울을 피해 망명 중에 누구를 구해주었는가?
① 블레셋 사람　② 놉 사람　③ 암몬 사람　④ 그일라 사람

179. 다윗이 사울을 대한 태도는?
① 원수 갚는 것을 하나님께 맡김　② 원수로 사울을 죽이려 함
③ 자신도 사울을 죽이려 함　④ 마음으로 사울을 미워함

180. 제사장 아히멜렉이 다윗에게 준 칼은 어떤 칼인가? (　　)

---

170. ①(23:15-18)　171. ②(24:1-7)　172. ③(24:1-7)　173. 미련한 자(25:25)
174. 엔돌의 신접한 여인(28:7-11)　175. 십 사람들(23:19-28)　176. ②(23:1-5)
177. 블레셋 사람들이 이스라엘을 침략했기 때문(23:19-28)　178. ④(23:1-5)
179. ①(24:4-7)　180. 블레셋 사람 골리앗의 칼(21:9)

181. 다윗의 아내 아비가일의 전 남편 이름은?
① 요압 ② 나발 ③ 우리아 ④ 아브넬

182. 다윗의 아내 세 명의 이름은? ( )

183. 나발의 아내로서 후에 다윗의 아내가 되었던 갈멜 여자의 이름은?
① 아비가일 ② 미갈 ③ 아기스 ④ 아히노암

184. 사울의 손에서 다윗을 구출하여 준 사람은 누구 누구인가?
( )

185. 다윗이 사울의 생명을 살려준 횟수는?
① 한 번 ② 두 번 ③ 세 번 ④ 네 번

186. 다윗이 사울을 죽일 수 있는 두 번째 기회는 언제였는가?
( )

187. 사울 왕과 그의 세 아들이 전사한 곳은?
① 비스가산 ② 하길라산 ③ 길보아산 ④ 다볼산

188. 다윗은 십 광야 하길라산 길가에서 사울을 죽일 수 있었지만 그를 죽이는 대신에 무엇을 가지고 돌아왔나? ( )

189. 다윗이 아둘람 굴로 도망해 있을 때 그에게 모여든 사람의 수는?
① 300명 ② 400명 ③ 500명 ④ 600명

190. 다윗이 사울을 죽이지 않은 이유는? ( )

191. 다윗은 블레셋 사람의 땅 가드 왕 마옥의 아들 아기스에게로 피하여 거기서 얼마 동안 있었는가?
① 7개월 ② 11개월 ③ 1년 4개월 ④ 2년

---

181. ② 182. 아비가일, 아히노암, 미갈(25:38-44) 183. ①(25장, 27:1-4) 184. 요나단과 미갈(19:1-7, 10-17) 185. ②(24:6, 26:6-12) 186. 십 광야 하길라산 길가에서(26:2-3) 187. ③(28:4, 31:1-6) 188. 사울의 창과 물병(26:6-12) 189. ②(22:1-2) 190. 여호와의 기름부음 받은 자를 치는 것을 여호와께서 금하신다는 믿음 때문에(26:11, 23) 191. ③(27:7)

192. 엔돌에 있는 신접한 여인을 찾아간 사람은?
① 다윗 ② 사울 ③ 요나단 ④ 사무엘

193. 가드 왕 마옥의 아들 아기스가 다윗에게 준 성읍은? ( )

194. 다음은 사울의 장사 내용이다. □ 안에 들어갈 말은?
"그의 뼈를 가져다가 □□□ 에셀나무 아래에 장사하고 □□ 동안 금식하였더라"(31:13)

195. 다윗의 친구 요나단이 죽은 산의 이름은?
① 비스가산 ② 그리심산 ③ 길보아산 ④ 다볼산

196. 사울의 죽음이 기록되어 있는 장은?
① 18장 ② 24장 ③ 28장 ④ 31장

197. 사울이 블레셋 군대를 맞아 싸우다가 죽은 곳은?
① 길보아산 ② 비스가산 ③ 그리심산 ④ 다볼산

※ 다음의 빈 칸에 알맞은 말을 보기에서 찾아 쓰시오. (198-207)

보 기
아히노암, 아브넬, 요나단, 기스, 홉니, 골리앗, 요나단, 다곤, 엘가나, 미갈

198. 사무엘의 아버지 ( )

199. 엘리의 아들 ( )

200. 블레셋의 신 ( )

---

192. ②(28:7) 193. 시글락(27:6) 194. 야베스, 칠일 195. ③(31:1-2) 196. ④
197. ①(31:1) 198. 엘가나(1:1) 199. 홉니(4:11) 200. 다곤(5:2-3)

201. 사울의 아들 (　　　　　)

202. 사울의 딸 (　　　　　)

203. 사울의 아내 (　　　　　)

204. 사울의 군사령관 (　　　　　)

205. 다윗의 친구 (　　　　　)

206. 다윗의 본처의 조부이며 사울의 아버지 (　　　　　)

207. 블레셋의 군대장관 (　　　　　)

---

201. 요나단(14:1)　202. 미갈(14:49)　203. 아히노암(14:48-50)　204. 아브넬(14:50)
205. 요나단(18:1)　206. 기스(9:3)　207. 골리앗(17:4)

사무엘하

1 저　　자 : 미상. 나단의 아들 사붓이 본서의 저자라는 주장이 있음(왕상 4:5).

2 기록연대 : B.C. 930년 이후

3 기록장소 : 가나안

4 대　　상 : 왕정 하에 있는 이스라엘 사람들

5 배　　경 : 다윗 통치하의 이스라엘 영토

6 기록목적 : 하나님의 주권 아래 있는 다윗의 효과적 지도력, 인간의 한계성, 하나님을 기쁘시게 하는 인격적 요소 등을 보여주는 동시에 불완전한 왕국의 한 이상적 지도자인 다윗을 통해 새롭고 완전한 이상적 지도자로 오실 그리스도를 예표함(7장).

7 특이사항 : 하나님으로부터 선택받은 자도 타락할 수 있으나 진정한 회개로 타락의 늪에서 빠져나올 수 있음을 보여줌

8 요　　절 : 5장 12절

9 주요인물 : 이스보셋, 아브넬, 요압, 나단, 압살롬

※ 다음 각 장을 그 내용에 맞는 내용과 연결하시오. (1–12)

01. 1장	① 나단의 책망과 다윗의 회개
02. 2장	② 하나님의 궤의 입성
03. 5장	③ 다윗의 찬송
04. 6장	④ 다윗의 용사들
05. 8장	⑤ 사울과 요나단을 애도하는 다윗
06. 11장	⑥ 인구 조사와 전염병
07. 12장	⑦ 다윗의 영토 확장
08. 15장	⑧ 유다 족속의 왕이 된 다윗
09. 19장	⑨ 온 이스라엘의 왕이 된 다윗
10. 22장	⑩ 밧세바와 간음한 다윗
11. 23장	⑪ 압살롬의 반역
12. 24장	⑫ 다윗의 환궁

13. 사무엘하에서 “이스라엘아 네 영광이 산 위에서 죽임을 당하였도다 오호라 두 용사가 엎드러졌도다”라는 구절이 나오는 곳은?
① 1:9 ② 2:9 ③ 2:19 ④ 1:19

---

01. ⑤ 02. ⑧ 03. ⑨ 04. ② 05. ⑦ 06. ⑩ 07. ① 08. ⑪ 09. ⑫ 10. ③ 11. ④
12. ⑥ 13. ④

14. 사울 왕이 죽은 후 이스라엘 왕으로 얼마 동안 행세한 사울의 아들은?
① 요나단 ② 이스보셋 ③ 리스위 ④ 아비나답

15. 다음 중 전쟁 중에 아브넬에게 죽은 사람은?
① 아마샤 ② 요압 ③ 아사헬 ④ 아사랴

16. 다윗의 맏아들은?
① 아도니야 ② 암논 ③ 압살롬 ④ 솔로몬

17. 사울 왕의 손자 중 다리 저는 사람은?
① 므비보셋 ② 바아나 ③ 레갑 ④ 이스보셋

18. 다윗이 왕위에 올라 처음 7년 6개월을 치리한 성읍은?
① 여리고 ② 헤브론 ③ 베들레헴 ④ 예루살렘

19. 다윗이 헤브론에서 왕 노릇한 기간은?
① 7년 6개월 ② 6년 ③ 5년 ④ 4년

20. 아브넬은 누구에게 죽임을 당했는가?
① 솔로몬 ② 요압 ③ 암몬 ④ 이스보셋

21. 이스라엘의 온 지파의 왕으로 세움받은 이스보셋은 누가 죽였는가?
(   )

22. 이스보셋이 죽은 후 이스라엘 모든 지파의 장로들은 누구를 왕으로 삼았는가? (   )

※ ( ) 안에 알맞은 말을 보기에서 골라 쓰시오. (23-29)

보 기

무기, 주권자, 고기, 사자, 요나단,
독수리, 다윗, 목자, 떡, 두

14.②(2:8-9) 15.③(2:20-23) 16.②(3:2) 17.①(4:4) 18.②(5:5) 19.①(5:5)
20.②(3:27) 21.바아나와 레갑(4:2, 5-6) 22.다윗(5:1-3)

23. 네 영광이 산 위에서 죽임을 당하였도다 오호라 (　) 용사가 엎드러졌도다"(1:19)

24. "사울과 요나단이 생전에 사랑스럽고 아름다운 자이러니 죽을 때에도 서로 떠나지 아니하였도다 그들은 (　)보다 빠르고 (　)보다 강하였도다"(1:23)

25. "내 형 (　)이여 내가 그대를 애통함은 그대는 내게 심히 아름다움이라 그대가 나를 사랑함이 기이하여 여인의 사랑보다 더하였도다"(1:26)

26. "오호라 두 용사가 엎드러졌으며 싸우는 (　)가 망하였도다"(1:27)

27. "전에 곧 사울이 우리의 왕이 되었을 때에도 이스라엘을 거느려 출입하게 하신 분은 왕이시었고 여호와께서도 왕에게 말씀하시기를 네가 내 백성 이스라엘의 (　)가 되며 네가 이스라엘의 (　)가 되리라 하셨나이다 하니라"(5:2)

28. "모든 백성 곧 온 이스라엘 무리에게 남녀를 막론하고 (　) 한 개와 (　) 한 조각과 건포도 떡 한 덩이씩 나누어 주매 모든 백성이 각기 집으로 돌아가니라"(6:19)

29. "사람이 영원히 주의 이름을 크게 높여 이르기를 만군의 여호와는 이스라엘의 하나님이라 하게 하옵시며 주의 종 (　)의 집이 주 앞에 견고하게 하옵소서"(7:26)

30. 다윗이 예루살렘에서 나라를 다스린 기간은?
① 25년　② 33년　③ 35년　④ 40년

31. 다윗이 "아라우나 타작마당"을 살 때 지불한 값은?
① 은 30세겔　② 은 40세겔　③ 은 50세겔　④ 은 60세겔

32. 다윗이 범한 큰 죄는? (　)

---

23. 두　24. 독수리, 사자　25. 요나단　26. 무기　27. 목자, 주권자　28. 떡, 고기　29. 다윗
30. ②(5:5)　31. ③(24:18-24)　32. 우리아의 아내 밧세바와 간음하고 우리아를 죽인 죄(11:2-27)

33. '여호와의 궤'가 다윗 성에 오기 직전 있었던 곳은?
① 실로 ② 오벧에돔의 집 ③ 헤브론 ④ 놉

34. 여호와의 궤가 다윗 성으로 들어올 때 다윗이 뛰놀며 춤추는 것을 보고 심중에 업신여긴 사람은?
① 미갈 ② 밧세바 ③ 아도니야 ④ 마갈

35. 여호와께서 누구를 보내서 범죄한 다윗을 책망했는가?
① 이사야 ② 나단 ③ 요압 ④ 하나냐

36. "다윗이 어디로 가든지 여호와께서 이기게 하시니라"라는 말씀이 나오는 곳은?
① 대상 10장 ② 대하 3장 ③ 삼하 8장 ④ 삼상 20장

37. 밧세바가 다윗에게서 두 번째 낳은 아이의 이름은 무엇인가?
① 암논 ② 솔로몬 ③ 압살롬 ④ 아도니야

38. 요나단의 아들로서 다윗 왕의 사랑을 받은 자는?
① 므비보셋 ② 레갑 ③ 아브넬 ④ 이스보셋

39. 다윗과 우리아와의 관계는?
① 반역자 ② 군신 ③ 친구 ④ 형제

40. 솔로몬의 어머니의 처음 남편이었던 사람은?
① 압살롬 ② 아합 ③ 다윗 ④ 우리아

41. 다윗이 왕으로 있을 때 죄에 대하여는?
① 사소한 범죄가 있었음 ② 한 번도 범하지 않았음
③ 큰 죄를 범하였음 ④ 작은 실수가 있었음

---

33. ②(6:11-12) 34. ①(6:16) 35. ②(12:7) 36. ③(8:6, 14) 37. ②(12:24) 38. ①(9:1-13)
39. ②(11:11) 40. ④(11:12) 41. ③(11:1-27)

※ 다음을 읽고 맞는 것에는 ○표, 틀린 것에는 × 표 하시오. (42-54)

42. 사울과 그 아들들의 전사한 소식을 들은 다윗은 자신의 옷을 찢으며 저녁까지 금식했다. ( )

43. 다윗이 최초로 왕이 된 곳은 예루살렘이다. ( )

44. 다윗은 처음부터 온 이스라엘의 왕이 되었다. ( )

45. 요나단의 아들 므비보셋은 다리를 절었다. ( )

46. 다윗은 이스보셋을 죽인 두 사람을 죽였다. ( )

47. 웃사는 여호와의 궤를 몰래 보다가 죽었다. ( )

48. 여호와의 궤는 오벧에돔의 집에서 2년간 있었다. ( )

49. 여호와의 궤가 오벧에돔의 집에서 다윗 성으로 옮겨질 때 다윗은 춤을 추었는데 그것을 본 미갈도 같이 춤을 추었다. ( )

50. 여호와께서 다윗이 성전을 짓고자 할 때 바로 허락하셨다. ( )

51. 다윗은 요나단의 아들 므비보셋을 왕의 상에서 같이 먹게 했다. ( )

52. 다윗이 범한 가장 큰 죄는 제사장이 드려야 할 제사를 자기가 드린 것이다. ( )

53. 다윗은 인구조사로 자기에게 주어진 세 가지 벌 중에서 7년 기근의 징벌을 택했다. ( )

54. 솔로몬은 밧세바의 두 번째 아들이다. ( )

55. 나단 선지자가 다윗 왕에게 책망할 때 한 비유는?
① 전쟁 이야기 ② 양 이야기 ③ 소 이야기 ④ 여인 이야기

---

42. ○(1:11-12) 43. ×(2:1-4) 44. × 45. ○(4:4) 46. ○(4:12) 47. ×(6:1-7) 48. ×(6장) 49. ×(6:16-23) 50. ×(7:1-3) 51. ○(9:7, 9-13) 52. ×(11:2-17) 53. ×(24:10-15) 54. ○(12:24) 55. ②(12:1-6)

56. 솔로몬의 어머니는?
① 밧세바 ② 미가 ③ 아히노암 ④ 미갈

57. 압살롬이 반역을 일으킨 곳은?
① 엔게디 ② 예루살렘 ③ 헤브론 ④ 드고아

58. 압살롬은 암논을 죽인 후(13장) 어디로 피신했는가?
( )

59. 다윗을 배반하고 압살롬에게 갔다가 스스로 목매어 죽은 자는?
① 아히도벨 ② 요압 ③ 시므이 ④ 아비새

60. 피신해 있는 압살롬을 예루살렘으로 돌아오게 하도록 다윗 왕께 간청한 사람은?
① 솔로몬 ② 암논 ③ 요압 ④ 나단

61. 예루살렘으로 돌아온 압살롬은 몇 년 동안 왕 앞에 나아가지 못했나?
① 1년 ② 2년 ③ 3년 ③ 4년

62. 압살롬이 반역하매 다윗은 어디로 피신했나? ( )

63. 다윗이 피신할 때에 그를 영접하고 음식물과 나귀를 제공한 사람은?
① 시바 ② 시므이 ③ 요압 ④ 사독

64. 다윗이 피신할 때에 돌을 던지며 저주한 사람은?
① 므비보셋 ② 시바 ③ 시므이 ④ 아브넬

65. 상수리나무에 머리털이 걸려 매달렸다가 창에 찔려 죽은 사람은?
① 잇대 ② 아비새 ③ 요압 ④ 압살롬

---

56. ①(12:24) 57. ③(15:9-10) 58. 그술 왕 암미훌의 아들 달매에게로(13:37-38)
59. ①(17:23) 60. ③(14:1-11) 61. ②(14:28-33) 62. 마하나임(15:23, 30, 17:22-24)
63. ①(16:1-4) 64. ③(16:5-8) 65. ④(18:9-15)

66. 다윗 시대에 3년 동안 흉년이 든 이유는?
① 요나단을 죽인 죄 ② 사울이 기브온 사람을 죽인 죄
③ 사울의 딸을 죽인 죄 ④ 사울의 일곱 아들을 죽인 죄

67. '이스비브놉'은?
① 샘 이름 ② 다윗의 장관 ③ 블레셋 장수 ④ 성 이름

68. 여호와께서 솔로몬에게 선지자 나단을 보내어 불러준 그의 이름은?
① 여디디야 ② 스룹바벨 ③ 여고니야 ④ 하나냐

69. "나는 그에게 아버지가 되고 그는 내게 아들이 되리니 그가 만일 죄를 범하면 내가 ( ) 매와 ( ) 채찍으로 징계하려니와"(7:14)에서 ( ) 안에 들어갈 말은?
① 곧은, 전갈 ② 심판의, 징계의 ③ 사람의, 인생의 ④ 곧은, 인생

70. 다윗이 에돔 사람 만 팔천 명을 쳐죽이고 돌아와 명성을 떨친 곳은?
① 가자 ② 에시온 게벨 ③ 헤브론 ④ 소금 골짜기

※ 아래의 빈 칸에 알맞은 말을 보기에서 골라 쓰시오. (71–79)

보 기

기업, 교만한 자, 해, 구원, 지혜, 반석,
감찰, 요새, 불의, 풀, 사악한 자

71. "이는 왕의 종 요압이 이 일의 형편을 바꾸려 하여 이렇게 함이니이다 내 주 왕의 ( )는 하나님의 사자의 지혜와 같아서 땅에 있는 일을 다 아시나이다"(14:20)

72. "혹시 여호와께서 나의 원통함을 ( )하시리니 오늘 그 저주 때문에 여호와께서 선으로 내게 갚아 주시리라 하고"(16:12)

---

66. ②(21:1) 67. ③(21:15-17) 68. ①(12:24-25) 69. ③(7:14) 70. ④(8:13) 71. 지혜
72. 감찰

73. "나는 이스라엘의 화평하고 충성된 자 중 하나이거늘 당신이 이스라엘 가운데 어머니 같은 성을 멸하고자 하시는도다 어찌하여 당신이 여호와의 (　)을 삼키고자 하시나이까"(20:19)

74. "여호와는 나의 (　)이시요 나의 (　)시요 나를 위하여 나를 건지시는 자시요"(22:2)

75. "사망의 물결이 나를 에우고 (　)의 창수가 나를 두렵게 하였으며"(22:5)

76. "깨끗한 자에게는 주의 깨끗하심을 보이시며 (　)에게는 주의 거스르심을 보이시리이다"(22:27)

77. "주께서 곤고한 백성은 구원하시고 (　)를 살피사 낮추시리이다"(22:28)

78. "여호와의 사심을 두고 나의 반석을 찬송하며 내 (　)의 반석이신 하나님을 높일지로다"(22:47)

79. "그는 돋는 (　)의 아침 빛 같고 구름 없는 아침 같고 비 내린 후의 광선으로 땅에서 움이 돋는 새 (　) 같으니라 하시도다"(23:4)

80. 다윗의 아들 압살롬의 누이인 다말을 욕보이고 압살롬에게 맞아 죽은 이복 오빠의 이름은?

① 스루야　② 암논　③ 다니엘　④ 아도니야

81. 나단은 누구인가?

① 왕　② 군대 장관　③ 선지자　④ 제사장

82. 나단은 다윗의 실수에 대해서 어떤 비유로 잘못을 책망하였는가?

① 어린 암소의 비유　② 가난한 여인의 보리가루 비유

③ 가시덤불 비유　④ 가난한 자의 어린 양 비유

---

73. 기업　74. 반석, 요새　75. 불의　76. 사악한 자　77. 교만한 자　78. 구원　79. 해, 풀
80. ②(13:1-33)　81. ③(12:7)　82. ④(12:1-4)

83. 압살롬이 자신의 누이를 욕보인 암논을 죽이고 도피한 곳은 어디인가?
① 모압 ② 길갈 ③ 암몬 ④ 그술

84. 다윗의 셋째 아들의 이름은?
① 압살롬 ② 아도니야 ③ 암논 ④ 다니엘

85. 다말의 사건으로 불편해진 다윗 왕과 압살롬 사이를 화해시키려고 요압 장군이 이용한 슬기로운 여자가 살았던 곳은?
① 바알하솔 ② 드고아 ③ 기드온 ④ 예루살렘

※ 아래의 것들을 서로 연관 있는 것들끼리 연결시키시오. (86-94)

86. 7년 6개월	① 다윗
87. 40년	② 밧세바의 남편
88. 오벧에돔	③ 여디디야
89. 요나단의 아들	④ 헤브론
90. 우리아	⑤ 압살롬의 반역
91. 밧세바	⑥ 므비보셋
92. 헤브론	⑦ 다윗의 치세기간
93. 솔로몬	⑧ 법궤
94. 소금 골짜기	⑨ 솔로몬의 어머니

95. 다윗이 압살롬에게 쫓길 때 안장 지운 두 나귀에 떡 이백 개와 건포도 백 송이와 여름 과일 백 개와 포도주 한 가죽부대를 싣고 맞이한 사람은?
① 므비보셋 ② 시바 ③ 시므이 ④ 아히도벨

96. 후새가 다윗에게 보낸 연락병은 누구 누구인가? (   )

---

83. ④(13:38) 84. ①(3:3) 85. ②(14:1-20) 86. ④ 87. ⑦ 88. ⑧ 89. ⑥ 90. ② 91. ⑨ 92. ⑤ 93. ③ 94. ① 95. ②(16:1) 96. 제사장 사독의 아들 아히마아스와 아비아달의 아들 요나단(17:17-20)

97. 압살롬의 모사 아히도벨의 계략을 깨뜨려 다윗 왕을 위기에서 구한 다윗 왕의 모사는?
① 요나단 ② 사독 ③ 아비아달 ④ 후새

98. 압살롬의 반란시 그를 도와 계략을 꾸민 모사는?
① 므비보셋 ② 아히도벨 ③ 아비아달 ④ 후새

99. 압살롬의 군지휘관은 누구인가?
① 아마사 ② 요압 ③ 아브넬 ④ 후새

100. 압살롬이 전사한 곳은 어디인가?
① 마하나임 골짜기 ② 길르앗 ③ 에브라임 수풀 ④ 예루살렘

101. 다윗의 세 용사가 아닌 사람은?
① 요셉밧세벳 ② 엘르아살 ③ 후새 ④ 삼마

102. 다윗을 반역하여 난동을 부리다가 죽은 불량배는? (　　　　)

103. 시편 18편과 내용이 같은 장은?
① 16장 ② 18장 ③ 22장 ④ 24장

※ 다음 내용을 읽고 맞는 것은 ○표 틀린 것은 ×표 하시오. (104-115)

104. 온 이스라엘 가운데에서 압살롬 같이 아름다움으로 크게 칭찬 받는 자가 없었다. (　)

105. 압살롬은 암논을 죽이고 그술 왕 암미훌의 아들 달매에게로 피신하여 거기서 3년간 있었다. (　)

106. 다윗은 압살롬이 반역을 일으키자 요단강 건너편 마하나임으로 피신하였다. (　)

107. 압살롬에게 계략을 가르쳐 준 사람은 아브넬이다. (　)

---

97. ④(17:5-23) 98. ②(15:12) 99. ①(17:25) 100. ③(18:6) 101. ③(23:8-12) 102. 비그리의 아들 세바(20:1) 103. ③ 104. ○(14:25) 105. ○(13:37-38) 106. ○(17:22-24) 107. ×(16:20-22)

108. 후새는 다윗의 친구요 신하이며, 아히도벨의 계략으로부터 다윗을 구했다. ( )

109. 다윗은 압살롬과의 전쟁에 출전하는 요압, 아비새, 잇대에게 압살롬을 죽이라고 명령했다. ( )

110. 다윗이 요단강을 건너 귀환하기까지 왕을 받들어 공궤한 늙은 거부는 시므이였다. ( )

111. 사울의 손자요 요나단의 아들인 므비보셋은 다윗 왕이 예루살렘에 돌아올 때까지 수염을 깎지 않고 옷을 빨지 않았다. ( )

112. 다윗 시대에 3년 기근이 있었던 것은 다윗의 죄 때문이다. ( )

113. 다윗이 인구조사를 하려 할 때 이를 말린 사람은 나단이었다. ( )

114. 다윗의 인구조사에 보고된 이스라엘 군사는 백만 명이었다. ( )

115. 다윗에게 내린 여호와의 진노는 다윗이 아라우나의 타작마당을 사서 제단을 쌓고 하나님께 번제와 화목제를 드릴 때 그쳤다. ( )

116. 다윗이 그의 아들 압살롬에게 쫓겨 마하나임에 있을 때 80세 된 노인으로서 다윗 왕 일행을 공궤했던 길르앗 사람 부자의 이름은?
① 마길 ② 바르실래 ③ 김함 ④ 소비

117. 압살롬 반란 후 다윗에게 반기를 들고 요압에게 쫓기다가 아벨 성에서 지혜로운 여인 때문에 목베어 성밖으로 내던짐을 받았던 불량배는?
① 비그리의 아들 세바 ② 길르앗 사람 바르실래
③ 게라의 아들 시므이 ④ 스루만 사람 아비새

118. 다윗의 용사 중 군지휘관의 두목으로 단번에 팔백 명을 쳐 죽인 사람은?
① 삼마 ② 아비새 ③ 엘르아살 ④ 아디노

---

108. ○(17:5-16) 109. ×(18:5) 110. ×(19:31-39) 111. ○(19:24) 112. ×(21:1-2) 113. ×(24:3) 114. ×(24:9) 115. ○(24:8-25) 116. ②(19:31-39) 117. ①(20:1-22) 118. ④(23:8-19)

119. 사무엘하에서 다윗의 찬양이 나오는 장은 어디인가?
① 20장 ② 21장 ③ 22장 ④ 23장

120. 다윗이 인구조사에 대한 형벌로 3가지를 제시받았는데 그 중의 하나만 써라. (　　　　　　　　　　　　　　　　　　)

121. 다윗은 자기에게 제시된 3가지 형벌 중에 어느 것을 선택했는가?
① 이스라엘 땅에 칠 년 기근
② 이스라엘 땅에 사흘 동안 전염병이 있을 것
③ 석달 동안 원수에게 쫓김

122. 3일 전염병으로 몇 명이 죽었는가?
① 3만 명 ② 5만 명 ③ 6만 명 ④ 7만 명

123. 인구조사에서 계수된 온 백성의 숫자는 얼마인가?
① 100만 명 ② 110만 명 ③ 130만 명 ④ 140만 명

124. 사울이 기브아 사람을 죽임으로 다윗 시대에 몇 년 기근이 있었나?
① 2년 ② 3년 ③ 4년 ④ 6년

125. 골리앗의 아우 이름은 무엇인가? (　　　　　　　　　)

126. 가드에서 다윗의 형 삼마의 아들 요나단에게 죽임 당한 손가락과 발가락이 여섯 개씩 있었던 사람은 어느 족의 소생이었나?
(　　　　　　　　　　　　　)

127. "여호와는 나의 ( )이시요 나의 ( )시요 나를 위하여 나를 ( ) 자시요"(22:2)에서 ( ) 안에 들어갈 말이 바르게 짝지어진 것은?
① 반석, 건지시는 이, 요새 ② 반석, 요새, 건지시는
③ 산성, 요새, 안위하는 ④ 산성, 반석이, 건지시는

128. 사무엘하는 모두 몇 장으로 이루어져 있나?
① 26장 ② 25장 ③ 24장 ④ 23장

---

119. ③ 120. 7년 기근, 3개월 동안 원수에게 쫓김, 3일 전염병(24:10-15) 121. ②(24:10-15)
122. ④(24:15) 123. ③(24:9) 124. ②(21:1) 125. 라흐미(21:19) 126. 거인족(21:20)
127. ② 128. ③

129. 다윗 시대에 두 아들이 죽는 징벌을 받은 사울의 첩은?
( )

※ 다음 빈 칸에 들어갈 말을 보기에서 골라 그 번호를 쓰시오. (130–142)

보 기

① 3일 전염병 ② 다윗 ③ 밧세바 ④ 요압 ⑤ 암논
⑥ 삼마 ⑦ 7년 기근 ⑧ 엘르아살 ⑨ 석달 동안 원수에게 쫓김
⑩ 스라야 ⑪ 요셉밧세벳 ⑫ 사독 ⑬ 압살롬

130. 다윗의 군지휘관 ( )

131. 다윗시대의 제사장 ( )

132. 다윗의 서기관 ( )

133. 다윗의 첫째 아들 ( )

134. 이새의 막내 아들 ( )

135. 다윗에게 반역한 아들 ( )

136. 솔로몬의 어머니 ( )

137-139. 다윗의 세 용사 ( ) ( ) ( )

140-142. 다윗에게 내린 세 가지 벌 ( ) ( ) ( )

---

129. 리스바(21:8-12) 130. ④ 131. ⑫ 132. ⑩ 133. ⑤ 134. ② 135. ⑬ 136. ③
137-139. ⑥, ⑧, ⑪ 140-142. ①, ⑦, ⑨

열왕기상

❶ **저　　자** : 미상. 예레미야나 일단의 선지자들로 추정됨

❷ **기록연대** : B.C. 561~537년

❸ **기록장소** : 바벨론

❹ **대　　상** : 하나님을 거역함으로 나라의 분열을 맛보게 된 이스라엘

❺ **배　　경** : 한때 대왕국이었던 이스라엘은 영토뿐만 아니라 영적으로도 분열됨.

❻ **대　　지** : 통일왕국

❼ **주　　제** : 분열이 일어난 왕국

❽ **기록목적** : 이스라엘과 유다의 역사를 통해 하나님을 위해 사는 자와 그렇지 않은 자의 삶을 대조.

❾ **특이사항** : 열왕기 상하는 원래 한 권임

❿ **요　　절** : 9장 5절

⓫ **주요인물** : 솔로몬, 밧세바, 아도니아, 르호보암, 여로보암, 엘리야

※ 다음 각 장을 그 내용이 맞는 것끼리 연결하라. (1-12)

01. 1장	① 스바 여왕의 방문
02. 3장	② 갈멜산의 승리
03. 4장	③ 아합의 죽음
04. 6장	④ 솔로몬의 타락
05. 8장	⑤ 솔로몬의 왕위 계승
06. 10장	⑥ 나봇의 포도원
07. 11장	⑦ 일천 번제와 지혜
08. 13장	⑧ 엘리야의 출현
09. 17장	⑨ 왕국의 분열
10. 18장	⑩ 성전 건축
11. 21장	⑪ 솔로몬의 부귀영화
12. 22장	⑫ 성전 봉헌식

13. 다윗 왕조시대의 선지자나 제사장이 아닌 사람은?
① 나단　　② 아도니야　　③ 사독　　④ 아비아달

14. 다윗 왕이 늙었을 때 왕을 모시기 위하여 뽑힌 젊은 처녀는?
(　　　　　　　　　　　　)

---

01. ⑤ 02. ⑦ 03. ⑪ 04. ⑩ 05. ⑫ 06. ① 07. ④ 08. ⑨ 09. ⑧ 10. ② 11. ⑥ 12. ③
13. ②(1:5) 14. 수넴 여자 아비삭(1:1-4)

15. 다윗의 아들 중 가장 먼저 왕위를 계승하려고 한 자는?
① 삼무아 ② 솔로몬 ③ 아도니야 ④ 압살롬

16. 다윗의 왕위를 차지하려고 모의했던 사람은?
① 요압 ② 압살롬 ③ 솔로몬 ④ 아도니야

17. 다윗의 신하 중에 아도니야를 따른 자는?
① 사독 ② 요압 ③ 나단 ④ 브나야

18. 아도니야는 밧세바를 통하여 무엇을 요구했나? (　　　　)

19. 솔로몬이 성전을 건축한 기간은?
① 5년 ② 7년 ③ 10년 ④ 13년

20. 솔로몬이 일천 번제를 드린 후 꿈에 나타난 하나님께 구한 것은?
① 장수 ② 부귀
③ 송사를 분별하는 지혜 ④ 원수의 생명

21. 솔로몬은 통일 왕국 이스라엘의 몇째 왕인가?
① 첫째 ② 둘째 ③ 셋째 ④ 넷째

※ 다음을 읽고 맞는 것에는 ○표, 틀린 것에는 ×표 하시오. (22–36)

22. 다윗의 왕위를 차지하려 했던 자는 학깃의 아들 아도니야이다. (　)

23. 솔로몬이 제사장 아비아달을 파면시키고 그의 고향으로 보냈다. (　)

24. 솔로몬이 요압을 쳐죽였다. (　)

25. 솔로몬의 군대 장관은 요압이었다. (　)

26. 솔로몬은 시므이에게 예루살렘을 벗어나지 못하게 했는데, 시므이가 예루살렘을 벗어나 가드에 갔으므로 그를 죽였다. (　)

27. 솔로몬은 기브온에서 여호와께 일천 번제를 드린 후 부와 영광만 얻었다. (　)

---

15. ③(1:5-6) 16. ④(1:5-6) 17. ②(1:7-8) 18. 수넴 여자 아비삭(2:13-25) 19. ②(6:38) 20. ③(3:11) 21. ③(1:32-34) 22. ○(1:5-6) 23. ○(2:26-27) 24. ×(2:28-34) 25. ×(2:35) 26. ○(2:36-37, 40, 46) 27. ×(3:1-14)

28. 두로 왕 히람은 솔로몬에게 백향목, 잣나무와 건축 기술자들을 제공했다. ( )

29. 솔로몬이 성전을 건축하기 시작한 것은 그가 즉위한 직후였다. ( )

30. 성전 건축에 쓰인 나무는 백향목, 잣나무, 포도나무이다. ( )

31. 솔로몬이 성막에 있는 언약궤를 새로 지은 성전에 옮겼을 때 여호와의 영광이 성전에 가득했다. ( )

32. 솔로몬 왕이 배들을 지은 곳은 에시온게벨이다. ( )

33. 솔로몬이 성전과 왕궁을 건설하는 데 18년이 걸렸다. ( )

34. 솔로몬이 성전과 왕궁 건축을 마친 후 두로 왕 히람에게 갈릴리 땅의 성읍 스무 곳을 주었다. ( )

35. 솔로몬은 많은 이방 여인을 취함으로써 여호와를 떠나 이방신을 섬기는 죄를 범했다. ( )

36. 솔로몬이 왕위에 있었던 햇수는 30년이다. ( )

37. 솔로몬의 군대 장관은?
① 브나야 ② 요압 ③ 아비아달 ④ 사독

38. 솔로몬의 시대에 제사장은?
① 아비아달 ② 아히멜렉 ③ 사독 ④ 나단

※아래의 빈 칸에 알맞은 말을 보기에서 골라 쓰시오. (39-46)

보 기

계명, 기도, 만세수, 애굽, 왕위,
동쪽, 산당, 심리, 일천 번제

---

28. ○(5:1, 7-12, 18) 29. ×(6:1) 30. ×(6:14-36) 31. ○(8:10-11) 32. ○(9:26)
33. ×(6:38-7:1) 34. ○(9:10-13) 35. ○(11:1-8) 36. ×(11:42) 37. ①(2:35)
38. ③(2:35)

39. "밧세바가 얼굴을 땅에 대고 절하며 내 주 다윗 왕은 (　　)를 하옵소서"(1:31)

40. "또 여호와께서 내 주 왕과 함께 계심 같이 솔로몬과 함께 계셔서 그의 (　　)를 내 주 다윗 왕의 왕위보다 더 크게 하시기를 원하나이다 하니라"(1:37)

41. "네 하나님 여호와의 명령을 지켜 그 길로 행하여 그 법률과 (　　)과 율례와 증거를 모세의 율법에 기록된 대로 지키라 그리하면 네가 무엇을 하든지 어디로 가든지 형통할지라"(2:3)

42. "솔로몬이 여호와를 사랑하고 그의 아버지 다윗의 법도를 행하였으나 (　　)에서 제사하며 분향하더라"(3:3)

43. "이에 왕이 제사하러 기브온으로 가니 거기는 산당이 큼이라 솔로몬이 그 제단에 (　　)를 드렸더니"(3:4)

44. "온 이스라엘이 왕이 (　　)하여 판결함을 듣고 왕을 두려워하였으니 이는 하나님의 지혜가 그의 속에 있어 판결함을 봄이더라"(3:28)

45. "솔로몬의 지혜가 (　　) 모든 사람의 지혜와 (　　)의 모든 지혜보다 뛰어난지라"(4:30)

46. "주는 계신 곳 하늘에서 그들의 (　　)와 간구를 들으시고 그들의 일을 돌아보시오며"(8:49)

47. 다윗의 죽음이 기록된 곳은?
① 역대하　② 열왕기상　③ 사무엘하　④ 열왕기하

48. 솔로몬의 장인은?
① 갈대아 왕　② 아비노암　③ 하닷　④ 애굽의 바로

49. 솔로몬과 애굽 왕 바로와의 관계는?
① 형제　② 친구　③ 장인과 사위　④ 부자

---

39. 만세수　40. 왕위　41. 계명　42. 산당　43. 일천 번제　44. 심리　45. 동쪽, 애굽
46. 기도　47. ②(2:11)　48. ④(3:1)　49. ③(3:1)

50. 솔로몬은 브나야를 시켜 누구를 쳐죽였는가?
① 아비아달 ② 요압 ③ 아비새 ④ 므비보셋

51. 솔로몬이 즉위한 후 백성들이 모여 제사 드린 곳은?
① 갈멜산 ② 헤브론 ③ 기브온 ④ 모리아산

52. 솔로몬이 여호와께 구한 것은 무엇인가?
① 권력 ② 부귀 ③ 지혜로운 마음 ④ 장수

53. 솔로몬의 신하들의 직책과 이름이 잘못 연결된 것은?
① 제사장 – 아비아달 ② 사관 – 여호사밧
③ 군대장관 – 아히살 ④ 서기관 – 아히야

54. 솔로몬의 하루의 음식물이 아닌 것은?
① 밀가루 30 고르 ② 살찐 소 20 마리
③ 양 100 마리 ④ 초장의 소 20 마리

55. 솔로몬이 지은 지성소의 길이와 너비와 높이는 몇 규빗인가?
① 20, 30, 40 ② 20, 20, 30
③ 20, 20, 20 ④ 20, 30, 20

56. 솔로몬이 기브온에서 꿈에 여호와를 뵙고 구한 것은?
① 부귀 ② 군대 ③ 지식 ④ 지혜

57. 열왕기상에서 솔로몬의 유명한 재판이 기록된 곳은?
① 3장 ② 4장 ③ 5장 ④ 6장

58. 솔로몬이 사는 동안에 유다와 이스라엘이 각기 그 아래에서 평안히 살았던 나무는?
① 감람나무와 백향나무 ② 포도나무와 무화과나무
③ 포도나무와 백향나무 ④ 무화과나무와 감람나무

---

50. ②(2:28-34) 51. ③(3:4) 52. ③(3:9) 53. ③(4:2-6) 54. ②(4:22-23) 55. ③(6:20)
56. ④(3:5-9) 57. ①(3:16-28) 58. ②(4:25)

59. 솔로몬이 지은 잠언과 노래의 수는?
① 3천, 2천 ② 천, 3천 ③ 3천, 천다섯 ④ 3천, 천

60. 성전에 관한 이야기가 많은 책은?
① 열왕기상 ② 출애굽기 ③ 신명기 ④ 미가

61. 솔로몬의 성전 건축을 위해 레바논 백향목을 벌목하여 도와준 왕은?
① 레바논 왕 훗세 ② 두로 왕 히람
③ 시돈 왕 달마 ④ 수리아 왕 르손

※ 다음의 내용들을 서로 관련 있는 것들끼리 연결하라. (62–74)

62. 일천 번제	① 아합
63. 배	② 엘리사
64. 성전과 왕궁 건축	③ 시돈 사람
65. 왕위	④ 기브온
66. 북왕국 경배처	⑤ 단과 벧엘
67. 7일간 왕노릇	⑥ 산헤립
68. 시므리가 죽인 왕	⑦ 오므리
69. 사마리아성	⑧ 20년
70. 이세벨	⑨ 40년
71. 엘리야	⑩ 시므리
72. 히스기야	⑪ 에시온게벨
73. 갈멜산	⑫ 엘리야
74. 엘리야의 후계자	⑬ 엘라

---

59. ③(4:32) 60. ①(5-6장, 8장, 10장) 61. ②(5:1-12) 62. ④(3:4) 63. ⑪(9:26) 64. ⑧(6:38, 7:1) 65. ⑨(11:42) 66. ⑤(12:29) 67. ⑩(16:15) 68. ⑬(16:9-10) 69. ⑦(16:24) 70. ③(16:31) 71. ①(18:1) 72. ⑥(18:13) 73. ⑫(18:20-46) 74. ②(19:19-21)

75. 솔로몬의 성전 건축을 위해 레바논의 백향목을 벌목할 때 감독은?
① 브나야 ② 사붓 ③ 히람 ④ 아도니람

76. 솔로몬 성전의 길이(장)와 너비(광)와 높이(고)는?
① 90, 50, 60 규빗 ② 120, 80, 90 규빗
③ 60, 20, 30 규빗 ④ 70, 30, 40 규빗

77. 솔로몬이 자기의 왕궁을 건축하는 데 걸린 기간은?
① 5년 ② 7년 ③ 10년 ④ 13년

78. 솔로몬이 성전을 건축한 햇수와 자기의 왕궁을 건축한 햇수가 맞게 연결된 것은?
① 7년과 10년 ② 7년과 13년
③ 5년과 10년 ④ 5년과 15년

79. 솔로몬이 성전 건축을 언제 시작하였나?
① 출애굽한 지 450년 ② 출애굽한 지 460년
③ 출애굽한 지 470년 ④ 출애굽한 지 480년

80. 성전 건축은 솔로몬이 즉위한 지 언제 완성되었나?
① 즉위한 지 8년 6월 ② 즉위한 지 11년 8월
③ 즉위한 지 9년 8월 ④ 즉위한 지 12년 8월

81. 성전 건축에 사용된 목재가 아닌 것은?
① 향나무 ② 백향목 ③ 잣나무 ④ 감람나무

82. '야긴'과 '보아스'는?
① 땅 이름 ② 사람 이름 ③ 기둥 이름 ④ 성 이름

83. '야긴'의 뜻은 무엇인가? (   )

---

75. ④(5:13-14, 4:6) 76. ③(6:2) 77. ④(6:38, 7:1) 78. ②(6:38, 7:1) 79. ④(6:1)
80. ②(6:38) 81. ①(6:14-36) 82. ③(7:21) 83. 저가 세우리라(7:21-22)

84. '보아스'의 뜻은 무엇인가? (   )

85. 솔로몬이 성전 기구를 만들 때 두로에서 데려온 놋쇠 대장장이는?
① 하람 ② 히람 ③ 아비삭 ④ 발람

86. 열왕기상에서 솔로몬의 봉헌 기도문이 있는 장은?
① 8장 ② 7장 ③ 10장 ④ 11장

87. 솔로몬의 봉헌 기도문의 내용이 아닌 것은?
① 다윗에게 약속하신 말씀을 지키사 축복해 주실 것
② 성전을 향하여 비는 기도를 들어주실 것
③ 적국과 싸울 때 이 성전을 향하여 기도하거든 들어주지 말 것
④ 이방인이라도 이 성전을 향하여 기도하거든 들어주실 것

88. 솔로몬이 법궤를 성전에 모으고 봉헌한 기사는?
① 대하 5장 ② 대상 5장 ③ 왕하 7장 ④ 왕상 8장

89. "주의 종과 주의 백성 이스라엘이 이곳을 향하여 기도할 때에 주는 그 간구함을 들으시되 주께서 계신 곳 하늘에서 들으시고 들으시사 (   )"(8:30)에서 (   ) 안에 들어갈 말은?
① 사하여 주옵소서 ② 크신 권능을 보여주소서
③ 영광을 받아 주옵소서 ④ 응답하여 주옵소서

90. 솔로몬은 성전과 왕궁 건축을 마친 후에 두로 왕 히람에게 무엇으로 보답했는가? (   )

91. 솔로몬의 명성을 듣고 와서 어려운 문제로 그를 시험하고자 했던 사람은 누구인가?
① 나단 ② 두로 왕 히람
③ 요압 ④ 스바의 여왕

---

84. 그에게 능력이 있다(7:21-22) 85. ②(7:13-14) 86. ①(8:25-53) 87. ③(8:22-53) 88. ④(8:1-11) 89. ① 90. 갈릴리 땅의 성읍 스무 곳을 줌(9:10-13) 91. ④(10:1)

92. 솔로몬의 명성을 시험하기 위하여 찾아온 스바의 여왕이 등장하는 열왕기상의 장은?
① 8장 ② 10장 ③ 12장 ④ 14장

93. 솔로몬이 여호와를 위하여 쌓은 제단 위에 해마다 번제와 감사의 제물을 드린 횟수는?
① 한 번씩 ② 세 번씩 ③ 열두 번씩 ④ 쉰두 번씩

94. 솔로몬의 후궁과 첩은 모두 몇 명이나 되었는가?
① 700명 ② 300명 ③ 1,000명 ④ 900명

95. 솔로몬 왕이 에돔 땅 홍해 물가의 엘롯 근처 어디에서 배들을 만들었는가?
① 엘림 ② 가데스바네아 ③ 펠라 ④ 에시온게벨

※ 다음을 읽고 맞는 것에는 ○표, 틀린 것에는 ×표 하시오. (96–111)

96. 솔로몬의 왕위를 계승한 사람은 여로보암이다. ( )

97. 여로보암의 큰 죄는 단과 벧엘에다 금송아지를 만들어 놓고 섬기게 한 죄이다. ( )

98. 여로보암에게 속한 남자는 다 멸절될 것이라고 예언한 선지자는 아히야이다. ( )

99. 르호보암 왕 제5년에 애굽 왕 시삭이 예루살렘을 침략했다. ( )

100. 유다 왕 아사는 41년 동안 왕노릇 하면서 남색하는 자를 쫓아내고 모든 우상을 없앴으나 산당만은 그대로 두었다. ( )

101. 이스라엘 왕 나답 제2년에 바아사가 모반하여 나답을 죽이고 자신이 왕이 되었다. ( )

---

92. ②(10:1) 93. ②(9:25) 94. ③(11:3) 95. ④(9:26) 96. ×(11:43) 97. ○(12:26-33) 98. ○(14:6-10) 99. ○(14:25-26) 100. ○(15:11-24) 101. ○(15:25-29)

102. 예후는 여호와의 명령으로 바아사를 책망하고 만일 회개하고 돌아 온다면 용서해 주실 것이라는 예언을 했다. ( )

103. 사마리아 성을 건축한 왕은 시므리이다. ( )

104. 아합 왕의 왕후는 이세벨이며, 그녀는 여호와를 잘 섬겼다. ( )

105. 히엘이 여리고 성을 재건할 때 맏아들과 막내아들을 잃었다. ( )

106. 사르밧 과부는 마지막 남은 통의 가루와 병의 기름으로 엘리야를 대접했다. ( )

107. 오바댜는 아합 왕궁의 맡은 자로서 여호와의 선지자들을 50명씩 굴에 숨기고 음식을 주었다. ( )

108. 엘리야는 브엘세바 광야의 한 로뎀나무 아래에서 이세벨이 자기를 죽이려 하기 때문에 죽기를 원했다. ( )

109. 여호와께서 엘리야에게 "아합에게 기름을 부어 이스라엘 왕이 되게 하라"고 하셨다. ( )

110. 나봇을 죽이고 그의 포도원을 취한 사람은 아사 왕이다. ( )

111. 유다는 여호사밧 왕 때에 북이스라엘과 화평했다. ( )

112. "솔로몬 왕이 마시는 그릇은 다 ( )이요 … 예루살렘에서 은을 ( ) 같이 흔하게 하고 백향목을 평지의 ( ) 같이 많게 하였더라"(10:21, 27)에서 ( ) 안에 들어갈 말은?

① 금, 모래, 잣나무 ② 은, 돌, 풀
③ 금, 돌, 뽕나무 ④ 백금, 돌, 풀

113. 솔로몬이 말년에 타락한 원인은?

① 이방 여인을 아내로 삼아서 ② 재물이 많아서
③ 자신의 지혜만을 믿어서 ④ 교만함으로

---

102. ×(16:1-4) 103. ×(16:23-24) 104. ×(16:31-33) 105. ○(16:34) 106. ○(17:8-16) 107. ○(18:3-4) 108. ○(19:4) 109. ×(19:16) 110. ×(21장) 111. ○(22:44) 112. ③ 113. ①(11:1)

114. 솔로몬이 범한 큰 죄는?
① 전쟁을 일으킴 ② 하나님을 믿지 않음
③ 살인 ④ 산당을 짓고 제사함

115. 솔로몬이 왕위에 있은 햇수는?
① 30년 ② 40년 ③ 50년 ④ 45년

116. 솔로몬의 죽음이 기록된 곳은?
① 열왕기하 ② 사무엘하 ③ 열왕기상 ④ 사무엘상

117. 솔로몬의 왕위를 계승한 사람은?
① 르호보암 ② 여로보암 ③ 요아스 ④ 아하스

118. 솔로몬이 여로보암을 죽이려 했을 때 여로보암은 애굽으로 도망갔다. 이 때 애굽의 왕은?
① 시삭 ② 산헤립 ③ 느부갓네살 ④ 람세스

119. 르호보암이 왕이 되려고 온 이스라엘과 협상을 벌였던 곳은?
① 실로 ② 세겜 ③ 길갈 ④ 미스바

120. "내 아버지는 채찍으로 너희를 징계하였으나 나는 전갈 채찍으로 너희를 징계하리라"(12:11)고 말한 왕은?
① 솔로몬 ② 여로보암 ③ 르호보암 ④ 여호사밧

※ 아래 빈 칸에 알맞은 말을 보기에서 골라 쓰시오. (121–126)

보 기

아합, 지혜, 도랑의 물, 번제, 번제물, 채찍, 전갈

---

114. ④(11:1-11) 115. ②(11:42) 116. ③(11:43) 117. ①(11:43) 118. ①(11:40)
119. ②(12:1-24) 120. ③

121. "솔로몬이 여호와를 위하여 쌓은 제단 위에 해마다 세 번씩 (　　)와 감사의 제물을 드리고 또 여호와 앞에 있는 제단에 분향하니라 이에 성전 짓는 일을 마치니라"(9:25)

122. "솔로몬 왕의 재산과 (　　)가 세상의 그 어느 왕보다 큰지라"(10:23)

123. "내 아버지께서 너희에게 무거운 멍에를 메게 하였으나 이제 나는 너희의 멍에를 더욱 무겁게 할지라 내 아버지는 (　　)으로 너희를 징계하였으나 나는 (　　) 채찍으로 너희를 징계하리라 하소서"(12:11)

124. "또 나무를 벌이고 송아지의 각을 떠서 나무 위에 놓고 이르되 통 넷에 물을 채워다가 (　　)과 나무 위에 부으라 하고"(18:33)

125. "이에 여호와의 불이 내려서 번제물과 나무와 돌과 흙을 태우고 또 (　　)을 핥은지라"(18:38)

126. "나봇이 (　　)에게 말하되 내 조상의 유산을 왕에게 주기를 여호와께서 금하실지로다 하니"(21:3)

127. 북왕국으로 갈라져 나간 처음 왕은?
① 여로보암　② 아합　③ 르호보암　④ 여호야김

128. 여로보암에게 장래를 예언한 선지자는?
① 엘리야　② 아히야　③ 엘리사　④ 이사야

129. 선지자 아히야가 여로보암에게 장래를 예언한 내용 중에 속하지 않는 것은?
① 여로보암에게 속한 모든 사내는 다 끊어질 것이다
② 여로보암의 아내가 그 성읍에 들어갈 때 그 아들 아비야가 죽을 것이다
③ 여로보암이 머지않아 죽게 될 것이다
④ 여호와께서 여로보암의 집을 끊어버릴 한 왕을 일으키실 것이다

---

121. 번제　122. 지혜　123. 채찍, 전갈　124. 번제물　125. 도랑의 물　126. 아합　127. ①(12:20)
128. ②(14:2)　129. ③(14:10-18)

130. 르호보암 왕 몇 년에 애굽 왕 시삭이 침략했는가?
① 1년 ② 2년 ③ 4년 ④ 5년

131. '스마야' 선지자가 예언한 때는?
① 아비야 왕 ② 르호보암 왕 때 ③ 아사 왕 때 ④ 다윗 왕 때

132. 이스라엘이 남북으로 나뉠 때 르호보암을 따라서 남쪽 유다에 남은 지파는?
① 므낫세와 에브라임 ② 유다와 에브라임
③ 베냐민과 므낫세 ④ 유다와 베냐민

133. 북왕국 이스라엘이 분열 직후부터 하나님 대신 섬긴 것은?
① 아세라목상 ② 바알 ③ 금송아지 ④ 아스다롯

134. 북왕국의 경배처는?
① 세겜 ② 실로 ③ 예루살렘 ④ 단과 벧엘

135. 여로보암 왕에게 제단이 갈라지고 편 손이 마르는 징조를 보이면서 다윗의 집에 요시야라 이름하는 아들이 태어나리라고 예언한 선지자는?
① 엘리사 ② 아히야 ③ 유대에서 온 무명 선지자 ④ 나단

136. 여로보암의 아들이 죽을 것을 예고한 선지자는?
① 나답 ② 아히야 ③ 무명 선지자 ④ 엘리사

137. 북왕국 여로보암이 금송아지 우상을 섬길 때 남왕국 르호보암은?
① 우상을 섬김 ② 국력에만 힘씀
③ 안일주의에 빠짐 ④ 여호와만 공경함

138. 여로보암은 몇 년 동안 왕위에 있었는가?
① 18년 ② 22년 ③ 26년 ④ 30년

---

130. ④(14:25-26) 131. ②(12:22-23) 132. ④(12:23) 133. ③(12:28) 134. ④(12:29-33)
135. ③(13:1-6) 136. ②(14:4, 12-18) 137. ①(14:21-24) 138. ②(14:20)

139. 르호보암의 손자인 유다의 왕은?
① 아사랴 ② 여호사밧 ③ 아사 ④ 아비얌(아비야)

140. 르호보암은 몇 년간 왕위에 있었는가?
① 17년 ② 19년 ③ 21년 ④ 23년

141. 아사 왕이 속한 왕국은?
① 암몬 ② 남왕국 ③ 모압 ④ 북왕국

142. 아사의 뒤를 이어 유다의 왕이 된 사람은 누구인가?
① 요아스 ② 아사랴 ③ 아비야 ④ 여호사밧

143. 아사 왕은 몇 년간 왕위에 있었는가?
① 18년 ② 25년 ③ 36년 ④ 41년

144. 엘리야가 그릿 시냇가에 숨었을 때 까마귀가 아침 저녁으로 무엇을 가져다주었는가?
① 밥 ② 물 ③ 석청 ④ 떡과 고기

145. 7일 동안 왕 노릇 한 이스라엘 왕의 이름은?
① 아합 ② 바아사 ③ 오므리 ④ 시므리

146. 왕궁에 불을 놓고 그 가운데서 타 죽은 왕은?
① 베가 ② 요아스 ③ 시므리 ④ 여호야김

147. 사마리아 성을 건축한 왕은?
① 오므리 ② 시므리 ③ 솔로몬 ④ 아합

148. 아합 왕의 부인은?
① 훌다 ② 이세벨 ③ 들릴라 ④ 아달랴

149. '이세벨'의 출신 나라는?
① 블레셋 ② 시돈 ③ 애굽 ④ 모압

---

139. ③ 140. ①(14:21) 141. ②(15:9) 142. ④(15:24) 143. ④(15:9-24) 144. ④(17:4-6) 145. ④(16:15) 146. ③(16:15-18) 147. ①(16:23-24) 148. ②(16:29-31) 149. ②(16:31)

150. 여리고 성을 재건한 사람은? (　　　　　　　　　)

151. 여리고 성을 재건한 사람이 받은 벌은?(　　　　　　　　　)

152. 엘리야가 활동한 시대는?
① 아하시아 때　② 여로보암 때　③ 아합 때　④ 요람 때

153. 엘리야가 숨어서 까마귀에게 떡과 고기를 받은 시냇가는?
① 그릿　② 얍복　③ 갈릴리　④ 기손

154. 열왕기상에서 엘리야가 갈멜산에서 바알 선지자들과 대결한 기사가 나오는 곳은?
① 18장　② 19장　③ 21장　④ 22장

155. "너희가 어느 때까지 둘 사이에서 머뭇머뭇하려느냐 여호와가 만일 하나님이면 그를 따르고 바알이 만일 하나님이면 그를 따를지니라"(18:21). 이 말을 한 사람은?
① 엘리사　② 여호수아　③ 엘리야　④ 히스기야

156. 엘리야가 갈멜산에서 승리한 후 죽인 이방 선지자의 숫자는?
① 500명　② 850명　③ 950명　④ 400명

157. 과부의 죽은 아들을 살린 선지자는?
① 엘리야　② 엘리사　③ 이사야　④ 나단

158. 엘리야가 이단 선지자를 모조리 죽인 곳은?
① 아골 골짜기　② 모리아산　③ 갈멜산　④ 기손 시내

159. 엘리야가 이세벨에게 쫓기자 어느 곳에 가서 죽기를 원하였나?
① 벧엘 광야　② 헤브론 상수리 나무 아래
③ 브엘세바 로뎀나무 아래　④ 아라비아 사막

---

150. 벧엘 사람 히엘(16:34)　151. 터를 쌓을 때 맏아들 아비람이, 성문을 세울 때 막내아들 스굽이 죽음(16:34)　152. ③(17:1)　153. ①(17:3)　154. ①(18장)　155. ③　156. ②(18:19, 40)　157. ①(17:17-22)　158. ④(18:40)　159. ③(19:1-4)

160. 엘리야가 호렙산에서 하나님의 소리를 듣기까지의 순서는?
① 바람, 불, 지진 ② 바람, 지진, 불
③ 지진, 불, 바람 ④ 불, 바람, 지진

161. 엘리야가 기름을 부어 세운 이스라엘의 왕은?
① 예후 ② 하사엘 ③ 바아사 ④ 아합

162. 엘리야의 후계자는?
① 예레미야 ② 사무엘 ③ 바아사 ④ 엘리사

163. 엘리야가 기름을 부어 왕과 선지자가 된 사람 수는?
① 3인 ② 4인 ③ 5인 ④ 6인

164. 아합 왕의 궁내 대신으로 왕후 이세벨이 여호와의 선지자들을 멸할 때 선지자들을 굴에 숨겨주고 음식을 준 사람은?
① 하나냐 ② 엘리야 ③ 아비삭 ④ 오바다

165. 오바댜가 숨긴 선지자들의 수는?
① 70명 ② 100명 ③ 120명 ④ 150명

166. 엘리야 시대에 바알에게 무릎 꿇지 않은 자의 수는?
① 2,000명 ② 3,000명 ③ 5,000명 ④ 7,000명

167. 포로 된 아람 왕 벤하닷을 놓아준 이스라엘 왕 아합에게 선지자를 보내서 하신 여호와의 말씀은?
① 너를 버리노라 ② 순종이 제사보다 낫다
③ 원수를 사랑하라 ④ 네 목숨은 그의 목숨을 대신하리라

168. 엘리야가 바알과 아세라 선지자들을 죽인 장소는? (   )

169. 엘리야의 기도로 이스라엘 땅에 비가 내리지 않은 기간은?
① 1년 6개월 ② 2년 6개월 ③ 3년 6개월 ④ 4년 6개월

---

160. ②(19:10-12) 161. ①(19:16) 162. ④(19:16) 163. ①(19:15-16) 164. ④(18:3-4)
165. ②(18:3-4) 166. ④(19:18) 167. ④(20:31-43) 168. 기손 시냇가(18:40)
169. ③(약 5:17)

170. 엘리야는 브엘세바를 떠나 어디로 갔는가? (　　　　　　　　)

171. 여호와께서 엘리야에게 지시하신 것이 아닌 것은?
① 하사엘에게 기름을 부어 아람 왕이 되게 하라는 것
② 이스라엘을 통일시키라는 것
③ 예후에게 기름을 부어 이스라엘 왕이 되게 하라는 것
④ 엘리사에게 기름 부어 엘리야를 대신해 선지자가 되게 하라는 것

172. 나봇의 포도원을 빼앗은 왕은?
① 예후 ② 아합 ③ 하사엘 ④ 벤하닷

173. 아합이 이세벨의 도움으로 강제로 빼앗은 포도원은 누구의 것인가?
① 나단 ② 아비아달 ③ 나봇 ④ 미가야

174. 이스라엘의 아합은 어느 곳을 회복하기 위하여 아람 군대와 싸우다가 전사하였는가?
① 므깃도 ② 세겜 ③ 길보아 ④ 길르앗 라못

175. 아합은 어느 나라와의 전쟁에서 죽었는가?
① 아람 ② 암몬 ③ 모압 ④ 블레셋

176. 다음 중 여호와 보시기에 정직히 행하였으나 산당은 폐하지 아니한 유다 왕은?
① 아합 ② 여호사밧 ③ 바아사 ④ 르호보암

177. 열왕기상의 마지막으로 기록된 두 나라의 왕은 누구 누구인가?
① 르호보암 - 여로보암 ② 아합 – 여호사밧
③ 여호람 - 아하시야 ④ 아사 – 예후

178. 여호와는 “산의 신”이라는 구절은 어디 어디에 나오는가? (　　　　)

---

170. 40일을 걸어서 호렙산으로 감(19:8) 171. ②(19:10-16) 172. ②(21:13-16) 173. ③(21:1-16) 174. ④(22:1-3) 175. ①(22:1-36) 176. ②(22:43) 177. ③(22:50-51) 178. (20:23, 28)

179. 아합의 죽음이 기록된 곳은?
① 열왕기하 ② 사무엘상 ③ 열왕기상 ④ 사무엘하

180. 아합 왕이 죽고 누가 왕위를 계승했는가?
① 예후 ② 아하시야 ③ 여로보암 2세 ④ 여호사밧

181. 유다 왕 여호사밧은 몇 년간 왕위에 있었는가?
① 18년 ② 22년 ③ 25년 ④ 28년

182. 유다의 어느 왕 때에 이스라엘과 화평했는가?
① 아사 ② 요아스 ③ 여호사밧 ④ 웃시야

※ 아래 빈 칸에 알맞은 것을 보기에서 골라 그 번호를 쓰시오. (183-194)

보 기

① 10장 ② 아히야 ③ 르호보암 ④ 아사 ⑤ 시므리 ⑥ 사독
⑦ 브나야 ⑧ 8장 ⑨ 여호사밧 ⑩ 아비얌 ⑪ 아비아달

183-184. 솔로몬의 제사장 ( ) ( )

185. 솔로몬의 서기관 ( )

186. 솔로몬의 군사령관 ( )

187. 솔로몬의 사관 ( )

188. 솔로몬의 봉헌 기도문 ( )

189. 스바의 여왕 ( )

190. 솔로몬의 왕위를 계승한 자 ( )

---

179. ③(22:40) 180. ②(22:51) 181. ③(22:41-42) 182. ③(22:44) 183-184. ⑥, ⑪(4:4) 185. ②(4:3) 186. ⑦(4:4) 187. ⑨(4:3) 188. ⑧ 189. ① 190. ③(11:43)

191. 르호보암의 계승자 (　　　　)

192. 아사의 계승자 (　　　　)

193. 아비얌의 계승자 (　　　　)

194. 7일간 왕위에 있은 자 (　　　　)

---

191. ⑩(14:31) 192. ⑨(22:41) 193. ④(15:8) 194. ⑤(16:15)

열왕기하

1 **저　　자 :** 미상, 예레미야나 일단의 선지자들로 추정됨

2 **기록연대 :** B.C. 562~536년

3 **기록장소 :** 바벨론

4 **대　　상 :** 왕국의 몰락에서 교훈을 찾고자 하는 이스라엘 백성

5 **배　　경 :** 이스라엘과 유다로 양분된 백여 년간의 분열 시기

6 **대　　지 :** 분열왕국/ 유다 왕국

7 **주　　제 :** 왕국의 몰락

8 **기록목적 :** 하나님을 진정한 통치자로서 섬기지 않은 이스라엘 백성들이 당할 운명을 예시.

9 **특이사항 :** 구약 후반부 17개 예언서와 이 부분의 역사가 중복됨

10 **요　　절 :** 17장 13-14절

11 **주요인물 :** 엘리사, 예후, 히스기야, 므낫세, 요시야

※ 다음 각 장을 그 내용에 맞는 것들끼리 연결하라. (1–14)

01. 2장	① 예루살렘 함락
02. 4장	② 요아스의 통치
03. 5장	③ 요시야의 종교개혁
04. 7장	④ 엘리야의 승천
05. 9장	⑤ 남유다의 멸망
06. 12장	⑥ 엘리사의 죽음
07. 13장	⑦ 엘리사의 이적들
08. 17장	⑧ 나병을 고친 나아만 장군
09. 18장	⑨ 이스라엘 왕이 된 예후
10. 19장	⑩ 구원받은 사마리아성
11. 22장	⑪ 북이스라엘의 멸망
12. 23장	⑫ 히스기야의 통치
13. 24장	⑬ 요시야의 통치
14. 25장	⑭ 히스기야의 기도

15. 다락 난간에서 떨어져 병들어 죽은 왕은?
① 사울 ② 아합 ③ 여로보암 ④ 아하시야

---

01. ④ 02. ⑦ 03. ⑧ 04. ⑩ 05. ⑨ 06. ② 07. ⑥ 08. ⑪ 09. ⑫ 10. ⑭ 11. ⑬
12. ③ 13. ① 14. ⑤ 15. ④(1:2)

16. 엘리야는 아하시야 왕의 사자가 몇 번째 왔을 때 따라갔는가?
① 세 번 ③ 두 번 ③ 한 번 ④ 네 번

17. 열왕기하에서 엘리야의 승천기사가 나오는 곳은
① 2장 ② 3장 ③ 4장 ④ 5장

18. 엘리야가 승천할 날이 가까워지자 어디로 갔는데, 다음은 그 여정이다. 빈칸을 채워라.
길갈 – 벧엘 – ( ) – 요단

19. 구약 시대에 죽지 않고 육신이 승천한 두 사람은? ( )

20. "내 아버지여 내 아버지여 이스라엘의 병거와 그 마병이여"(2:12)라고 말한 사람은?
① 아합 ② 엘리사 ③ 엘리야 ④ 아히야

21. 모압 왕이 연합군에게 패하자 무엇으로 번제를 드렸는가?
① 숫양 ② 수송아지 ③ 자기의 맏아들 ④ 암소

22. 엘리사는 스승 엘리야에게 무엇을 갑절이나 요구했는가?
① 엘리야의 지혜 ② 엘리야의 성령이 하시는 역사
③ 엘리야의 겉옷 ④ 엘리야의 지식

23. 모압 왕 메사와 싸우기 위해 연합한 세 나라가 아닌 나라는?
① 암몬 ② 이스라엘 ③ 유다 ④ 에돔

※ 아래의 빈 칸에 알맞은 말을 보기에서 골라 쓰시오. (24–29)

보 기

대머리, 수넴, 아하시야, 기름, 엘리사, 갑절

---

16. ①(1:9-15) 17. ①(2:11) 18. 여리고(2:1-8) 19. 에녹, 엘리야(창 5:24, 2:11) 20. ②
21. ③(3:27) 22. ②(2:9) 23. ①(3:9)

24. "(　　)가 사마리아에 있는 그의 다락 난간에서 떨어져 병들매 사자를 보내며 그들에게 이르되 가서 에그론의 신 바알세불에게 이 병이 낫겠나 물어보라 하니라"(1:2)

25. "여호와께서 회오리바람으로 엘리야를 하늘로 올리고자 하실 때에 엘리야가 (　　)와 더불어 길갈에서 나가더니"(2:1)

26. "건너매 엘리야가 엘리사에게 이르되 나를 네게서 데려감을 당하기 전에 내가 네게 어떻게 할지를 구하라 엘리사가 이르되 당신의 성령이 하시는 역사가 (　　)이나 내게 있게 하소서 하는지라"(2:9)

27. "엘리사가 거기서 벧엘로 올라가더니 그가 길에서 올라갈 때에 작은 아이들이 성읍에서 나와 그를 조롱하여 이르되 (　　)여 올라가라"(2:23)

28. "엘리사가 그에게 이르되 내가 너를 위하여 어떻게 하랴 네 집에 무엇이 있는지 내게 말하라 그가 이르되 계집종의 집에 (　　) 한 그릇 외에는 아무것도 없나이다"(4:2)

29. "하루는 엘리사가 (　　)에 이르렀더니 거기에 한 귀한 여인이 그를 간권하여 음식을 먹게 하였으므로 엘리사가 그 곳을 지날 때마다 음식을 먹으러 그리로 들어갔더라"(4:8)

30. "내 아버지여, 내 아버지여 (　　)"(2:12)에서 (　) 안에 들어갈 말은?
① 어찌 나를 버리셨나이까
② 내가 하늘과 아버지께 죄를 얻었사오니
③ 내게도 축복하소서 아버지여 빌 복이 하나뿐이니이까
④ 이스라엘의 병거와 그 마병이여

31. 이스라엘 왕 여호람과 유다 왕 여호사밧이 모압을 치러 갈 때 골짜기에서 물을 내어 군사와 가축을 마시게 한 선지자는?
① 엘리사　　② 엘리야　　③ 나단　　④ 사밧

---

24. 아하시야 25. 엘리사 26. 갑절 27. 대머리 28. 기름 29. 수넴 30. ④ 31. ①(3:4-20)

32. 엘리사에게 작은 방을 제공한 여인은?
① 갈대아 여인 ② 수넴 여인 ③ 여리고 여인 ④ 사르밧 여인

33. 수넴 여자의 아들을 살려준 선지자는?
① 사무엘 ② 나단 ③ 엘리사 ④ 엘리야

34. 요단강에서 나병을 고친 나아만 장군의 국적은?
① 사마리아 ② 바벨론 ③ 애굽 ④ 아람

35. 독이 든 국에 가루를 넣어 독을 없앤 선지자는?
① 엘리야 ② 사무엘 ③ 엘리사 ④ 이사야

36. 아람의 나병환자 군대 장관을 고쳐준 선지자는?
① 엘리사 ② 나단 ③ 사무엘 ④ 엘리야

37. 보리떡 20개와 자루에 담은 채소로 100명이 먹고 남게 한 기적을 일으킨 선지자는?
① 엘리사 ② 엘리야 ③ 사무엘 ④ 이사야

※ 아래의 빈 칸에 알맞은 말을 보기에서 골라 쓰시오. (38–43)

보기

요단강, 사마리아, 이십, 게하시, 한, 나아만, 두

38. "한 사람이 바알 살리사에서부터 와서 처음 만든 떡 곧 보리떡 (   ) 개와 또 자루에 담은 채소를 하나님의 사람에게 드린지라 그가 이르되 무리에게 주어 먹게 하라"(4:42)

39. "아람 왕의 군대 장관 (   )은 그의 주인 앞에서 크고 존귀한 자니 이는 여호와께서 전에 그에게 아람을 구원하게 하셨음이라 그는 큰 용사이나 나병환자더라"(5:1)

---

32. ②(4:8-11) 33. ③(4:17-37) 34. ④(5:1-14) 35. ③(4:38-41) 36. ①(5:10) 37. ①(4:42-44)
38. 이십 39. 나아만

40. "나아만이 이에 내려가서 하나님의 사람의 말대로 ( )에 일곱 번 몸을 잠그니 그의 살이 어린 아이의 살 같이 회복되어 깨끗하게 되었더라"(5:14)

41. "우리 주인께서 나를 보내시며 말씀하시기를 지금 선지자의 제자 중에 두 청년이 에브라임 산지에서부터 내게 왔으니 청하건대 당신은 그들에게 은 ( ) 달란트와 옷 ( ) 벌을 주라 하시더이다"(5:22)

42. "나아만이 이르되 바라건대 두 달란트를 받으라 하고 그를 강권하여 은 두 달란트를 두 전대에 넣어 매고 옷 두 벌을 아울러 두 사환에게 지우매 그들이 ( ) 앞에서 지고 가니라"(5:23)

43. "이후에 아람 왕 벤하닷이 그의 온 군대를 모아 올라와서 ( )를 에워싸니"(6:24)

44. 아람 나라와 관계가 많았던 선지자는?
① 나단 ② 엘리사 ③ 말라기 ④ 엘리야

45. 나아만 군대 장관은 무슨 병자였었나?
① 나병환자 ② 말 못하는 자 ③ 맹인 ④ 중풍병자

46. 열왕기하에서 나아만의 신앙고백은 몇 장 몇 절에 나오는가?
① 2:15 ② 3:15 ③ 4:15 ④ 5:15

47. 엘리야는 엘리사를 떼어놓기 위해 몇 번이나 시도했나?
① 2번 ② 3번 ③ 4번 ④ 5번

48. 아람 군대의 군사가 눈이 어둡게 되어 끌려온 곳은?
① 헤브론 ② 여리고 ③ 사마리아 ④ 예루살렘

49. 선지자의 제자가 물에 빠뜨린 도끼를 건져 준 사람은?
① 엘리야 ② 엘리사 ③ 사무엘 ④ 나단

---

40. 요단강 41. 한, 두 42. 게하시 43. 사마리아 44. ②(5~7장) 45. ①(5:10-14) 46. ④ 47. ② 48. ③(6:8-23) 49. ②(6:6-7)

※ 다음을 읽고 맞는 것에는 ○표, 틀리는 것에는 ×표 하시오. (50-62)

50. 다락 난간에서 떨어져 죽은 왕은 아하시야이다. ( )

51. 아하시야는 아들이 없었으므로 여호람이 왕위를 계승했다. ( )

52. 엘리야가 승천할 날이 가까워지자 엘리야는 요단에서 여리고, 벧엘, 길갈로 갔으며 엘리사가 그의 뒤를 따라왔다. ( )

53. 모압 왕 메사와 싸우기 위해 연합한 세 나라는 이스라엘, 암몬, 애굽이었다. ( )

54. 엘리사를 위하여 숙식을 제공하고 작은 방과 필요한 물건까지 제공한 여인은 사르밧 과부이다. ( )

55. 독이 든 국의 독을 없게 한 선지자는 엘리사이다. ( )

56. 보리떡 20개와 자루에 담은 채소로 100명이 먹고 남게 한 기적을 행한 선지자는 엘리야이다. ( )

57. 나아만의 나병을 고쳐준 선지자는 엘리사이다. ( )

58. 나아만은 나병이 나은 후에 "내가 이제 이스라엘 외에는 온 천하에 신이 없는 줄을 아나이다"라고 신앙고백을 했다. ( )

59. 선지자의 제자가 물에 빠뜨린 도끼를 물 위로 떠오르게 한 선지자는 엘리야이다. ( )

60. 아람 왕 벤하닷이 사마리아 성을 포위하고 있을 때 성 안에서는 굶주림이 심하여 자기 아들까지 먹는 일이 일어났다. ( )

---

50. ○(1:2) 51. ○(1:17) 52. ×(2:1-8) 53. ×(3:9) 54. ×(4:8-10) 55. ○(4:32-37) 56. ×(4:42-44) 57. ○(5:10-14) 58. ○(5:15) 59. ×(6:6) 60. ○(6:24-29)

61. 아람 군대가 도망한 것을 제일 먼저 발견한 사람은 4명의 나병환자였다. ( )

62. 하사엘은 벤하닷 왕을 칼로 찔러 죽이고 왕이 되었다. ( )

63. 아람 왕 벤하닷을 물에 적신 이불로 얼굴을 덮어 죽이고 그를 대신하여 왕이 된 자는?
① 하사엘 ② 아하시야 ③ 오므리 ④ 예후

64. 금송아지를 섬기는 죄 중에도 하나님의 칭찬과 약속을 받은 왕은?
① 아합 ② 예후 ③ 여호사밧 ④ 여로보암

65. 여로보암의 반역을 선지자 아히야가 예고한 것처럼 예후의 반역을 예고한 선지자는?
① 엘리야 ② 이사야 ③ 엘리사 ④ 나단

66. 아람 군대가 도망한 것을 가장 먼저 발견한 사람은?
① 이스라엘 군인 ② 엘리사 ③ 나병환자 4명 ④ 엘리야

67. 엘리사는 누구에게 기름을 부어 이스라엘의 왕을 삼았는가?
① 여호사밧 ② 예후 ③ 하사엘 ④ 여호람

68. 예후가 사마리아에서 이스라엘을 다스린 햇수는?
① 28년 ② 30년 ③ 20년 ④ 18년

69. 유다 왕 아하시야가 죽은 후에 누가 유다를 다스렸는가?
① 여호사밧 ② 아달랴 ③ 여호람 ④ 하사엘

※ 아래의 빈 칸에 알맞은 말을 보기에서 골라 쓰시오. (70-75)

보 기

하사엘, 단, 보리, 이세벨, 칠, 길르앗 라못

---

61. ○(7:3-5, 9-16) 62. ×(8:15) 63. ①(8:7-15) 64. ②(10:30-31) 65. ③(9:1)
66. ③(7:3-5, 9-16) 67. ②(9:1-10) 68. ①(10:36) 69. ②(11:1-3)

70. "엘리사가 이르되 여호와의 말씀을 들을지어다 여호와께서 이르시되 내일 이맘때에 사마리아 성문에서 고운 밀가루 한 스아를 한 세겔로 매매하고 (　) 두 스아를 한 세겔로 매매하리라 하셨느니라"(7:1)

71. "엘리사가 이전에 아들을 다시 살려준 여인에게 이르되 너는 일어나서 네 가족과 함께 거주할 만한 곳으로 가서 거주하라 여호와께서 기근을 부르셨으니 그대로 이 땅에 (　) 년 동안 임하리라"(8:1)

72. "(　)이 이르되 내 주여 어찌하여 우시나이까 하는지라 대답하되 네가 이스라엘 자손에게 행할 모든 악을 내가 앎이라 네가 그들의 성에 불을 지르며 장정을 칼로 죽이며 어린 아이를 메치며 아이 밴 부녀를 가르리라"(8:12)

73. "선지자 엘리사가 선지자의 제자 중 하나를 불러 이르되 너는 허리를 동이고 이 기름병을 손에 가지고 (　)으로 가라"(9:1)

74. "돌아와서 전하니 예후가 이르되 이는 여호와께서 그 종 디셉 사람 엘리야를 통하여 말씀하신 바라 이르시기를 이스르엘 토지에서 개들이 (　)의 살을 먹을지라"(9:36)

75. "이스라엘에게 범죄하게 한 느밧의 아들 여로보암의 죄 곧 벧엘과 (　)에 있는 금송아지를 섬기는 죄에서는 떠나지 아니하였더라"(10:29)

76. 아달랴는 몇 년간 유다를 통치했는가?
① 4년　② 5년　③ 6년　④ 7년

77. 아달랴 통치 제7년에 누가 유다의 왕이 되었는가?
① 여호아하스　② 하사엘　③ 여호사밧　④ 요아스

78. 엘리사는 어느 왕 때에 죽었는가?
① 요아스　② 여호사밧　③ 여호람　④ 아달랴

---

70. 보리　71. 칠　72. 하사엘　73. 길르앗 라못　74. 이세벨　75. 단　76. ③(11:1-3)
77. ④(11:21)　78. ①(13:14-20)

79. 개들이 그의 시체를 먹은 사람은?
① 안디바 ② 이세벨 ③ 고레스 ④ 여로보암

80. 예후가 진멸한 유다의 왕은 누구인가?
① 아하시야 ② 아합 ③ 여로보암 ④ 여호사밧

81. 왕의 자손을 모두 멸절하고 자신이 왕이 된 사람은?
① 헤로디아 ② 드루실라 ③ 아달랴 ④ 이세벨

82. 아달랴의 난에서 요아스를 숨겨준 사람은?
① 하사엘 ② 여호나답 ③ 여호야다 ④ 여호세바

83. 아합의 딸 아달랴의 죽음이 기록된 곳은?
① 왕상 7장 ② 왕하 8장 ③ 왕상 16장 ④ 왕하 11장

84. 요아스가 왕위에 오를 때의 나이는?
① 7세 ② 20세 ③ 25세 ④ 35세

85. 왕위에 오를 때 나이가 가장 어렸던 왕은?
① 히스기야 ② 다윗 ③ 아합 ④ 요아스

86. 엘리사가 죽을 때, 그에게 "내 아버지여 내 아버지여 이스라엘의 병거와 마병이여"(13:14)라고 말한 이스라엘의 왕은?
① 여호아스 ② 예후 ③ 아합 ④ 요아스

87. 앗수르 왕 불의 위협을 받아 은 천 달란트를 백성에게서 강탈하여 조공으로 바친 이스라엘의 왕은 누구인가?
① 여로보암 ② 요아스 ③ 므나헴 ④ 여로보암2세

88. 엘리사가 병들어 이스라엘 왕 요아스에게 화살로 땅을 치게 한 행동이 뜻하는 바는?
① 에돔을 침 ② 레바논을 침 ③ 유다를 침 ④ 아람을 침

79.②(9:30-37) 80.①(9:27-29) 81.③(11:1) 82.④(11:1-3) 83.④(11:20)
84.①(11:21) 85.④(11:21) 86.④ 87.③(15:19-20) 88.④(13:14-19)

89. 죽어서도 자기 뼈에 시체가 닿았을 때 살아나게 한 사람은?
① 에녹 ② 엘리사 ③ 모세 ④ 엘리야

※ 다음의 내용들을 서로 관련 있는 것들끼리 연결시키시오. (90–101)

90. 나봇의 포도원	① 엘리사
91. 다락 난간에서 떨어짐	② 엘리야
92. 사르밧 여인	③ 이세벨
93. 수넴 여인	④ 무화과 반죽
94. 나아만	⑤ 아하시야
95. 벤하닷	⑥ 요나
96. 개	⑦ 엘리사
97. 예후	⑧ 아합
98. 아사랴	⑨ 히스기야
99. 여로보암 2세	⑩ 웃시야
100. 놋뱀을 부수어버림	⑪ 하사엘
101. 히스기야	⑫ 아합의 계승자

102. 아사랴 왕과 웃시야 왕은 어떤 관계인가?
① 형제지간 ② 부자지간 ③ 같은 사람 ④ 남남

103. 이스라엘의 왕 중 가장 오래 다스린 왕은?
① 여로보암 2세 ② 요람 ③ 예후 ④ 요아스

104. 요나가 살던 시대의 일이 기록된 책은?
① 에스라 ② 에스더 ③ 열왕기상 ④ 열왕기하

89.②(13:20-21) 90.⑧(21:13-16) 91.⑤(1:1, 2, 7) 92.② 93.①(4:8-11) 94.⑦(5:10) 95.⑪(8:7-15) 96.③(9:30-37) 97.⑫(왕상 19:16~17, 9:6) 98.⑩(14:21, 15:1, 13) 99.⑥(14:25) 100.⑨(18:3-4) 101.④(20:7) 102.③(14:21, 15:1, 13) 103.①(14:23) 104.④(14:25)

105. 여로보암 2세가 이스라엘 영토를 회복할 것을 예언한 사람은?
① 나단 ② 요나 ③ 아사 ④ 유대의 무명 선지자

106. 이스라엘 왕 중 1개월간만 왕 노릇을 한 사람은?
① 여호아하스 ② 아하시야 ③ 살룸 ④ 야베스

107. 다메섹에 갔다가 거기 있는 '제단'을 보고 그 구조와 양식을 모방하여 자기 나라에 세운 왕은?
① 아하스 ② 히스기야 ③ 아합 ④ 웃시야

108. 이스라엘의 최후의 왕은?
① 시드기야 ② 여로보암 ③ 호세아 ④ 베가

109. 앗수르 왕 살만에셀이 사마리아 성읍에 이스라엘 백성 대신 살게 한 족속에 속하지 않는 족속은?
① 모압 ② 바벨론 ③ 아와 ④ 하맛

110. 히스기야가 왕위에 나아갈 때 나이는?
① 10세 ② 25세 ③ 30세 ④ 35세

111. 유다 왕 아하스를 계승한 왕은 누구인가?
① 히스기야 ② 요아스 ③ 므낫세 ④ 호세아

112. 히스기야는 유다를 몇 년간 다스렸는가?
① 25년 ② 29년 ③ 33년 ④ 35년

113. 히스기야 왕에 대한 설명 중 틀린 것은?
① 그는 다윗과 같이 여호와 보시기에 정직하게 행했다
② 여러 산당을 제거하고 모든 우상을 제거했다
③ 그의 전후 유다의 모든 왕보다 더욱 여호와를 의지했다
④ 그는 어떤 병에도 걸리지 않았다

---

105. ②(14:25) 106. ③(15:13) 107. ①(16:10-16) 108. ③(17장) 109. ①(17:24)
110. ②(18:1-2) 111. ①(18:1-2) 112. ②(18:1-2) 113. ④(18:3-8, 20:1)

※ 아래의 빈 칸에 알맞은 말을 보기에서 골라 쓰시오. (114-121)

보 기

세 번, 무화과, 이사야, 십도, 살만에셀,
벽, 시온, 요아스

114. "엘리사가 죽을 병이 들매 이스라엘의 왕 (　　)가 그에게로 내려와 자기의 얼굴에 눈물을 흘리며 이르되 내 아버지여 내 아버지여 이스라엘의 병거와 마병이여 하매"(13:14)

115. "하나님의 사람이 노하여 이르되 왕이 대여섯 번을 칠 것이니이다 그리하였더면 왕이 아람을 진멸하기까지 쳤으리이다 그런즉 이제는 왕이 아람을 (　　)만 치리이다 하니라"(13:19)

116. "앗수르의 왕 (　　)이 올라오니 호세아가 그에게 종이 되어 조공을 드리더니"(17:3)

117. "아모스의 아들 (　　)가 히스기야에게 보내 이르되 이스라엘 하나님 여호와의 말씀이 네가 앗수르 왕 산헤립 때문에 내게 기도하는 것을 내가 들었노라 하셨나이다"(19:20)

118. "여호와께서 앗수르 왕에게 대하여 이같이 말씀하시기를 처녀 딸 (　　)이 너를 멸시하며 너를 비웃었으며 딸 예루살렘이 너를 향하여 머리를 흔들었느니라"(19:21)

119. "히스기야가 낯을 (　　)으로 향하고 여호와께 기도하여 이르되"(20:2)

120. "이사야가 이르되 (　　) 반죽을 가져오라 하매 무리가 가져다가 그 상처에 놓으니 나으니라"(20:7)

---

114. 요아스　115. 세 번　116. 살만에셀　117. 이사야　118. 시온　119. 벽　120. 무화과

121. "선지자 이사야가 여호와께 간구하매 아하스의 해시계 위에 나아갔던 해 그림자를 (　　) 뒤로 물러가게 하셨더라"(20:11)

122. 이스라엘(북왕국)은 유다 왕 히스기야 몇 년에 멸망하였는가?
① 히스기야 4년　② 히스기야 6년
③ 히스기야 8년　④ 히스기야 10년

123. 모세가 광야에서 만들었던 놋뱀을 부숴버린 왕은?
① 다윗　② 아하스　③ 히스기야　④ 요아스

124. 다음의 유대 왕 중 이스라엘의 하나님을 가장 잘 의지한 왕은?
① 아사　② 솔로몬　③ 여호야김　④ 히스기야

125. 히스기야의 기도 응답으로 전멸된 앗수르의 군인 수는?
① 125,000명　② 165,000명　③ 185,000명　④ 195,000명

126. 산헤립의 죽음은 어디에 기록되어 있나?
① 열왕기하　② 에스라　③ 사사기　④ 사무엘상

127. 앗수르 왕 산헤립은 어떻게 죽었는가?
① 불에 타서　② 전장에서　③ 자객에게　④ 병으로

128. 히스기야 왕을 도운 선지자 이름은?
① 호세아　② 이사야　③ 엘리야　④ 예레미야

129. 히스기야 왕 14년에 유다는 어느 나라에게 침략을 받았는가?
① 바벨론　② 애굽　③ 앗수르　④ 블레셋

※ 다음의 내용을 읽고 맞는 것은 ○표, 틀린 것은 ×표 하시오. (130–147)

130. 예후는 아합뿐만 아니라 아합의 아들 70인과 그 모든 친구, 가까운 친척, 제사장 등 아합에 속한 모든 자를 죽였다. (　　)

---

121. 십도　122. ②(18:9-12)　123. ③(18:1-4)　124. ④(18:3-6)　125. ③(19:35)
126. ①(19:36-37)　127. ③(19:36-37)　128. ②(20:1-7)　129. ③(18:13-16)
130. ○(10:6-11)

131. 유다 왕 아하시야가 죽은 후에 아하시야의 아들 요아스가 왕이 되었다. ( )

132. 요아스는 제사장 여호야다의 교훈을 받는 동안은 잘 통치했으나 여호 야다가 죽은 후에는 다른 길을 걸어갔다. ( )

133. 엘리사는 요아스 왕 때 죽었다. ( )

134. 유다 왕 요담을 계승하여 왕위에 올라간 사람은 아하스이며 1년간 왕위에 있었다. ( )

135. 이스라엘과 유다의 최후 왕은 각각 호세아, 여호야긴이다. ( )

136. 이스라엘은 앗수르에 의해 멸망당했다. ( )

137. 유다는 이스라엘보다 후대에 역시 앗수르에 의해 멸망당했다. ( )

138. 유다 왕 아하스를 계승한 사람은 히스기야이며, 그는 29년간 유다를 다스렸다. ( )

139. 히스기야 왕 14년에 앗수르 왕 산헤립이 침략하여 유다의 모든 은금을 가지고 갔다. ( )

140. 히스기야 왕을 도와준 선지자는 아모스이다. ( )

141. 히스기야 왕은 병들어 죽게 되었을 때 낯을 벽으로 향하고 여호와께 눈물로 통곡하며 기도했다. ( )

142. 히스기야는 기도의 응답으로 해시계의 해 그림자를 10도 나아가게 할 것을 요구했다. ( )

143. 히스기야의 왕위를 계승한 사람은 므낫세이며 그는 55년간 왕위에 있으면서 아버지 히스기야의 길을 걷지 않았다. ( )

---

131. ×(11:1-3) 132. ○(12장) 133. ○(13:14-19) 134. ×(16:1-2) 135. ×(25장)
136. ○(17:1-6) 137. ×(25장) 138. ○(18:1-2) 139. ○(18:13-16) 140. ×(19장)
141. ○(20:2-3) 142. ×(20:11) 143. ○(21:1-18)

144. 요시야 왕은 성전을 수리하다가 율법책을 발견했다. ( )

145. 이스라엘 왕 중에 가장 오래 왕 노릇을 한 사람은 여로보암 2세이며, 그 시대에 예언한 선지자는 아모스이다. ( )

146. 여호야김 왕의 본명은 엘리야김이며, 3년간 앗수르 왕 산헤립을 섬겼다. ( )

147. 유다 왕 여호야긴은 포로가 된 지 37년 만에 출옥되어 그 후로 일평생 왕의 앞에서 먹고 날마다 쓸 것을 공급받았다. ( )

148. 히스기야 왕이 병들었을 때 무화과 반죽으로 낫게 한 선지자는?
① 에스겔　② 아모스　③ 엘리야　④ 이사야

149. 히스기야 왕이 죽을 병에 들었다가 고친 후 몇 년을 더 살았나?
① 10년　② 15년　③ 20년　④ 25년

150. 여호와께서 히스기야 왕에게 기도의 응답 표시로 보이신 징표는?
① 뱀으로 변한 지팡이　② 불붙은 가시떨기나무
③ 해그림자가 10도 뒤로 물러감　④ 이슬 내린 솜

151. 히스기야 왕의 왕위를 계승한 사람은?
① 요아스　② 아하스　③ 호세아　④ 므낫세

152. 므낫세는 몇 세에 왕위에 올라갔는가?
① 12세　② 13세　③ 15세　④ 20세

153. 유다 왕 중에 가장 오랫동안 왕위에 있었던 왕은?
① 여로보암 2세　② 므낫세　③ 히스기야　④ 여호사밧

154. 므낫세의 왕위를 계승한 사람은?
① 아하스　② 히스기야　③ 아몬　④ 여호사밧

---

144. ○(22장)　145. ○(22장)　146. ×(23:34-24장)　147. ○(25:27-30)　148. ④(20:7)
149. ②(20:5-6)　150. ③(20:11)　151. ④(20:21)　152. ①(21:1)　153. ②(21:1)
154. ③(21:18-19)

155. 아몬의 왕위를 계승한 사람은?
① 히스기야 ② 요시야 ③ 요아스 ④ 아하스

156. 요시야 왕은 몇 년간 왕위에 있었는가?
① 25년 ② 31년 ③ 35년 ④ 38년

157. 히스기야가 병들어 하나님께 기도함으로 15년을 더 연장받았을 때 징표로 보여준 것은?
① 해 그림자가 10도 나아감 ② 해 그림자가 10도 물러감
③ 해가 15분 동안 정지함 ④ 솜뭉치에 이슬이 맺지 않음

158. 다음의 유다 왕 중 선하지 않은 왕은?
① 여호사밧 ② 히스기야 ③ 므낫세 ④ 아사

159. 유다 왕 중 아모리 사람의 행위보다 더 악하고, 무죄한 자의 피를 심히 많이 흘려 예루살렘 이 끝에서 저 끝까지 가득하게 한 왕은?
① 아합 ② 므낫세 ③ 여호람 ④ 히스기야

160. 다음 중 여호와 보시기에 정직히 행한 왕은?
① 요시야, 히스기야 ② 요아스, 히스기야
③ 아합, 아하스 ④ 아몬, 여호야김

※ 아래의 빈 칸에 알맞은 말을 보기에서 골라 쓰시오. (161–166)

보 기

힐기야, 시드기야, 바벨론, 기드론, 훌다, 요시야

161. "여호와의 말씀이 날이 이르리니 왕궁의 모든 것과 왕의 조상들이 오늘까지 쌓아두었던 것이 ( )으로 옮긴 바 되고 하나도 남지 아니할 것이요"(20:17)

---

155. ②(21:26) 156. ②(22:1) 157. ②(20:1-11) 158. ③(21:1-18) 159. ②(21:10-16)
160. ①(18:3, 22:2) 161. 바벨론

162. “(　　)가 왕위에 오를 때에 나이가 팔세라 예루살렘에서 삼십일 년간 다스리니라 그의 어머니의 이름은 여디다요 보스갓 아다야의 딸이더라”(22:1)

163. “대제사장 (　　)가 서기관 사반에게 이르되 내가 여호와의 성전에서 율법책을 발견하였노라 하고 힐기야가 그 책을 사반에게 주니 사반이 읽으니라”(22:8)

164. “이에 제사장 힐기야와 또 아히감과 악볼과 사반과 아사야가 여선지 (　　)에게로 나아가니 그는 할하스의 손자 디과의 아들로서 예복을 주관하는 살룸의 아내라 예루살렘 둘째 구역에 거주하였더라 그들이 그와 더불어 말하매”(22:14)

165. “또 여호와의 성전에서 아세라 상을 내다가 예루살렘 바깥 (　　) 시내로 가져다 거기에서 불사르고 빻아서 가루를 만들어 그 가루를 평민의 묘지에 뿌리고”(23:6)

166. “(　　) 제구년 열째 달 십일에 바벨론의 왕 느부갓네살이 그의 모든 군대를 거느리고 예루살렘을 치러 올라와서 그 성에 대하여 진을 치고 주위에 토성을 쌓으매”(25:1)

167. 요시야가 왕위에 나아갈 때 나이는?
① 5세　② 8세　③ 15세　④ 25세

168. 성전에서 율법책을 발견할 때 유다를 다스린 왕은?
① 여호아하스　② 히스기야　③ 요시야　④ 요아스

169. 요시야 왕 18년에 어떤 일이 일어났는가? (　　　　　　　　)

170. 요시야 왕 때 여호와의 성전에서 율법책을 발견한 사람은?
① 사반　② 훌다　③ 이사야　④ 힐기야

---

162. 요시야　163. 힐기야　164. 훌다　165. 기드론　166. 시드기야　167. ②(22:1)
168. ③(22:3-13)　169. 율법책을 발견함(22:8)　170. ④(22:8)

171. 요시야 왕 때 여호와의 성전에서 발견된 율법책에 대해 예언한 선지자는?
① 훌다 ② 이사야 ③ 드보라 ④ 미가야

172. 요시야 시대에 대제사장은 누구였는가?
① 훌다 ② 힐기야 ③ 이사야 ④ 미가야

173. 이스라엘 왕 중에 가장 오랫동안 왕 노릇을 한 사람은?
① 예후 ② 여호아하스 ③ 여로보암 2세 ④ 여호야김

174. 대제사장 힐기야가 성전에서 무엇을 발견하였는가?
① 율법책 ② 금촛대 ③ 지팡이 ④ 금

175. 종교개혁자라고 불리는 유다의 왕은?
① 여호아하스 ② 요시야 ③ 히스기야 ④ 요아스

176. 여호야김의 본명은? ( )

177. 여호야김은 느부갓네살을 몇 년간 섬기다 배반했는가?
① 1년 ② 2년 ③ 3년 ④ 4년

178. 애굽 왕 바로느고가 앗수르 왕을 치러 가는 길을 막다가 므깃도에서 죽은 왕은?
① 히스기야 ② 요시야 ③ 여호야긴 ④ 요아스

179. 여호야김과 여호야긴의 관계는?
① 아무 관계 아님 ② 형제관계 ③ 부자관계 ④ 친척관계

180. 유다 왕 중에 가장 오랫동안 왕노릇 한 사람은?
① 아사랴 ② 아사 ③ 요아스 ④ 므낫세

181. 유다의 마지막 왕은?
① 여호야김 ② 시드기야 ③ 여호야긴 ④ 호세아

---

171. ①(22:14-20) 172. ②(22:3-7) 173. ③ 174. ①(22:8) 175. ②(23:4-14) 176. 엘리아김(23:34) 177. ③(24:1) 178. ②(23:29) 179. ③(24:5-6) 180. ④(21:1) 181. ②(24:17)

182. 시드기야 왕의 본명은?
① 여아디아 ② 여디디아 ③ 맛다니야 ④ 예수아

183. 요시야의 히브리어 뜻은? ( )

184. 여호야김은 누구를 3년간 섬겼는가?
① 느부갓네살 ② 벤하닷 ③ 바로느고 ④ 시삭

185. 바벨론 포로 후 유다 땅에 남은 백성을 누가 다스렸는가?
① 호세아 ② 여호야긴 ③ 그달리야 ④ 시드기야

186. 다음 유다 왕 중에 선한 왕은?
① 여호사밧 ② 므낫세 ③ 여호야긴 ④ 시드기야

187. 다음 중 유다 왕국의 처음과 최후의 왕이 잘 연결된 것은?
① 르호보암 - 여호야긴 ② 르호보암 - 시드기야
③ 여로보암 - 시드기야 ④ 솔로몬 - 시드기야

188. 다음 중 이스라엘 왕국의 처음과 최후의 왕이 잘 연결된 것은?
① 여로보암 - 시드기야 ② 여로보암 - 아합
③ 여로보암 - 호세아 ④ 르호보암 - 호세아

189. 엘리사의 뜻은? ( )

190. 바벨론 왕에게 두 눈이 뽑힌 왕은?
① 여호야긴 ② 웃시야 ③ 여호야김 ④ 시드기야

191. 바벨론 왕 느부갓네살이 예루살렘을 침공한 횟수는?
① 2차 ② 3차 ③ 4차 ④ 5차

---

182. ③(24:17) 183. 여호와가 붙드심 184. ①(24:1) 185. ③(25:22) 186. ① 187. ② 188. ③ 189. 하나님은 구원이시다 190. ④(25:7) 191. ②(24:10-17, 25:1-7, 8-21)

192. 느다니야의 아들 이스마엘이 그달리야를 죽인 후에 사로잡은 사람들이 본국에 있지 아니하고 애굽에 가게 된 이유는?
① 애굽 군대에게 잡혀감 ② 갈대아 사람이 두려워서
③ 이스라엘이 다시 와서 이끌어 감 ④ 풀어준 사람이 인솔해서 감

193. 여호야긴 왕이 바벨론에 붙잡혀 간 지 몇 년 만에 풀려났는가?
① 17년 ② 27년 ③ 37년 ④ 47년

194. 포로 기간에 활동한 예언자가 아닌 선지자는?
① 예레미야 ② 하박국 ③ 다니엘 ④ 이사야

195. 다음 중 포로 기간에 활동한 예언자는?
① 에스겔 ② 이사야 ③ 엘리사 ④ 아모스

196. 므나헴이 이스라엘의 왕이 되어 사마리아에서 몇 년간 다스렸는가?
① 5년 ② 7년 ③ 10년 ④ 15년

197. 앗수르 왕 산헤립이 히스기야 왕 때 유대의 모든 견고한 성읍을 치고 히스기야 왕에게 요구한 금과 은의 달란트가 맞게 연결된 것은?
① 10 - 200 ② 20 - 300 ③ 30 - 400 ④ 30 - 300

198. 요시야 왕이 어느 나라의 왕의 길을 막다가 므깃도에서 죽었는가?
① 애굽 ② 앗수르 ③ 바벨론 ④ 암몬

199. 므낫세 왕은 예루살렘에서 몇 년간 왕위에 있었는가?
① 20년 ② 55년 ③ 44년 ④ 33년

200. 요시야의 훌륭한 치세에도 불구하고 여호와께서 유다를 향해 진노한 것은 그의 선조 때문인데, 그 왕은 누구인가?
① 여호사밧 ② 아몬 ③ 므낫세 ④ 히스기야

---

192. ②(25:25-26) 193. ③(25:27) 194. ④ 195. ① 196. ③(15:17) 197. ④(18:13-14)
198. ①(23:29) 199. ②(21:1) 200. ③(23:26)

201. 여선지 훌다는 누구의 아내인가?
① 살룸　② 힐기야　③ 미가야　④ 히스기야

202. 이세벨의 출신 족속은?
① 애굽　② 시돈　③ 암몬　④ 모압

203. 히스기야 왕 14년에 예루살렘을 쳐들어온 왕은?
① 살만에셀　② 느부갓네살　③ 산헤립　④ 아하수에로

204. 엘리야가 기름을 부어 왕과 선지자가 된 사람의 수는?
① 1명　② 2명　③ 3명　④ 4명

205. 열왕기하는 모두 몇 장인가?
① 20장　② 25장　③ 30장　④ 35장

※ 아래의 빈 칸에 알맞은 말을 보기에서 골라 쓰시오. (206–212)

보 기

십도, 므낫세, 힐기야, 호세아, 놋뱀, 그달리야, 엘리아김

206. "유다의 왕 아하스 제십이년에 엘라의 아들 (　　)가 사마리아에서 이스라엘 왕이 되어 구 년간 다스리며"(17:1)

207. "히스기야가 그의 조상 다윗의 모든 행위와 같이 여호와께서 보시기에 정직하게 행하여 그가 여러 산당들을 제거하며 주상을 깨뜨리며 아세라 목상을 찍으며 모세가 만들었던 (　　)을 이스라엘 자손이 이때까지 향하여 분향하므로 그것을 부수고 느후스단이라 일컬었더라"(18:3–4)

208. "히스기야가 대답하되 그림자가 (　　)를 나아가기는 쉬우니 그리할 것이 아니라 십도가 뒤로 물러갈 것이니이다"(20:10)

---

201. ①(22:14)　202. ②　203. ③(18:13)　204. ④(19:15-16)　205. ②　206. 호세아
207. 놋뱀　208. 십도

209. "히스기야가 그의 조상들과 함께 자고 그의 아들 (　　)가 대신하여 왕이 되니라"(20:21)

210. "대제사장 (　　)가 서기관 사반에게 이르되 내가 여호와의 성전에서 율법책을 발견하였노라 하고 힐기야가 그 책을 사반에게 주니 사반이 읽으니라"(22:8)

211. "바로느고가 요시야의 아들 (　　)을 그의 아버지 요시야를 대신하여 왕으로 삼고 그의 이름을 고쳐 여호야김이라 하고 여호아하스는 애굽으로 잡아갔더니 그가 거기서 죽으니라"(23:34)

212. "유다 땅에 머물러 있는 백성은 곧 바벨론 왕 느부갓네살이 남긴 자라 왕이 사반의 손자 아히감의 아들 (　　)가 관할하게 하였더라"(25:22)

※ 아래의 빈 칸들을 보기에서 골라 채우시오. (213-226)

보기

① 여호아하스 ② 앗수르 ③ 요시야 ④ 요아스 ⑤ 엘리사
⑥ 호세아 ⑦ 바벨론 ⑧ 시드기야 ⑨ 아달랴 ⑩ 아마샤
⑪ 여로보암 ⑫ 므낫세 ⑬ 히스기야 ⑭ 아하스

213. 엘리야의 후계자 (　)

214. 아하시야를 계승한 자 (　)

215. 아달랴를 계승한 자 (　)

216. 요아스를 계승한 자 (　)

---

209. 므낫세　210. 힐기야　211. 엘리아김　212. 그달리야　213. ⑤　214. ⑨(11:1-3)
215. ④(11:21)　216. ⑩(14장)

217. 요담을 계승한 자 (　)

218. 아하스를 계승한 자 (　)

219. 히스기야를 계승한 자 (　)

220. 아몬의 왕위를 계승한 자 (　)

221. 분열 왕국 후 북이스라엘의 처음의 왕 (　)

222. 요시야를 계승해 왕위에 올라 3개월 동안 통치한 자 (　)

223. 유다 최후의 왕 (　)

224. 북이스라엘 최후의 왕 (　)

225. 유다를 멸망시킨 나라 (　)

226. 북이스라엘을 멸망시킨 나라 (　)

---

217. ⑭(16:1-2)　218. ⑬(18:1-2)　219. ⑫(20:21)　220. ③(21:26)　221. ⑪(왕상 12:20)
222. ①(23:30-31)　223. ⑧　224. ⑥　225. ⑦　226. ②

역대상

1 저　　자 : 유대인의 전승에 따라 에스라로 추정

2 기록연대 : B.C. 450년경

3 기록장소 : 유대 땅

4 대　　상 : 이스라엘 전 민족

5 배　　경 : B.C. 1000~960년 사이의 이스라엘 역사로 사무엘 상하의 배경과 같으며 이에 대한 비평 수록함. 바벨론 포로 후에 기록되었고, 유다 이스라엘의 종교사에 치중.

6 대　　지 : 다윗의 족보, 다윗의 통치(역사)

7 주　　제 : 다윗을 통한 하나님의 섭리

8 기록목적 : 이스라엘과 국가체제 확립. 다윗의 경건성 부각. 개인적 민족적 삶의 중심으로서의 진정한 예배 정신을 제시.

9 특이사항 : 선민의 상세한 계보와 다윗 왕가의 긍정적 평가가 두드러짐.

10 요　　절 : 14장 2절, 29장 14절

11 주요인물 : 사울, 다윗, 나단, 솔로몬

※ 다음 각 장을 그 내용과 맞는 것과 연결하라. (1–12)

01. 1장	① 레위인의 성전 봉사 분담
02. 3장	② 다윗의 즉위
03. 11장	③ 성전 건축의 준비
04. 12장	④ 웃사와 법궤 운반
05. 13장	⑤ 아담부터 야곱까지의 족보
06. 15장	⑥ 성전건축의 예물과 다윗의 죽음
07. 17장	⑦ 다윗의 자손들
08. 21장	⑧ 제사장들의 반차
09. 22장	⑨ 다윗의 용사들
10. 23장	⑩ 다윗의 인구조사
11. 24장	⑪ 법궤의 입성
12. 29장	⑫ 다윗에게 주신 메시아 언약

13. "헤만"은 무슨 일을 하는 사람인가?
① 제사장 ② 왕 ③ 군대 장군 ④ 성전에서 찬송부르는 자

14. 헤만, 아삽, 에단과 관계있는 것은?
① 기도 ② 전쟁 ③ 찬송 ④ 제사

---

01. ⑤ 02. ⑦ 03. ② 04. ⑨ 05. ④ 06. ⑪ 07. ⑫ 08. ⑩ 09. ③ 10. ① 11. ⑧ 12. ⑥
13. ④(6:33) 14. ③(6:33, 39, 44, 25:2)

15. 아담, 셋, 에노스, 게난, 마할랄렐, 야렛, 에녹, 므두셀라 …… 라는 족보 목록은 역대상 몇 장에 나오는가?
① 1장 ② 2장 ③ 3장 ④ 4장

16. 하나님의 궤를 붙들다가 죽은 사람은?
① 웃사 ② 에스라 ③ 요압 ④ 요르단

17. 아담으로부터 노아까지는 몇대인가?
① 8대 ② 10대 ③ 14대 ④ 24대

18. 레위 지파의 직무는? (   )

19. 셈에서 아브라함까지는 몇 대인가?
① 7대 ② 9대 ③ 10대 ④ 14대

※ 아래의 빈 칸에 알맞은 말을 보기에서 골라 쓰시오. (20-27)

보기

르호보암, 헤브론, 이스라엘, 사무엘,
르우벤, 요나단, 암논, 게르손

20. "아브라함이 이삭을 낳았으니 이삭의 아들은 에서와 (   )이더라"(1:34)

21. "이스라엘의 아들은 이러하니 (   )과 시므온과 레위와 유다와 잇사갈과 스불론과"(2:1)

22. "다윗이 헤브론에서 낳은 아들들은 이러하니 맏아들은 (   )이라 이스르엘 여인 아히노암의 소생이요 둘째는 다니엘이라 갈멜 여인 아비가일의 소생이요"(3:1)

23. "솔로몬의 아들은 (   )이요 그의 아들은 아비야요 그의 아들은 아사요 그의 아들은 여호사밧이요"(3:10)

---

15. ① 16. ①(13:10) 17. ②(1:1-4) 18. 성전에서 봉사하는 일 19. ③(1:24-27) 20. 이스라엘 21. 르우벤 22. 암논 23. 르호보암

24. "레위의 아들들은 (　　)과 그핫과 므라리요"(6:1)

25. "(　　)은 엘가나의 아들이요 엘가나는 여로함의 아들이요 여로함은 엘리엘의 아들이요 엘리엘은 도아의 아들이요"(6:34)

26. 블레셋 사람들이 사울과 그 아들들을 추격하여 블레셋 사람들이 사울의 아들 (　　)과 아비나답과 말기수아를 죽이고"(10:2)

27. "이에 이스라엘 모든 장로가 헤브론에 있는 왕에게로 나아가니 (　　)에서 다윗이 그들과 여호와 앞에 언약을 맺으매 그들이 다윗에게 기름을 부어 이스라엘의 왕으로 삼으니 여호와께서 사무엘을 통하여 전하신 말씀대로 되었더라"(11:3)

28. 레위의 세 아들이 아닌 사람은?
① 게르손　② 고핫　③ 므라리　④ 아삽

29. 아브라함의 아들과 손자에 속하지 않는 사람은?
① 이삭　② 야곱　③ 요셉　④ 에서

30. 아삽이 하는 일과 관계 있는 것은?
① 제사장　② 찬송　③ 도자기공　④ 예언자

31. 야곱의 아들이 아닌 사람은?
① 르우벤　② 시므온　③에서　④ 요셉

32. 이스라엘(야곱)의 장자는 누구인가?
① 르우벤　② 시므온　③ 유다　④ 레위

33. 여호수아는 어느 지파 사람인가?
① 유다　② 르우벤　③ 에브라임　④ 베냐민

---

24. 게르손　25. 사무엘　26. 요나단　27. 헤브론　28. ④(6:1)　29. ③(1:34)　30. ②(25:1-2)
31. ③(2:1-2)　32. ①(5:1-2)　33. ③(7:24, 27)

34. 역대상에 나오는 르우벤, 갓, 므낫세 반 지파의 용사의 숫자는?
① 40,560명 ② 34,760명 ③ 54,760명 ④ 44,760명

35. 사무엘은 삼상 1장 1절에 의하면 에브라임 사람 엘가나로 기록되었는데, 역대상에 의하면 어느 지파 출신으로 기록되었는가?
① 레위 ② 르우벤 ③ 에브라임 ④ 베냐민

36. 여호수아는 누구의 아들인가? ( )

37. 여호수아는 어느 지파 사람인가?
① 유다 ② 므낫세 ③ 에브라임 ④ 레위

※ 다음을 읽고 맞는 것에는 ○표, 틀린 것에는 ×표 하시오. (38-50)

38. 아론과 그의 자손들의 직무는 번제단과 향단 위에 분향하며 제사를 드리며 지성소의 모든 일을 하는 것이다. ( )

39. 유다 왕국의 백성 중에 바벨론 포로에서 먼저 성읍으로 돌아온 사람들은 제사장들과 레위 사람들과 느디님 사람들이다. ( )

40. 사울 왕이 죽은 것은 여호와의 말씀을 지키지 아니하고 또 신접한 자에게 가르치기를 청하고 여호와께 묻지 아니하였기 때문이다. ( )

41. 다윗 성은 다윗이 왕이 되었을 때 여부스 원주민으로부터 선물로 받은 것이다. ( )

42. 다윗이 세 용사가 베들레헴에서 떠온 물을 마시지 않은 이유는 그 물이 더러웠기 때문이다. ( )

43. 블레셋과의 전쟁에서 여호와께서 다윗에게 블레셋 군대를 정면으로 치지 말고 "뒤로 돌아 뽕나무 수풀 맞은편에서 그들을 기습하되 뽕나무 꼭대기에서 걸음 걷는 소리가 들리거든 곧 나가서 싸우라"고 하셨다. ( )

44. 다윗은 성전 지을 것에 대하여 나단 선지자에게 물어보았다. ( )

---

34. ④(5:18) 35. ①(6:1-23) 36. 눈의 아들(7:24, 27) 37. ③(7:24-27) 38. ○(6:49-53)
39. ○(9:1-2) 40. ○(10:13-14) 41. ×(11:4-9) 42. ×(11:19) 43. ○(14:13-15) 44. ○(17:1)

45. 다윗이 암몬 자손과 전쟁하게 된 것은 암몬 자손의 왕 하눈이 그의 부왕의 죽음을 문상하기 위하여 보낸 다윗의 사자들을 정탐꾼으로 생각하여 희롱하였기 때문이다. ( )

46. 요압이 인구조사 때 조사하지 않은 지파는 레위 지파와 르우벤 지파였다. ( )

47. 다윗이 성전을 건축하지 못한 것은 아직 충분한 재료를 갖추지 못했기 때문이다. ( )

48. 다윗이 그의 아들 솔로몬에게 성전 지을 것을 분부했다. ( )

49. 이스라엘은 모든 가문의 우두머리와 천부장과 백부장과 왕을 섬기는 관원들이 그들의 숫자대로 반을 나누어 왕을 섬겼는데, 반차의 제도는 각 반열이 2만 4천 명씩으로 일 년 동안 달마다 들어가며 나왔다. ( )

50. 성전 건축에 필요한 모든 재료는 솔로몬 때 갖추어졌다. ( )

51. 하나님의 성전을 맡은 자인 아사랴의 아버지는?
① 이사야 ② 힐기야 ③ 다윗 ④ 사울

52. 사울은 어느 지파 사람인가?
① 에브라임 ② 유다 ③ 르우벤 ④ 베냐민

53. 사울 왕은 누구의 아들인가? ( )

54. 사울이 죽은 곳은? ( )

55. 유다 왕국의 백성 중에 바벨론 포로에서 처음으로 그 성읍에 돌아온 사람이 아닌 사람은?
① 제사장들 ② 레위인 ③ 느디님 사람들 ④ 바리새인

56. 다윗의 시위대장은 누구인가?
① 브나야 ② 아브넬 ③ 아비새 ④ 느디님

---

45. ○(19:1-5) 46. ×(21:6) 47. ×(22:8) 48. ○(22:11) 49. ○(27:1) 50. ×(29:6)
51. ②(9:11) 52. ④(8:1, 33) 53. 기스(8:1, 33) 54. 길보아산(10:1) 55. ④(9:1-2)
56. ①(11:24-25)

57. 다윗이 블레셋 군대와 싸워서 승리한 수풀은? (   )

58. 다윗이 그 산성에 살았으므로 무리가 다윗 성이라 부른 산성의 이름은?
(   )

59. 세 용사가 죽음을 무릅쓰고 물을 떠온 곳은?
① 예루살렘 ② 베들레헴 ③ 여리고 ④ 벧엘

60. 다윗은 왜 세 용사가 떠온 물을 마시지 않았는가?
① 물이 맛이 없어서
② 세 용사의 피와 같은 물을 마실 수 없어서
③ 물 안에 독이 들어 있어서
④ 다른 사람에게 줄 물이 없어서

61. 므낫세 반 지파 중에 이름이 기록된 자로 와서 다윗을 세워 왕으로 삼으려 한 자는 모두 몇 명인가?
① 만 오천 명 ② 만 팔천 명 ③ 이만 팔천 명 ④ 이만 명

62. 스루야의 아들로 다윗의 군대사령관이 된 사람은?
① 브나야 ② 아사헬 ③ 요압 ④ 아삽

63. 두로 왕 히람이 궁전 건축을 위해 다윗에게 제공한 것이 아닌 것은?
① 백향목 ② 석수 ③ 향나무 ④ 목수

64. 법궤를 성막으로 옮긴 후 다윗이 백성에게 준 것이 아닌 것은?
① 떡 한 덩이 ② 은 한 세겔
③ 야자열매로 만든 과자 ④ 건포도로 만든 과자

65. 다윗이 성전 지을 것을 누구에게 알려 의견을 물었는가?
① 이사야 ② 요압 ③ 나단 ④ 아브넬

---

57. 뽕나무 수풀(14:13-17) 58. 시온 성(11:5) 59. ②(11:18) 60. ②(11:19) 61. ②(12:31)
62. ③(18:15) 63. ③(14:1) 64. ②(16:2-3) 65. ③(17:1)

※ 아래의 빈 칸에 알맞은 말을 보기에 골라 쓰시오. (66-73)

보 기

아비나답, 사독, 아비새, 히람, 다윗,
사울, 석달, 베레스, 웃사

66. "다윗이 그 산성에 살았으므로 무리가 ( ) 성이라 불렀으며"(11:7)

67. "요압의 아우 ( )는 그 세 명 중 우두머리라 그가 창을 휘둘러 삼백 명을 죽이고 그 세 명 가운데에 이름을 얻었으니"(11:20)

68. "다윗이 기스의 아들 ( )로 말미암아 시글락에 숨어 있을 때에 그에게 와서 싸움을 도운 용사 중에 든 자가 있었으니"(12:1)

69. "하나님의 궤를 새 수레에 싣고 ( )의 집에서 나오는데 웃사와 아히오는 수레를 몰며"(13:7)

70. "여호와께서 웃사의 몸을 찢으셨으므로 다윗이 노하여 그곳을 ( )라 부르니 그 이름이 오늘까지 이르니라"(13:11)

71. "하나님의 궤가 오벧에돔의 집에서 그의 가족과 함께 ( )을 있으니라 여호와께서 오벧에돔의 집과 그의 모든 소유에 복을 내리셨더라"(13:14)

72. "두로 왕 ( )이 다윗에게 사신들과 백향목과 석수와 목수를 보내 그의 궁전을 건축하게 하였더라"(14:1)

73. "다윗이 제사장 ( )과 아비아달을 부르고 또 레위 사람 우리엘과 아사야와 요엘과 스마야와 엘리엘과 암미나답을 불러"(15:11)

74. 다윗이 전쟁에서 취한 놋으로 솔로몬이 만든 것이 아닌 것은?
① 성전의 놋대야 ② 성전의 기둥
③ 성전의 놋그릇 ④ 성전의 촛대

---

66. 다윗 67. 아비새 68. 사울 69. 아비나답 70. 베레스 웃사 71. 석 달 72. 히람
73. 사독 74. ④(18:8)

75. 다윗이 누구의 금관을 취하여 썼는가? (　　　　　　　　　　　　)

76. 요압이 인구 조사에서 계수하지 아니한 지파는?
① 레위 지파　② 르우벤 지파　③ 에브라임 지파　④ 유다 지파

77. 다윗이 아람과의 전쟁에서 죽인 아람 군사의 보병 수는?
① 3만 명　② 4만 명　③ 5만 명　④ 6만 명

78. 다윗이 인구 조사의 범죄 후 제단을 쌓은 곳은? (　　　　　　　　　)

79. 가드에서 전쟁할 때 손가락 발가락이 여섯씩 달린 키 큰 자를 죽인 사람은?
① 시므아의 아들 요나단　② 다윗　③ 사울　④ 요압

80. 다윗이 이스라엘을 계수하려 할 때 범죄하는 것이라고 말린 사람은?
① 나단　② 요압　③ 이사야　④ 아브넬

81. 다윗은 그의 아들 솔로몬에게 무엇을 분부했나? (　　　　)

82. 다윗은 오르난의 타작마당을 얼마에 샀나?
① 금 오백 세겔　② 금 육백 세겔
③ 은 육백 세겔　④ 은 오백 세겔

83. 다윗이 준비한 성전건축의 재료가 아닌 것은?
① 돌　② 철　③ 금　④ 백향목

84. 역대상하에서 다윗과 솔로몬의 주요 업적으로 강조된 것은?
① 국토통일　② 영토확장　③ 전쟁에서 승리　④ 성전건축

85. 제사장의 계열을 나눈 왕은?
① 솔로몬　② 다윗　③ 사울　④ 사무엘

86. 다윗 때 성전에서 악기로 여호와를 찬양하는 자는 모두 몇 명인가?
① 2,000명　② 3,000명　③ 4,000명　④ 5,000명

---

75. 랍바 왕의 금관(20:1-2)　76. ①(21:6)　77. ②(19:18)　78. 오르난 타작마당(21:18-27, 아라우나-삼하 24:18-25)　79. ①(20:7, 삼하 21:20-21)　80. ②(21:3)　81. 성전 건축(22:19)　82. ②(21:25)　83. ③(22:2-5)　84. ④(22:6-12)　85. ②(24장)　86. ③(23:5)

87. 찬송을 맡은 자의 반차는 어느 장에 기록되어 있는가?
① 18장 ② 22장 ③ 23장 ④ 25장

88. 문지기의 반차는 어느 장에 기록되어 있는가?
① 18장 ② 22장 ③ 24장 ④ 26장

89. 이스라엘 백성의 인구조사는 몇 세부터 계수되었나?
① 18세 ② 20세 ③ 19세 ④ 21세

90. 하나님은 찬송을 맡은 헤만에게 몇 명의 자식을 주셨는가?
① 10명 ② 15명 ③ 17명 ④ 20명

91. 레위 자손 중 여호와의 성전에서 섬길 수 있는 연령은?
① 19세 이상 ② 21세 이상 ③ 20세 이상 ④ 18세 이상

92. 솔로몬이 왕으로 기름부음 받을 때 기름부음 받은 제사장은?
① 아비아달 ② 사무엘 ③ 사독 ④ 힐기야

93. 다윗과 관계 있는 선지자는?
① 호세아 ② 나단 ③ 이사야 ④ 예레미야

94. 다윗이 오르난의 타작마당에서 제사를 드려 응답을 얻었고, 모세가 지은 성막과 번제단이 그때에 기브온 산당에 있었지만 감히 그 앞에 가서 하나님께 묻지 못한 이유는?
① 길이 멀어서 ② 하나님의 천사가 가지 말라고 지시하여
③ 분명하지 않아서 ④ 여호와의 천사의 칼을 두려워해서

95. 제사장 "아비야" 반열은?
① 제4반열 ② 제8반열 ③ 제12반열 ④ 제24반열

96. 다윗이 편성한 제사장 반열의 수는?
① 7 ② 12 ③ 20 ④ 24

---

87. ④ 88. ④ 89. ②(27:23) 90. ③(25:5) 91. ③(23:24) 92. ③(29:22) 93. ②(17:1) 94. ④(21:28-30) 95. ②(24:10, 눅 1:5) 96. ④(24:18-19)

※ 아래의 빈 칸에 알맞은 말을 보기에서 골라 쓰시오. (97-103)

보 기
여두둔, 오르난, 헤만, 전염병, 미갈, 단, 엘하난

97. "레위 사람이 요엘의 아들 (　　)과 그의 형제 중 베레야의 아들 아삽과 그의 형제 므라리 자손 중에 구사야의 아들 에단을 세우고"(15:17)

98. "여호와의 언약궤가 다윗 성으로 들어올 때에 사울의 딸 (　　)이 창으로 내다보다가 다윗 왕이 춤추며 뛰노는 것을 보고 그 마음에 업신여겼더라"(15:29)

99. "또 여호와의 인자하심이 영원하시므로 그들과 함께 헤만과 (　　)과 그리고 택함을 받아 지명된 나머지 사람을 세워 감사하게 하였고"(16:41)

100. "다시 블레셋 사람들과 전쟁할 때에 야일의 아들 (　　)이 가드 사람 골리앗의 아우 라흐미를 죽였는데 이 사람의 창자루는 베틀채 같았더라"(20:5)

101. "다윗이 요압과 백성의 지도자들에게 이르되 너희는 가서 브엘세바에서부터 (　　)까지 이스라엘을 계수하고 돌아와 내게 보고하여 그 수효를 알게 하라"(21:2)

102. "이에 여호와께서 이스라엘 백성에게 (　　)을 내리시매 이스라엘 백성 중에서 죽은 자가 칠만 명이었더라"(21:14)

103. "여호와의 천사가 갓에게 명령하여 다윗에게 이르시기를 다윗은 올라가서 여부스 사람 (　　)의 타작 마당에서 여호와를 위하여 제단을 쌓으라 하신지라"(21:18)

104. 솔로몬의 건축 사업과 왕위에 있었던 기간이 잘 연결된 것은?
① 20년-35년　② 20년-40년　③ 17년-40년　④ 25년-45년

---

97. 헤만　98. 미갈　99. 여두둔　100. 엘하난　101. 단　102. 전염병　103. 오르난
104. ②(8:1-3)

105. 이스라엘 온 회중이 성전건축에 필요한 모든 물건을 기쁨으로 바친 후에 드린 제물이 아닌 것은?
① 수송아지 천 마리　② 숫양 천 마리
③ 암양 천 마리　④ 어린 양 천 마리

106. 다윗의 둘째 아들은?
① 다니엘　② 압살롬　③ 아도니야　④ 암논

107. "또 찬송하는 자가 있으니 곧 레위 우두머리라 그들은 골방에 거주하면서 주야로 자기 직분에 ( )하므로 다른 일은 하지 아니하였더라"(9:33)에서 ( ) 안에 들어갈 말은?
① 열중　② 전념　③ 등한　④ 충실

108. "주께서 내게 복을 주시려거든 나의 지역을 넓히시고 주의 손으로 나를 도우사 나로 환난을 벗어나 내게 근심이 없게 하옵소서"(4:10) 라고 기도하여 하나님께 그 구하는 것을 허락받은 사람은?
① 야베스　② 다윗　③ 솔로몬　④ 여호수아

109. 다윗이 하나님의 궤를 새 수레에 싣고 올 때 기돈의 타작마당에서 소가 뛰므로 손을 펴서 궤를 붙들었다가 하나님 앞에서 죽은 사람은?
① 아히오　② 기돈　③ 오벧에돔　④ 웃사

110. 웃사가 궤를 붙듦으로 말미암아 여호와의 진노로 죽자 궤가 석 달 동안 있었던 집의 주인은?
① 웃사　② 아히오　③ 오벧에돔　④ 기돈

※ 아래의 빈 칸에 알맞은 말을 보기에서 골라 쓰시오. (111–115)

보 기
아므람, 이만 사천, 솔로몬, 삼십, 아비후

105. ③(29:21)　106. ①(3:1-2)　107. ②　108. ①　109. ④(13:9-14)　110. ③(13:9-14)

111. "보라 한 아들이 네게서 나리니 그는 온순한 사람이라 내가 그로 주변 모든 대적에게서 평온을 얻게 하리라 그의 이름을 (　　)이라 하리니 이는 내가 그의 생전에 평안과 안일함을 이스라엘에게 줄 것임이니라"(22:9)

112. "레위 사람은 (　　) 세 이상으로 계수하니 모든 남자의 수가 삼만 팔천 명인데"(23:3)

113. "(　　)의 아들들은 아론과 모세이니 아론은 그 자손들과 함께 구별되어 몸을 성결하게 하여 영원토록 심히 거룩한 자가 되어 여호와 앞에 분향하고 섬기며 영원토록 그 이름으로 축복하게 되었느니라"(23:13)

114. "아론 자손의 계열들이 이러하니라 아론의 아들들은 나답과 (　　)와 엘르아살과 이다말이라"(24:1)

115. "이스라엘 자손의 모든 가문의 우두머리와 천부장과 백부장과 왕을 섬기는 관원들이 그들의 숫자대로 반이 나누이니 각 반열이 (　　) 명씩이라 일 년 동안 달마다 들어가며 나왔으니"(27:1)

116. 뽕나무 꼭대기에서 걸음 걷는 소리를 듣고 나가서 싸워 블레셋 사람들의 군대를 쳐서 크게 승리한 사람은?
① 사울　② 다윗　③ 모세　④ 여호수아

117. 하나님의 궤를 오벧에돔의 집에서 다윗 성으로 옮길 때 다윗이 춤추며 뛰노는 것을 창으로 내다보다가 그 마음에 업신여긴 사람은?
① 아삽　② 그나냐　③ 사울의 딸 미갈　④ 헤만

118. 여호와의 언약궤가 다윗 성에 옮겨진 후 여호와의 궤 앞에서 섬기며 여호와를 칭송하고 감사하며 찬양하는 일에 우두머리가 된 레위 사람은?
① 헤만　② 아삽　③ 브니야　④ 오벧에돔

---

111. 솔로몬　112. 삼십　113. 아므람　114. 아비후　115. 이만 사천　116. ②(14:13-17)
117. ③(15:25-29)　118. ②(16:1-6)

119. 다윗이 인구조사 함으로 여호와의 진노로 이스라엘에 전염병이 내리게 되었을 때 다윗을 충동한 것이 사탄이었다고 기록한 곳은?
① 역대상 ② 열왕기상 ③ 열왕기하 ④ 사무엘상

120. 요압이 다윗에게 보고한 칼을 뺄 만한 자의 수효는 몇 명인가?
① 백만 명 ② 백오십칠만 명 ③ 백육십만 명 ④ 백육십칠만 명

121. "또 찬송하는 자가 있으니 곧 레위 우두머리라 그들은 ( )에 거주하면서 주야로 자기 직분에 전념하므로 다른 일은 하지 아니하였더라"(9:33)에서 ( )에 들어갈 말은?
① 성전 ② 회막 ③ 골방 ④ 뜰

122. 역대상은 모두 몇 장인가?
① 25장 ② 29장 ③ 33장 ④ 40장

123. 솔로몬이 왕으로 기름부음을 받을 때 기름부음을 받은 제사장은 누구인가? ( )

124. 하나님께서 다윗에게 성전건축을 허락하지 않고 그의 아들 솔로몬에게 허락한 이유는 무엇인가?
① 다윗이 너무 늙어서
② 아직 준비가 되지 않아서
③ 솔로몬이 더 지혜가 많아서
④ 다윗이 전쟁으로 피를 많이 흘려서

125. 다윗과 솔로몬 시대에 다윗이 만든 악기로 여호와를 찬송하기 위해 구별된 자의 수는?
① 1천 ② 2천 ③ 3천 ④ 4천

---

119. ①(21:1) 120. ②(21:5) 121. ③ 122. ② 123. 사독(29:22) 124. ④(22:6-12) 125. ④(23:1-6)

126. 신령한 노래로 여호와를 찬송하는 직분을 맡은 사람들의 족장은?
① 엘르아살, 헤만, 여두둔 ② 아삽, 그달리야, 삭굴
③ 아삽, 헤만, 여두둔 ④ 므라리, 삭굴, 아삽

※ 아래의 것들 중에서 서로 관련 있는 것들끼리 연결하시오. (127-130)

127. 성전에서 찬송부르는 것 ① 여호야다

128. 나단 ② 헤만

129. 사관 ③ 다윗

130. 아론의 집 족장 ④ 여호사밧

---

126. ③(25:1-11) 127. ②(6:33) 128. ③(17:1) 129. ④(18:15) 130. ①(12:27)

역대하

1 저　　자 : 유대인의 전승에 따라 에스라로 추정

2 기록연대 : B.C. 450년경

3 기록장소 : 유대 땅

4 대　　상 : 이스라엘 전 민족

5 배　　경 : 솔로몬의 즉위부터 바벨론 포로까지의 사건을 기록

6 대　　지 : 솔로몬의 통치, 유다 열왕의 통치

7 주　　제 : 솔로몬의 성전을 통한 하나님의 섭리

8 기록목적 : 유다 역대 왕들에 대한 심판을 통해 하나님의 심판기준을 제시하며 진정한 예배를 통한 민족통합을 기원.

9 특이사항 : 성전 건축에 대한 세부 사항이 수록됨.

10 요　　절 : 7장 14절

11 주요인물 : 솔로몬, 르호보암, 아사, 여호사밧, 히스기야

※ 다음 각 장을 그 장의 내용과 맞는 것끼리 연결하라. (1–15)

01. 1장	① 요아스의 통치
02. 3장	② 요시야의 종교개혁
03. 6장	③ 여호사밧의 개혁
04. 7장	④ 웃시야의 통치
05. 9장	⑤ 유다 왕의 멸망
06. 10장	⑥ 솔로몬의 봉헌기도
07. 15장	⑦ 산헤립의 침공
08. 17장	⑧ 성전 건축 착수
09. 19장	⑨ 히스기야의 성전 청결
10. 24장	⑩ 솔로몬의 일천 번제
11. 26장	⑪ 성전 봉헌식
12. 29장	⑫ 여호사밧의 부흥운동
13. 32장	⑬ 왕국의 분열
14. 34장	⑭ 아사의 종교개혁과 평화
15. 36장	⑮ 스바 여왕과 솔로몬의 죽음

---

01. ⑩ 02. ⑧ 03. ⑥ 04. ⑪ 05. ⑮ 06. ⑬ 07. ⑭ 08. ⑫ 09. ③ 10. ① 11. ④
12. ⑨ 13. ⑦ 14. ② 15. ⑤

16. 르호보암의 아들 아비야 왕이 믿음으로 친 북쪽 나라 왕은?
① 아합 ② 아사 ③ 여로보암 ④ 앗수르

17. "여호와의 눈은 온 땅을 두루 감찰하사 전심으로 자기에게 향하는 자를 위하여 ( ) 베푸시나니"(16:9)에서 ( ) 안에 들어갈 말은?
① 축복을 ② 사랑을 ③ 능력을 ④ 은혜를

18. 솔로몬 왕은 어디서 천 마리 희생으로 번제를 드렸는가?
① 실로 ② 기브온 ③ 길갈 ④ 세겜

19. "여호와의 눈은 온 땅을 두루 감찰하사 전심으로 자기에게 향하는 자를 위하여 능력을 베푸시나니"라는 말씀이 나오는 곳은?
① 대하 16:9 ② 잠 9:10 ③ 시 34:2 ④ 삼상 20:14

20. 솔로몬 왕이 조사한 이스라엘 땅에 거주하는 이방 사람의 숫자는?
① 120,000 ② 143,600 ③ 153,600 ④ 163,300

21. 솔로몬이 성전건축을 언제 시작하였는가?
① 솔로몬 3년 ② 솔로몬 4년 ③ 솔로몬 5년 ④ 솔로몬 6년

22. 성전 건축을 마친 후 회막과 그 모든 기구와 법궤는 어떻게 했는가?
① 성전으로 옮김 ② 성전으로 옮기지 않음
③ 없애 버림 ④ 다른 곳에 둠

※ 아래의 빈 칸에 알맞은 말을 보기에서 골라 쓰시오. (23-33)

보 기

보아스, 이십, 에시온게벨, 번제물, 십, 낙성식,
칠, 초막절, 모리아, 백향목, 지혜

23. "주는 이제 내게 ( )와 지식을 주사 이 백성 앞에서 출입하게 하옵소서 이렇게 많은 주의 백성을 누가 능히 재판하리이까"(1:10)

---

16. ③(13:13-21) 17. ③(16:9) 18. ②(1:6) 19. ① 20. ③(2:17) 21. ②(3:2) 22. ①(5:2-5)
23. 지혜

24. "또 레바논에서 (   )과 잣나무와 백단목을 내게로 보내소서 내가 알거니와 당신의 종은 레바논에서 벌목을 잘하나니 내 종들이 당신의 종들을 도울지라"(2:8)

25. "솔로몬이 예루살렘 (   ) 산에 여호와의 전 건축하기를 시작하니 그 곳은 전에 여호와께서 그의 아버지 다윗에게 나타나신 곳이요 여부스 사람 오르난의 타작 마당에 다윗이 정한 곳이라"(3:1)

26. "그 두 기둥을 성전 앞에 세웠으니 왼쪽에 하나요 오른쪽에 하나라 오른쪽 것은 야긴이라 부르고 왼쪽 것은 (   )라 불렀더라"(3:17)

27. "솔로몬이 또 놋으로 제단을 만들었으니 길이가 이십 규빗이요 너비가 이십 규빗이요 높이가 (   ) 규빗이며"(4:1)

28. "솔로몬이 기도를 마치매 불이 하늘에서부터 내려와서 그 (   )과 제물들을 사르고 여호와의 영광이 그 성전에 가득하니"(7:1)

29. "솔로몬 왕이 드린 제물이 소가 이만 이천 마리요 양이 십이만 마리라 이와 같이 왕과 모든 백성이 하나님의 전의 (   )을 행하니라"(7:5)

30. "그때에 솔로몬이 (   )일 동안 절기를 지켰는데 하맛 어귀에서부터 애굽 강까지의 온 이스라엘의 심히 큰 회중이 모여 그와 함께 하였더니"(7:8)

31. "솔로몬이 여호와의 전과 자기의 궁궐을 (   ) 년 동안에 건축하기를 마치고"(8:1)

32. "모세의 명령을 따라 매일의 일과대로 안식일과 초하루와 정한 절기 곧 일년의 세 절기 무교절과 칠칠절과 (   )에 드렸더라"(8:13)

33. "그때에 솔로몬이 에돔 땅의 바닷가 (   )과 엘롯에 이르렀더니"(8:17)

---

24. 백향목 25. 모리아 26. 보아스 27. 십 28. 번제물 29. 낙성식 30. 칠 31. 이십
32. 초막절 33. 에시온게벨

34. 솔로몬이 성전을 건축한 터는?
① 호렙산 ② 갈멜산 ③ 그리심산 ④ 모리아산

35. 성전 헌당식에 여호와 임재의 증거는 무엇인가?
① 우레와 번개가 쳤다 ② 구름이 가득했다
③ 아무런 현상도 없었다 ④ 하나님의 음성이 들렸다

36. 성전 헌당식은 며칠 동안 행했는가?
① 3일 ② 5일 ③ 7일 ④ 10일

37. 성전 헌당식이 끝난 후 며칠 동안 절기를 지켰나?
① 14일 ② 12일 ③ 7일 ④ 9일

38. 성전 헌당식과 절기가 끝나고 왕이 백성을 몇 월 며칠에 그들의 장막으로 돌려보냈나?
① 4월 23일 ③ 5월 23일 ③ 7월 23일 ③ 8월 23일

39. 솔로몬이 노예로 일을 시킨 족속이 아닌 것은?
① 헷 ② 아모리 ③ 애굽 ④ 여부스

40. 백성이 르호보암을 배반할 때 끝까지 그를 왕으로 섬긴 두 지파는?
① 르우벤과 시므온 ② 레위와 갓
③ 에브라임과 므낫세 ④ 유다와 베냐민

41. 솔로몬이 여호와의 단 위에 번제를 드리지 않은 날은?
① 안식일 ② 부림절 ③ 매일 ④ 무교절

42. 스바 여왕이 솔로몬을 방문한 목적은 무엇인가?
① 그의 지혜를 배우기 위해
② 그 땅을 정탐하기 위하여
③ 어려운 질문으로 시험하기 위하여
④ 솔로몬과 사랑을 하기 위하여

---

34. ④(3:1) 35. ②(5:13) 36. ③(7:8-10) 37. ③(7:8-10) 38. ③(7:8-10) 39. ③(8:7-9)
40. ④(11:1) 41. ②(8:12-13) 42. ③(9:1)

43. 르호보암 때의 선지자는?
① 이사야 ② 아모스 ③ 스마야 ④ 호세아

44. 르호보암이 여호와 앞에서 범죄하므로 누구를 보내 그를 쳤는가?
① 바벨론의 느부갓네살 ② 바벨론의 벨사살
③ 앗수르의 산헤립 ④ 애굽의 시삭

45. 르호보암 왕이 온 이스라엘의 왕이 되지 못하고 유다 성읍들에 사는 백성들에게만 왕이 된 원인은 무엇인가?
① 여로보암이 반역하였기 때문
② 이스라엘 백성들의 요구를 거절했기 때문
③ 르호보암이 원했기 때문
④ 어쩔 수 없어서

46. 르호보암 왕은 누구의 가르침을 물리쳤는가?
① 나단 ② 이사야 ③ 솔로몬을 모시던 노인 ④ 솔로몬

※ 다음의 내용을 읽고 맞는 것에 ○표 틀린 것에 ×표 하시오. (47-54)

47. 솔로몬이 기브온 산당에 있는 여호와의 장막 앞 놋제단에서 천 마리 희생으로 번제를 드렸다. ( )

48. 솔로몬이 성전을 건축한 곳은 예루살렘 모리아 산으로, 그곳은 다윗이 제사드린 오르난의 타작마당이다. ( )

49. 솔로몬의 헌당식 기도의 골자는 "종과 이스라엘 백성이 이 성전을 향하여 기도하거든 들으시옵소서"이다. ( )

50. 솔로몬의 기도가 끝난 후 하늘에서부터 불이 내려와서 번제물과 제물들을 사르고 여호와의 영광이 그 성전에 가득했다. ( )

51. 스바 여왕이 솔로몬을 방문한 것은 그 왕을 사랑했기 때문이다. ( )

---

43. ③(12:5) 44. ④(12:2-9) 45. ②(10:2-4) 46. ③(10:6-11) 47. ○(1:6) 48. ○(3:1)
49. ○(6:20-21) 50. ○(7:1-2) 51. ×(9:1)

52. 솔로몬 왕국의 배들이 후람의 종들과 함께 다시스로 다니면서 3년에 1차씩 금, 은, 상아, 원숭이, 공작 등을 실어왔다. ( )

53. 르호보암은 원로들이 가르치는 것을 따르고 함께 자란 소년들의 권고를 버렸다. ( )

54. 르호보암이 유다와 베냐민 지파 18만의 용사를 모은 이유는 이스라엘과 싸워 나라를 회복하고자 했기 때문이다. ( )

55. 이스라엘이 두 왕국으로 갈라진 것은 솔로몬이 이방 여자들을 아내로 삼고 그들의 신을 섬겼기 때문이다. ( )

56. 르호보암 왕의 아들 아비야는 여호와를 섬겨 나라를 강성하게 만들었으며, 이스라엘과 싸워 승리하고 여러 성을 빼앗았다. ( )

57. 아비야 왕의 아들 아사는 여호와 보시기에 선과 정의를 행하여 모든 우상과 그 산당을 없애고 백성들로 여호와의 율법과 명령을 행하게 했다. ( )

58. 아사 왕이 그의 어머니 마아가를 태후의 자리에서 폐한 것은 마아가가 아세라 목상을 만들었기 때문이다. ( )

59. 아사 왕의 아들 여호사밧은 아사 왕과 같이 여호와를 따르지 않았다. ( )

60. 선지자 미가야는 이믈라의 아들이며 이스라엘 왕국에서 예언했는데, 아합 왕이 길르앗 라못에서 전사할 것을 예언하다가 옥에 갇혔다. ( )

61. 아사 왕의 실책은 선지자 하나니가 와서 아람 왕을 의지한 것을 책망하자 노하여 그를 옥에 가둔 것이다. ( )

---

52. ○(9:21) 53. ×(10:8-14) 54. ○(11:1-4) 55. ○(왕상 11:11) 56. ○(13:13-21) 57. ○(14:2-6) 58. ○(15:16) 59. ×(17:1-9) 60. ○(18:8-27) 61. ○(16:7-10)

62. 르호보암 왕은 누구의 가르침을 받아들였는가?
① 솔로몬 ② 솔로몬을 모시던 원로들
③ 나단 ④ 함께 자라난 젊은 신하들

63. 유다와 이스라엘이 나누어지자 이스라엘에서 유다로 돌아온 사람들은?
( )

64. 르호보암이 예루살렘에 이르러 이스라엘과 싸우기 위해 유다와 베냐민 지파의 용사를 몇 명이나 모았나?
① 10만 ② 18만 ③ 24만 ④ 40만

65. 이스라엘이 두 왕국으로 갈라진 것은 누구의 죄 때문인가?
① 르호보암 ② 솔로몬 ③ 여로보암 ④ 다윗

66. 르호보암 왕의 후계자는 누구인가?
① 여로보암 ② 아사 ③ 아비야 ④ 여호사밧

67. 아비야 왕의 뒤를 이은 왕은 누구인가?
① 르호보암 ② 여호사밧 ③ 여호아하스 ④ 아사

68. 아사 왕에게 예언한 선지자는?
① 아사랴 ② 호세아 ③ 나단 ④ 요나

※ 아래의 빈 칸에 알맞은 말을 보기에서 골라 쓰시오. (69–79)

보 기

젊은 신하, 미스바, 마할랏, 아달랴, 소금,
미가야, 기드론, 목숨, 스바, 나단, 사십,

---

62. ④(10:8-14) 63. 제사장과 레위 사람(11:13) 64. ②(11:1) 65. ② 66. ③(12:16)
67. ④(14:1-6) 68. ①(15:1-7)

69. "( ) 여왕이 솔로몬의 지혜와 그가 건축한 궁과"(9:3)

70. "이 외에 솔로몬의 시종 행적은 선지자 ( )의 글과 실로 사람 아히야의 예언과 선견자 잇도의 묵시 책 곧 잇도가 느밧의 아들 여로보암에게 대하여 쓴 책에 기록되지 아니하였느냐"(9:29)

71. "솔로몬이 예루살렘에서 온 이스라엘을 다스린 지 ( )년이라"(9:30)

72. "왕은 원로들이 가르치는 것을 버리고 그 앞에 모시고 있는 자기와 함께 자라난 ( )들과 의논하여"(10:8)

73. "르호보암이 다윗의 아들 여리못의 딸 ( )을 아내로 삼았으니"(11:18)

74. "이스라엘 하나님 여호와께서 ( ) 언약으로 이스라엘 나라를 영원히 다윗과 그의 자손에게 주신 것을 너희가 알 것이 아니냐"(13:5)

75. "또 마음을 다하고 ( )을 다하여 조상들의 하나님 여호와를 찾기로 언약하고"(15:12)

76. "아사 왕의 어머니 마아가가 아세라의 가증한 목상을 만들었으므로 아사가 그의 태후의 자리를 폐하고 그의 우상을 찍고 빻아 ( ) 시냇가에서 불살랐으니"(15:16)

77. "아사 왕이 온 유다 무리를 거느리고 바아사가 라마를 건축하던 돌과 재목을 운반하여다가 게바와 ( )를 건축하였더라"(16:6)

78. "이스라엘 왕이 여호사밧에게 이르되 아직도 이믈라의 아들 ( ) 한 사람이 있으니 그로 말미암아 여호와께 물을 수 있으나 그는 내게 대하여 좋은 일로는 예언하지 아니하고 항상 나쁜 일로만 예언하기로 내가 그를 미워하나이다 하더라 여호사밧이 이르되 왕은 그런 말씀을 마소서"(18:7)

---

69. 스바 70. 나단 71. 사십 72. 젊은 신하 73. 마할랏 74. 소금 75. 목숨 76. 기드론 77. 미스바 78. 미가야

79. “아하시야의 어머니 (　　)가 자기의 아들이 죽은 것을 보고 일어나 유다 집의 왕국의 씨를 모두 진멸하였으나”(22:10)

80. “아사 왕은 여호와 보시기에 선과 정의를 행하여 모든 우상과 산당을 없애고 백성들로 여호와의 율법과 명령을 행하게 했다” 이 말이 맞으면 ○표, 틀리면 ×표 하시오. (　　)

81. 아사 왕에게 예언한 사람은 누구인가?
① 이사야　② 아사랴　③ 스마야　④ 나단

82. 이스라엘 왕 아합이 길르앗 라못을 치자고 할 때 먼저 여호와의 말씀이 어떠하신지 물어보소서 하고 답한 유다의 왕은?
① 요아스　② 여호사밧　③ 히스기야　④ 요시야

83. 아세라 목상을 만들었기 때문에 아사 왕이 태후의 자리에서 폐한 사람은?
① 밧세바　② 이세벨　③ 마아가　④ 아달랴

84. 아사 왕 36년에 이스라엘 왕 바아사가 건축한 성의 이름은?
① 길갈　② 미스바　③ 세겜　④ 라마

85. “(　　)의 눈은 온 땅을 두루 감찰하사 (　　)으로 자기에게 향하는 자들을 위하여 능력을 베푸시나니”(16:9)에서 (　) 속에 들어갈 말은?
① 여호와, 전심　② 여호와, 사랑　③ 천사, 사랑　④ 천사, 전심

86. 아사 왕의 왕위를 계승한 사람은 누구인가?
① 아합　② 여호사밧　③ 여호아하스　④ 아히야

87. 아합 왕에게 거짓 예언을 한 사람은 누구인가? (　　　　　)

88. 여호사밧 왕이 길르앗 라못 전쟁에서 예루살렘으로 돌아왔을 때 누가 그를 책망했는가?
① 선지자 예후　② 예후　③ 이사야　④ 미가야

---

79. 아달랴　80. ○(14:2-4)　81. ②(15:1-7)　82. ②(18:3-4)　83. ③(15:16)　84. ④(16:1)
85. ①(16:9)　86. ②(17:1-9)　87. 그나아나의 아들 시드기야(18:10, 23)　88. ①(19:1-3)

89. 유다 온 나라의 견고한 성읍에 재판관을 세워 여호와를 경외하고, 진실과 성심을 다하여 재판하게 한 왕은?
① 아사 ② 여호사밧 ③ 여호아하스 ④ 아히야

90. 이믈라의 아들이며 이스라엘 왕국에서 예언했는데 아합 왕이 길르앗 라못에서 전사할 것을 예언하다가 옥에 갇힌 사람은?
① 예후 ② 시드기야 ③ 미가야 ④ 나단

91. 여호사밧 치세 기간에 대제사장은 누구인가? (   )

92. 유다의 승리를 여호사밧 왕과 백성에게 예언한 사람은 누구인가?
① 이사야 ② 야하시엘 ③ 예후 ④ 미가야

93. 여호사밧 왕은 모압 자손과 암몬 자손의 공격을 받고 어떻게 했는가?
① 그들을 대항하여 공격함
② 점쟁이에게 물어봄
③ 백성에게 금식을 선포하고 여호와의 도우심을 간구함
④ 신하들에게 물어봄

94. 유다의 여호사밧 왕과 이스라엘 왕 아합과는 어떤 관계인가?
① 원수 ② 친척 ③ 연합군 조직 ④ 부자관계

95. 여호사밧 왕의 왕위를 계승한 사람은 누구인가?
① 아사 ② 아하시야 ③ 아달랴 ④ 여호람

96. 여호람 왕이 여호와를 배반한 결과는 무엇인가?
① 축복받음 ② 에돔과 립나가 배반함
③ 백성이 벌을 받음 ④ 병에 걸림

97. 여호사밧의 아들로서 왕이 되자 그의 모든 아우들을 죽였고 엘리야의 예언대로 병들어 배에서 창자가 빠져나와 죽은 사람은 누구인가?
① 아사 ② 웃시야 ③ 여호람 ④ 아달랴

---

89. ②(19:4-10) 90. ③(18:8-27) 91. 아마랴(19:11) 92. ②(20:14-19) 93. ③(20:3-13)
94. ③(18:1-3) 95. ④(21:1) 96. ②(21:8-10) 97. ③(21:18)

※ 아래의 빈 칸에 알맞은 말을 보기에서 골라 쓰시오. (98-108)

보기
유월절, 예레미야, 팔, 솔로몬, 예레미야, 힐기야, 이사야, 칠, 웃시야, 나병, 이십

98. "요아스가 왕위에 오를 때에 나이가 (　)세라 예루살렘에서 사십 년 동안 다스리니라 그의 어머니의 이름은 시비아요 브엘세바 사람이더라"(24:1)

99. "(　)가 왕위에 오를 때에 나이가 십육 세라 예루살렘에서 오십이 년간 다스리니라 그의 어머니의 이름은 여골리아요 예루살렘 사람이더라"(26:3)

100. "웃시야가 손으로 향로를 잡고 분향하려 하다가 화를 내니 그가 제사장에게 화를 낼 때에 여호와의 전 안 향단 곁 제사장들 앞에서 그의 이마에 (　)이 생긴지라"(26:19)

101. "웃시야의 남은 시종 행적은 아모스의 아들 선지자 (　)가 기록하였더라"(26:22)

102. "아하스가 왕위에 오를 때에 나이가 (　)세라 예루살렘에서 십육 년 동안 다스렸으나 그의 조상 다윗과 같지 아니하여 여호와 보시기에 정직하게 행하지 아니하고"(28:1)

103. "히스기야가 온 이스라엘과 유다에 사람을 보내고 또 에브라임과 므낫세에 편지를 보내어 예루살렘 여호와의 전에 와서 이스라엘 하나님 여호와를 위하여 (　)을 지키라 하니라"(30:1)

104. "요시야가 왕위에 오를 때에 나이가 (　)세라 예루살렘에서 삼십일 년 동안 다스리며"(34:1)

---

98. 칠 99. 웃시야 100. 나병 101. 이사야 102. 이십 103. 유월절 104. 팔

105. "무리가 여호와의 전에 헌금한 돈을 꺼낼 때에 제사장 (　　)가 모세가 전한 여호와의 율법책을 발견하고"(34:14)

106. "너희는 이스라엘 왕 다윗의 글과 다윗의 아들 (　　)의 글을 준행하여 너희 족속대로 반열을 따라 스스로 준비하고"(35:4)

107. "(　　)는 그를 위하여 애가를 지었으며 모든 노래하는 남자들과 여자들은 요시야를 슬피 노래하니 이스라엘에 규례가 되어 오늘까지 이르렀으며 그 가사는 애가 중에 기록되었더라"(35:25)

108. "바사의 고레스 왕 원년에 여호와께서 (　　)의 입으로 하신 말씀을 이루시려고 여호와께서 바사의 고레스 왕의 마음을 감동시키시매 그가 온 나라에 공포도 하고 조서도 내려 이르되"(36:22)

109. 여호람 왕의 뒤를 이어 유다 왕이 된 사람은?
① 아사　② 웃시야　③ 아달랴　④ 아히시야

110. 아하시야 왕은 이스라엘의 왕 누구에 의해 죽었나?
① 호세아　② 여로보암　③ 예후　④ 아합

111. 아히시야 왕의 뒤를 이어 왕위에 오른 사람은?
① 아사　② 아달랴　③ 아합　④ 여호람

112. 아들이 죽자 모든 왕자를 죽이고 스스로 왕이 된 사람은 누구인가?
① 여호람　② 아합　③ 아달랴　④ 아사

113. 아달랴가 모든 왕자를 진멸할 때 구출된 유일한 왕자는 누구인가?
① 요아스　② 여호람　③ 여호사밧　④ 아사

※ 다음의 내용을 읽고 맞는 것에 ○표 틀린 것에 ×표 하시오. (114-129)

114. 길르앗 라못을 치러 간 여호사밧 왕과 아합 왕은 선지자 미가야의 예언대로 여호사밧 왕은 죽었으나 아합 왕은 도망했다. (　)

---

105. 힐기야　106. 솔로몬　107. 예레미야　108. 예레미야　109. ④(22:1)　110. ③(22:7-9)
111. ②(22:10-12)　112. ③(22:10-12)　113. ①(22:11-12)　114. ×(18:28-34)

115. 여호사밧이 산당만은 철거하지 않았기 때문에 백성들이 온전히 여호와께로 돌아오지 못했다. ( )

116. 여호사밧의 아들 여호람은 모든 우상과 산당을 없애고 여호와를 섬겼다. ( )

117. 여호와께서 여호람을 치셨기 때문에 창자에 병이 들어 죽었으며 열왕의 묘실에도 들어가지 못했다. ( )

118. 여호람의 아들 아하시야는 여호와를 잘 섬겼으므로 나라가 부강하였다. ( )

119. 아달랴는 아하시야 왕의 어머니로서, 아들이 죽자 그의 다른 아들에게 왕위를 계승시켰다. ( )

120. 아달랴가 다스릴 때에 제사장은 여호야다였다. ( )

121. 아달랴는 백성들의 칼에 맞아 죽었다. ( )

122. 제사장 여호야다가 죽은 후에 요아스 왕은 여호와를 저버리고 우상을 섬기고 제사장 여호야다의 아들 스가랴를 죽였다. ( )

123. 요아스 왕의 아들 아마샤는 왕이 되어 처음에는 여호와의 명령을 따랐으나 후에는 우상을 섬기고 선지자들의 경고를 듣지 않았다. ( )

124. 아마샤의 아들 웃시야는 왕위에 올라 처음에는 여호와를 잘 섬기지 못했으나 후에는 여호와를 잘 섬겼다. ( )

125. 요담의 아들 아하스 왕은 여호와를 섬기고 우상을 없앴다. ( )

126. 아하스 왕이 범죄하므로 여호와께서 다른 나라로부터 침략을 받게 하셨다. ( )

---

115. ○(20:33) 116. ×(21:4-6) 117. ○(21:18-20) 118. ×(22:3-9) 119. ×(22:10)
120. ○(22:11, 23:1) 121. ○(23:15, 21) 122. ○(24:17-22) 123. ○(25:3-24)
124. ×(26:1-6) 125. ×(28:1-4) 126. ○(28:5-19)

127. 앗수르 왕 산헤립이 예루살렘을 정복하지 못하고 자기 나라로 돌아 간 것은 히스기 야 왕이 선지자 이사야와 더불어 기도하였더니 여호와께서 한 천사를 보내어 앗수르 군대의 대장과 지휘관들과 용사들을 멸하셨기 때문이다. ( )

128. 유다 백성은 바벨론 포로 생활을 50년 동안 했다. ( )

129. 유다 백성은 예레미야의 예언대로 바사의 고레스 왕 원년에 예루살렘으로 돌아오게 되었다. ( )

130. 요아스는 몇 년 동안 성전에서 숨어 있었는가?
① 3년 ② 5년 ③ 6년 ④ 9년

131. 아달랴가 다스릴 때에 유다의 제사장은 누구인가?
① 미가야 ② 힐기야 ③ 여호야다 ④ 사독

132. 요아스 왕이 선한 일을 하다가 제사장 여호야다가 죽은 후에 다른 이방신을 섬기는 것을 보고 그것을 말리다가 죽은 여호야다의 아들은?
① 여호수아 ② 미가야 ③ 하나냐 ④ 스가랴

133. 요시야 왕은 정월 14일에 무엇을 했는가?
① 유월절을 지킴 ② 성전을 수리함
③ 제단을 쌓음 ④ 안식일을 지킴

134. 아사 왕의 아들로서 왕이 된 자는?
① 하나니 ② 여호사밧 ③ 벤하일 ④ 아드나

135. 유다 왕 중에 방백들과 레위 사람들과 제사장들로 하여금 전국을 순회하면서 백성에게 율법을 가르치게 한 왕은?
① 아사 ② 여호람 ③ 여호사밧 ④ 히스기야

136. 유다 왕 중 병이 들어 창자가 빠져나와 죽은 왕은?
① 아사 ② 여호사밧 ③ 히스기야 ④ 여호람

---

127. ○(32:20-22) 128. ×(36:21) 129. ○(36:23) 130. ③(22:11-12) 131. ③(22:11, 23:1)
132. ④(24:20-22) 133. ①(35:1) 134. ②(17:1) 135. ③(17:1-9) 136. ④(21:18)

137. 하나님께서 아합에게 선고한 형벌을 집행한 왕은?
① 요람 ② 예후 ③ 요아스 ④ 하사엘

138. 요아스 왕(남왕국)은 어떠했나?
① 처음엔 선했으나 후엔 우상을 섬김 ② 악한 왕
③ 온전히 선한 왕 ④ 우상을 섬긴 왕

139. 요아스 왕(남왕국)의 뒤를 이어 왕위에 오른 왕은?
① 아달랴 ② 아마샤 ③ 여호람 ④ 웃시야

140. 아마샤의 왕위를 계승한 사람은?
① 여호람 ② 여호사밧 ③ 웃시야 ④ 아달랴

141. 웃시야 왕의 뒤를 이어 왕위에 오른 사람은?
① 여호람 ② 요담 ③ 아달랴 ④ 아하시야

142. 요담의 뒤를 이어 왕위에 오른 사람은?
① 아하스 ② 요아스 ③ 웃시야 ④ 아달랴

143. 종려나무의 성이라고 불리는 곳은? (　　　　　　　)

144. 유다 왕 아하스가 범죄함으로 여호와께서 유다를 침략하기 위하여 보낸 나라가 아닌 것은?
① 에돔 ② 이스라엘 ③ 앗수르 ④ 블레셋

145. 에돔과 블레셋이 유다를 침략할 때 아하스 왕이 도와주기를 청한 나라는?
① 애굽 ② 앗수르 ③ 이스라엘 ④ 아람

146. 아하스 왕의 뒤를 이어 왕위에 오른 사람은?
① 여호람 ② 웃시야 ③ 히스기야 ④ 아달랴

---

137. ②(22:7) 138. ①(24장) 139. ②(24:27) 140. ③(26:1) 141. ②(26:23) 142. ①(27:9)
143. 여리고(28:15) 144. ③(28:5-19) 145. ②(28:16-21) 146. ③(28:27)

147. 히스기야 왕이 왕위에 있을 때 한 일이 아닌 것은?
① 성전을 성결하게 하고 여호와께 제사를 드렸다
② 이스라엘과 싸워 영토를 확장시켰다
③ 제사장과 레위인의 직무를 율법에 기록된 대로 수행하게 했다
④ 모든 백성으로 유월절을 지키게 했다

148. 앗수르 왕 산헤립이 예루살렘을 정복하지 못하고 돌아간 이유는?
① 유다 왕국의 군사력이 너무 강해서
② 유다가 이스라엘과 연합하였으므로
③ 히스기야 왕이 하나님께 기도할 때 하나님이 도와주심으로
④ 예루살렘 성읍이 너무나 튼튼해서

149. 므낫세는 이스라엘 역사 가운데 가장 오래 다스렸던 왕인데, 몇 년 동안 통치하였는가?
① 45년 ② 50년 ③ 55년 ④ 60년

150. 스가랴가 성전 뜰 안에서 돌에 맞아 죽은 때의 왕은?
① 아합 왕 ② 아마샤 왕 ③ 아사 왕 ④ 요아스 왕

151. 성전 뜰에서 죽은 스가랴의 기사가 기록된 곳은?
① 에스라 ② 역대하 ③ 에스더 ④ 열왕기상

152. 나병에 걸려 죽은 왕과 그 이유는?
① 히스기야 왕이 교만한 죄
② 요람 왕이 성전에서 분향한 죄
③ 웃시야 왕이 제사장 직권을 범한 죄
④ 요아스 왕이 직권을 남용한 죄

153. 므낫세가 왕위에 오를 때에 나이는?
① 8세 ② 12세 ③ 20세 ④ 30세

---

147. ②(29:2-36, 30:1-9) 148. ③(32:20-21) 149. ③(33:1) 150. ④(24:20-21)
151. ②(24:20-21) 152. ③(26:16-20) 153. ②(33:1)

154. 므낫세 왕의 뒤를 이어 왕위에 오른 사람은?
① 아달랴 ② 히스기야 ③ 요시야 ④ 아몬

155. 아몬 왕의 뒤를 이어 왕위에 오른 사람은?
① 므낫세 ② 요시야 ③ 요아스 ④ 여호사밧

156. 요시야 왕은 몇 년 동안 통치하였는가?
① 20년 ② 25년 ③ 30년 ④ 31년

157. 요시야 왕의 처음 업적은 무엇인가?
① 이스라엘과 싸워 이겼다
② 모든 우상을 제거하고 여호와만 섬겼다
③ 이스라엘과 동맹을 맺었다
④ 성전을 수리했다

158. 요시야 왕이 우상을 제거하고 난 후 어떤 사업을 했나? ( )

159. 요시야 왕 때 성전에서 율법책을 발견한 사람은?
① 힐기야 ② 스가랴 ③ 여히엘 ④ 스마야

160. 므깃도에서 전사한 요시야 왕의 죽음을 애도하여 애가를 지어 바친 선지자는?
① 이사야 ② 예레미야 ③ 호세아 ④ 에스겔

161. 요시야 왕의 뒤를 이어 왕위에 오른 사람은?
① 아몬 ② 므낫세 ③ 여호아하스 ④ 히스기야

162. 여호아하스 왕은 왕위에 몇 년 동안 있었는가?
① 3개월 ② 1년 ③ 2년 ④ 3년

163. 여호아하스 왕을 계승하여 왕위에 오른 사람은?
① 여호야김 ② 여호야긴 ③ 호세아 ④ 요시야

---

154. ④(33:20) 155. ②(33:25) 156. ④(34:1-2) 157. ②(34:3-7) 158. 성전수리(34:8-13)
159. ①(34:14) 160. ②(35:24-25) 161. ③(36:1) 162. ①(36:2-4) 163. ①(36:4)

164. 여호야김 왕의 뒤를 이어 왕위에 오른 사람은?
① 호세아 ② 여호야긴 ③ 시드기야 ④ 여호아하스

165. 여호야긴 왕을 계승한 사람은?
① 여호야김 ② 여호아하스 ③ 시드기야 ④ 호세아

166. 시드기야 왕의 잘못을 충고한 선지자는?
① 이사야 ② 요나 ③ 예레미야 ④ 에스겔

167. 유다 왕국은 어느 왕 때에 멸망했나?
① 여호야김 ② 야호야긴 ③ 여호아하스 ④ 시드기야

168. 유다 왕국을 멸망시킨 나라는?
① 애굽 ② 바벨론 ③ 앗수르 ④ 바사

169. 유다 백성이 바벨론 포로 생활을 몇 년 동안 했는가?
① 40년 ② 50년 ③ 60년 ④ 70년

170. 유다 백성의 바벨론 포로와 해방은 누구의 예언대로 되었는가?
① 이사야 ② 예레미야 ③ 에스겔 ④ 다니엘

171. 하나님께서 고레스 왕의 마음을 감동시키신 이유는 예언자 누구의 말씀을 이루시려 함인가?
① 이사야 ② 예레미야 ③ 에스겔 ④ 호세아

172. 고레스는 온 나라에 조서를 내리면서 이스라엘의 하나님은 어떤 하나 님이라고 하였는가?
① 만왕의 왕 ② 악신 ③ 미약한 신 ④ 하늘의 신

173. 솔로몬의 히브리어의 뜻은? ( )

174. 바벨론에 포로된 유대인을 본국으로 돌려보낸 왕은?
① 아닥사스다 ② 다리오 ③ 고레스 ④ 느부갓네살

---

164. ②(36:8) 165. ③(36:10) 166. ③(36:12) 167. ④(36:17) 168. ②(36:5-21)
169. ④(36:21) 170. ②(36:21-22) 171. ②(36:22) 172. ④(36:23) 173. 평화
174. ③(36:22-23)

175. 이스라엘의 성전 건축을 허락한 바사의 왕은?
① 시드기야 ② 다리오 ③ 아하수에로 ④ 고레스

176. 바사의 고레스 왕이 바벨론에 포로된 유대인들을 본국으로 돌려보내 예루살렘 성전 건축을 명령하는 것으로 끝나는 구약의 책은?
① 역대상 ② 역대하 ③ 열왕기상 ④ 열왕기하

177. 역대하는 모두 몇 장인가?

---

175. ④(36:23) 176. ②(36:22-23) 177. 36장

퍼즐로 풀어보는 성경퀴즈

※ 범위 : 삼상~욥기

퀴즈 1

〈가로열쇠〉

1. 다윗의 친구 요나단이 죽은 산의 이름은? (삼상 31:1-2)

3. 르호보암의 손자는? (왕상 14:31, 15:8)

5. 히스기야 왕이 병들었을 때 무화과나무 잎을 가지고 낫게 한 선지자는? (왕하 20:7)

7. 아람 왕 벤하닷을 물에 적신 이불로 얼굴을 덮어 죽이고 대신 왕이 된 사람은? (왕하 8:7-15)

9. 갈멜산에서 바알 선지자들과 대결한 선지자는? (왕상 18장)

11. 엘리사가 죽을 때, "내 아버지여 이스라엘의 병거와 마병이여"라고 말한 이스라엘의 왕은? (왕하 13:14)

13. 르호보암 때의 선지자는? (대하 12:5)

15. 단과 벧엘에 금송아지 우상을 세운 이스라엘 왕은?(왕상 13:25–33)
17. "아사 왕이 온 유다 무리를 거느리고 바아사가 라마를 건축하던 돌과 재목을 운반하여다가 게바와 (　)를 건축하였더라"에서 (　)에 들어갈 말은? (대하 16:6)
19. 엘리의 며느리인 비느하스의 아내가 낳은 아들 중에 "영광이 이스라엘에서 떠났다"라는 뜻의 이름을 가진 사람은? (삼상 4:21)

〈세로열쇠〉

2. 다메섹에 갔다가 거기 있는 제단을 보고 그 구조와 제도의 양식을 모방하여 자기 나라에 세운 왕은? (왕하 16:10–16)
4. 다윗의 왕위를 차지하려고 모의한 사람은? (왕상 1:5–6)
6. "여호와께서 번제와 다른 제사를 그의 목소리를 청종하는 것을 좋아하심 같이 좋아하시겠나이까 순종이 제사보다 낫고 듣는 것이 숫양의 기름보다 나으니" 라고 말한 사람은? (삼상 15:22)
8. 욥의 세 친구 중에서 누가 가장 먼저 욥에게 변론했나? (욥 4:1)
10. 에스더의 남편이 된 왕은? (에 2장)
12. 느헤미야가 수산궁의 왕의 술 관원으로 있을 때의 왕은? (느 1:1)
14. "그 두 기둥을 성전 앞에 세웠으니 왼쪽에 하나요 오른쪽에 하나라 오른쪽 것은 야긴이라 부르고 왼쪽 것은 (　)라 불렀더라"에서 (　) 안에 들어갈 말은? (대하 3:17)
16. 아사 왕의 어머니로서 아세라 목상을 만들었기 때문에 아사 왕이 태후의 자리에서 폐한 사람은? (대하 15:16)
18. 이믈라의 아들이며 이스라엘 왕국에서 예언했는데, 아합 왕이 길르앗 라못에서의 싸움에서 전사할 것을 예언하다가 옥에 갇힌 선지자는? (대하 18:8–27)

〈정 답〉

길	보	아	산		아	사		이	사	야
		하			도		아		무	
요	아	스			니		하	사	엘	
	닥		엘	리	야		수			
	사		리				에			
	스		바			여	로	보	암	
	다		스	마	야			아		
				아			미	스	바	
			이	가	봇		가			
							야			

퀴즈 2

〈가로열쇠〉

1. 여호와께서 여기까지 도우셨다는 도움의 돌의 이름은? (삼상 7:12)
3. 사무엘상에서 경건하지 못한 아들들로 인하여 벌 받아 죽은 제사장은? (삼상 4:12–18)
5. 여로보암의 아들이 죽을 것을 예언한 선지자는? (왕상 14:1–12)
7. 대제사장 힐기야가 성전에서 율법책을 발견했을 때 유다의 왕은? (왕하 22:3–13)
9. 엘리야가 기름부어 세운 이스라엘 왕은? (왕상 19:16)
11. 아합 왕의 부인 이름은? (왕상 16:29–31)
13. 아합 왕이 죽고 누가 왕위를 계승했는가? (왕상 22:51)

15. “사람이 어찌 하나님보다 의롭겠느냐 사람이 어찌 그 창조하신 이보다 깨끗하겠느냐”라고 말한 욥의 친구는? (욥 4:12–17)
17. 사울 왕이 죽은 후 이스라엘의 왕으로 얼마 동안 행세한 사울의 아들은? (삼하 2:8–9)
19. 포로 귀환 후 성전건축이 완성되었을 때의 바사 왕은? (스 6:15)

〈세로열쇠〉

2. 욥의 세 친구 외에 욥과 변론한 사람은? (욥 32:1–5)
4. 솔로몬 왕이 에돔 땅 홍해 물가 엘롯 근처에서 배들을 만든 곳은? (왕상 9:26)
6. 여호와께 기도하여 15년 더 살게 된 유다의 왕은? (왕하 20:1–11)
8. 유다의 최후의 왕은? (왕하 24:17)
10. 고레스의 포로 귀환령이 내린 것은 누구의 예언이 이루어지게 된 것인가? (스 1:1)
12. 북왕국을 다른 말로 하면?
14. 다윗이 피신할 때에 그를 저주한 사람은? (삼하 16:5–8)
16. 예루살렘 성 성벽 재건시의 바사의 왕은? (느 1:1–3, 2:1–12)
18. 고레스는 어느 나라 왕인가? (스 1:2)
20. 솔로몬에게 와서 지혜를 배워 간 여왕은 어느 나라에서 왔는가? (대하 9:1)

〈정 답〉

에	벤	에	셀		엘	리		아	히	야
		시			리				스	
		온		예	후				기	
		게		레			요	시	야	
이	세	벨		미				드		
스				야				기		
라					아	하	시	야		
엘	리	바	스		닥		므			
		사			사		이	스	보	셋
					스			바		
					다	리	오			

퀴즈 3

〈가로열쇠〉

1. 이스라엘의 초대 왕이었던 사울은 어느 지파 사람인가? (삼상 9:21)
3. 사무엘의 어머니 이름은? (삼상 1:20)
5. 엘리의 직분은? (삼상 1:9)
7. 요압이 인구조사에서 계수하지 아니한 지파는 베냐민 지파와 또 무슨 지파가 있는가? (대상 21:6)
9. 사울의 아내 이름은? (삼상 14:50)
11. 수넴 여자의 아들을 살려준 선지자는? (왕하 4:17–37)
13. 시체가 개들에게 먹힌 사람은? (왕하 9:30–37)

15. "주께서 내게 복을 주시려거든 나의 지역을 넓히시고 주의 손으로 나를 도우사 나로 환난을 벗어나 내게 근심이 없게 하옵소서"라고 기도하여 하나님께 그 구하는 것을 받은 사람은? (대상 4:10)
17. 이스라엘의 최후의 왕은? (왕하 17장)
19. 북왕국으로 갈라져 나간 왕은? (왕상 12:20)
21. 솔로몬의 어머니는? (삼하 12:24)

〈세로열쇠〉

2. 다윗은 세 용사가 떠온 물을 마시지 않았다. 세 용사가 물을 떠 온 곳은? (대상 11:18–19)
4. 사무엘상에서 마리아의 찬가와 비슷한 노래는 누구의 노래인가? (삼상 2:1–10)
6. 다윗의 아내 아비가일의 전남편 이름은? (삼상 25:2–3)
8. 사사시대와 초기 왕국을 결합시킨 역할을 한 선지자는?
10. 다윗을 배반하고 압살롬에게 갔다가 스스로 목매어 죽은 자는? (삼하 17:23)
12. 히스기야 왕을 도운 선지자 이름은? (왕하 20:1–7)
14. 아람 군대가 못 보게 되어 끌려온 곳은? (왕하 6:8–23)
16. 솔로몬의 왕위를 계승한 사람은? (왕상 11:43)
18. 이스라엘 왕 아합이 길르앗 라못을 치자고 할 때 먼저 여호와의 말씀이 어떠하신지 물어 보소서 하고 답한 유다의 왕은? (왕상 22:1–5)
20. 요아스 왕이 선한 일을 하다가 제사장 여호야다가 죽은 후에 다른 이방신을 섬기는 것을 보고 그것을 말리다가 죽은 여호야다의 아들은? (대하 24:20–22)

〈정 답〉

베	냐	민		한	나		제	사	장	
들				나	발			무		
레	위			의				엘	리	사
헴		아	히	노	암					마
		히		래				르		리
		도						호	세	아
이	세	벨				여	로	보	암	
사						호		암		
야	베	스				사				
		가				밧	세	바		
		랴								

개역개정 성경문제집

구약(상)

·

2023년 9월 11일 초판 1쇄 발행
2025년 9월 25일 초판 2쇄 인쇄

엮은이 : 편집부
펴낸이 : 황성연

펴낸곳 한국문서선교회

등록 : 1981. 11. 12. NO. 제14-37호
주소 : 경기도 파주시 혜음로 883번길 39-32
이메일 : mission3496@naver.com
TEL : 031)947-7777
팩스 : 0505-365-0691

ISBN 978-89-8356-307-1 13230